本书受西南民族大学 2023-2025 年中央高校建设世界一流大学（学科）和特色发展引导专项资金（MKS2023024）资助出版

思想政治教育研究文库

—

社会心态及其引导研究

基于公共理性视野

史亚丽　著

光明日报出版社

图书在版编目（CIP）数据

社会心态及其引导研究：基于公共理性视野 ／ 史亚
丽著 . -- 北京：光明日报出版社，2025.1. -- ISBN
978 - 7 - 5194 - 8396 - 8

Ⅰ. C912.6

中国国家版本馆 CIP 数据核字第 2025SX2436 号

社会心态及其引导研究：基于公共理性视野

SHEHUI XINTAI JIQI YINDAO YANJIU：JIYU GONGGONG LIXING SHIYE

著　　者：史亚丽

责任编辑：杨　茹　　　　　　　　责任校对：杨　娜　贾　丹

封面设计：中联华文　　　　　　　责任印制：曹　净

出版发行：光明日报出版社

地　　址：北京市西城区永安路 106 号，100050

电　　话：010-63169890（咨询），010-63131930（邮购）

传　　真：010-63131930

网　　址：http：// book. gmw. cn

E - mail：gmrbcbs@ gmw. cn

法律顾问：北京市兰台律师事务所龚柳方律师

印　　刷：三河市华东印刷有限公司

装　　订：三河市华东印刷有限公司

本书如有破损、缺页、装订错误，请与本社联系调换，电话：010-63131930

开　　本：170mm×240mm

字　　数：230 千字　　　　　　　印　　张：14.5

版　　次：2025 年 1 月第 1 版　　　印　　次：2025 年 1 月第 1 次印刷

书　　号：ISBN 978 - 7 - 5194 - 8396 - 8

定　　价：89.00 元

序　言

　　多年来，党和国家一直高度重视社会心态问题。党的十八大和十九大进一步明确了健康社会心态的内容：自尊自信、理性平和、积极向上的社会心态。

　　社会心态与社会发展、人的发展密切相关。伴随中国式现代化发展进程与信息化社会迅速推进，中国社会发生了较大改变，社会心态也随之发生变化，成为社会的"晴雨表"与民心的"风向标"，对社会共同发展有着直接的现实影响力。同时，公共生活空间成为社会心态重要的表达场所。社会的多元价值也造就了社会心态的多元化，在不同的情绪、价值观和行为交锋中，不同方向的张力消解着人们的有效共识；有的社会事件极易引起情绪共鸣，甚至经过发酵引发了群体性事件，出现了社会心态失衡现象，透射出社会心态非理性特点。作为时代性的重要命题，对社会心态及其引导研究已经成为学者们义不容辞的时代责任与历史使命。

　　然而，社会心态因其随社会发展而不断变化具有动态性特征，又渗透于人们的情绪、态度、行为之中，具有主观性。社会心态的特征要求我们必须及时准确地理解与把握社会心态。同时，透视社会心态的路径众多、影响因素复杂。流行词汇、热点、民谚、社会集体性事件、消费方式、经济和政治文化的态度行为等，都是了解社会心态的途径。《社会心态及其引导研究：基于公共理性视野》一书，站在中国发展的背景之下，积极回应重大理论和现实问题，是作者在博士论文基础上不断修改和充实的最终成果。本书从公共生活空间审视社会心态，以公共理性关注社会心态及其引导问题，涉及马克思主义、政治学、社会心理学等学科理论知识。在理论研究上，作者的确下了一番功夫。

　　一是探讨了公共理性与社会心态的相互关系，提出以社会主义核心价值观建构中国公共理性，规约社会心态。作者通过阐释社会心态的生成逻辑和公共理性的内容特征，分析得出社会心态具有公共理性诉求，公共理性规约着社会心态的结构内容："公共理性在公共生活空间建构的公共认知、公共情绪、公共价值和公共行为，恰是社会心态在社会认知、社会情绪、社会价值观和社会行为四个核心要素方面所具有的公共性要求"；基于公共理性的社会心态的结构内容，"统领公共生活空间，形成易于普遍接受的认知共识，具有适合于组成合作系统的情绪、核心价值观和团结积极的行为努力"，体现了公共生活空间中公共理性对社会心态的规约。作为公共理性的内核，社会主义核心价值观是公共理性的核心内容，决定着公共理性的其他三个内容——公共认知、公共情绪与公共行为，规约着中国社会的社会心态。

二是从系统论角度，构建公共理性视域下社会心态的引导路径。作者将社会心态的引导纳入社会整体系统之中，构建社会心态的引导路径；揭示社会心态的行为主体其内在素质在社会心态生成过程中的重要作用，将主体素质提升纳入社会心态引导路径之中。

三是阐释了党的十八大和十九大所界定的健康社会心态的内容：自尊自信、理性平和、积极向上的社会心态。作者认为，"自尊自信、理性平和、积极向上"是当今中国社会心态的应然状态。"自尊自信"是基础，"理性平和"是主要特征，"积极向上"则是关键。三者相互联系，共同构成了健康社会心态的表现内容。同时，作者论述了社会主义核心价值观与"自尊自信、理性平和、积极向上"健康社会心态的关系。作者通过分析得出：社会主义核心价值观的培育过程是"自尊自信、理性平和、积极向上"的社会心态形成的过程，在国家、社会和公民三个层面展示了社会主义核心价值观凝聚健康社会心态的力量。

我是作者博士阶段的导师，全过程见证了该选题的确定、资料的收集、框架的构建、初稿的提交、论文的成稿、答辩的通过等一系列环节。作为思想政治教育专业的博士，作者在研究社会心态及其引导问题时，始终坚持以马克思主义理论来分析和解决问题。本书正是从现实中的人出发，将社会心态纳入公共生活空间，不仅从整个社会发展视角认识社会心态的生成，也从人的实践活动来理解社会心态的生成，为我们揭开了社会心态的生成缘由。理论与实际相结合使得本书具有理论穿透力和实践生命力。

应当承认的是，社会心态特征与多学科理论知识使得本书研究内容具有一定的难度。尤其是社会心态生成的复杂性，理论界对于其生成因素的分析也是各有见解，从而也使得本书对环境优化方面的路径分析还有待进一步深入研究。此外，社会心态的内部引导机制、网络社会心态、社会心态核心要素的理论研究与整体性理论研究等，这些都是值得深入研究的课题。希望作者在已有的研究基础上，围绕相关研究方向不断深入下去。

柳礼泉

2023 年 7 月 31 日于长沙

目　录
CONTENTS

绪　论

一、研究缘起

社会心态及其引导路径问题，是我们面临的时代性课题。

"事实证明，发展起来以后的问题不比不发展时少。我国社会结构正在发生深刻变化，互联网深刻改变人类交往方式，社会观念、社会心理、社会行为发生深刻变化。"① 伴随中国社会发展，社会心态逐步进入我们的视野并日益受到关注。在某种层面上，公共生活空间普遍存在的社会心态，是个体与群体相互建构的心理关系，呈现出群体性的心理状态，对社会发展有着不容忽视的影响力。全球化背景下，中国转型期社会心态的主流是积极健康的。但是，一个显见的事实是，近年来，社会心态失衡现象较为严重，且随着互联网发展，失衡现象蔓延至网络公共空间。有的甚至经过不良情绪渲染和发酵引发了群体性公共事件，透射出社会心态的偏激、仇视、冲动等非理性特点。而在中国社会转型之下，与价值观相关的行为主体的经济状况、生活方式、文化与社会关系等发生变化，价值观也随之发生改变。作为社会心态的核心组成部分，价值观一旦发生变化，必然带来社会心态的深刻变化，社会心态反过来又影响着行为主体的行为方式。不健康的社会心态不仅容易引起社会行为主体的恐慌，也深刻地影响着整个社会的社会心态，更在一定程度上破坏社会和谐发展的大好趋势，阻碍中国现代化发展和中华民族伟大复兴的伟业。

2006 年，《中共中央关于构建社会主义和谐社会若干重大问题的决定》提出，要"注重促进人的心理和谐，加强人文关怀和心理疏导，引导人们正确对待自己、他人和社会，正确对待困难、挫折和荣誉。加强心理健康教育

---

① 习近平. 习近平谈治国理政：第四卷 [M]. 北京：外文出版社，2022：338.

和保健，健全心理咨询网络，塑造自尊自信、理性平和、积极向上的社会心态"①。健康社会心态的表现内容首次出现在我们面前。2007 年，党的十七大报告指出了社会心态的引导方法，即"加强和改进思想政治工作，注重人文关怀和心理疏导，用正确方式处理人际关系"②。2011 年，国家首次将培育社会心态写入《中华人民共和国国民经济和社会发展第十二个五年规划纲要》③，直面社会心态的现实。2011 年 10 月，中共中央十七届六中全会着重强调，要"加强人文关怀和心理疏导，培育自尊自信、理性平和、积极向上的社会心态"④。社会心态的培育逐步进入人们的视野。2012 年，党的十八大报告再次明确，要"培育自尊自信、理性平和、积极向上的社会心态"⑤。2016 年，在全国高校思想政治工作会议上，习近平总书记指出，要"培育理性平和的健康心态"⑥。很显然，"理性平和"构成了健康社会心态的主要表现内容之一，也成为社会心态应然状态的主要特征。2019 年，党的十九大报告指出，"加强社会心理服务体系建设，培育自尊自信、理性平和、积极向上的社会心态"⑦。从 2006 年到 2019 年，党和国家对社会心态问题的日益重视与高度把握，反映了其对人自身发展的重视，凸显了党和国家不断提升人民生活品质的决心，是坚持以人民为中心发展思想的充分展现，也使得健康社会心态的表现内容抑或称之为社会心态应然状态变得日益清晰与明确。"社会心态主要目标的确立原则就是一个好的社会、一个健康向上的社会、一个具有集体思维和不断进步的社会应该具有怎样的社会心态。社会心理建设就是

① 中共中央关于构建社会主义和谐社会若干重大问题的决定 [M]. 北京：人民出版社，2006：25.
② 胡锦涛. 高举中国特色社会主义伟大旗帜　为夺取全面建设小康社会新胜利而奋斗：在中国共产党第十七次全国代表大会上的报告 [M]. 北京：人民出版社，2007：35.
③ 中华人民共和国国民经济和社会发展第十二个五年规划纲要 [M]. 北京：人民出版社，2011：115.
④ 中共中央关于深化文化体制改革　推动社会主义文化大发展大繁荣若干重大问题的决定 [M]. 北京：人民出版社，2011：16.
⑤ 胡锦涛. 坚定不移沿着中国特色社会主义道路前进　为全面建成小康社会而奋斗：在中国共产党第十八次全国代表大会上的报告 [M]. 北京：人民出版社，2012：32.
⑥ 习近平在全国高校思想政治工作会议上强调：把思想政治工作贯穿教育教学全过程　开创我国高等教育事业发展新局面 [N]. 人民日报，2016-12-09 (1).
⑦ 习近平. 决胜全面建设小康社会　夺取新时代中国特色社会主义伟大胜利：在中国共产党第十九次全国代表大会上的报告 [M]. 北京：人民出版社，2017：49.

对于这样的社会心态实现的系统性实践。"① 近年来，在社会心态培育层面，党和国家更关注社会心理建设——健康社会心态的实践，并在社会心理服务体系建设方面取得一定成效，心理健康成为民生福祉的重要内容之一。2022年，党的二十大报告从人自身发展与民生福祉角度，侧重社会心态的心理健康这一实践视角，强调要"重视心理健康和精神卫生"②。

不可否认，全球化、信息化带来的价值多元这样一个事实，造就了社会心态的多元化。社会心态多元化及其动态性意味着各种各样的矛盾冲突是现今社会的一个基本的事实。而这样的事实也给行为主体公共生活空间的交往合作出了一道难题：不同方向的认知、情绪、价值观与行为形成的张力，在不同的方向撕扯着行为主体的共识之愿，特别是消极社会心态更是不断地消解着行为主体在公共生活空间的有效共识。然而，人的本质属性意味着人始终处于一定的社会关系之中；事实上，"人类的合作是可能和必需的"③。作为社会中的人，我们需要在公共生活空间对社会心态进行规约与引导，来应对公共生活中行为主体之间的合作问题。积极意义上的社会心态引导，不是寻求表面的平静，而是通过化解行为主体的内心芥蒂，实现"自尊自信、理性平和、积极向上"的社会心态应然状态，使整个社会呈现出健康的社会心态，来化解众多暴戾情绪与冲突行为，协调社会关系，最终实现社会合作。那么，如何通过创造性地处理冲突，引导社会心态实现真正的理性平和？凝聚共识、维护社会长治久安是行为主体底线共识选择。作为公共生活空间的社会合作理念，公共理性应运而生，并通过理性的情绪表达与有序参与行为在公共生活空间表达出来。即公共理性力图在多元整全性学说系统中建立行为主体一致认同的基本理念，调和多元矛盾，以此来保证公共生活空间社会稳定和谐之发展。它提出一个解决多元价值矛盾冲突的方案。公共理性在公共生活空间发挥作用的过程，是统一社会价值观、社会认知、社会情绪与社

① 王俊秀，杨宜音，等. 社会心态理论前沿 [M]. 北京：社会科学文献出版社，2018：200.
② 习近平. 高举中国特色社会主义伟大旗帜　为全面建设社会主义现代化国家而团结奋斗：在中国共产党第二十次全国代表大会上的报告 [M]. 北京：人民出版社，2022：49.
③ 罗尔斯. 正义论 [M]. 修订版. 何怀宏，何包钢，廖申白，译. 北京：中国社会科学出版社，2009：97.

会行为的过程，也是实现公共价值、公共认知、公共情绪与公共行为的过程，而这恰体现了健康社会心态意欲在四个核心要素方面要达到的目标。同时，社会心态本身的公共性使其具有公共理性诉求。行为主体在公共理性规约中所体现出的理念、实践和制度层面的社会心态，是行为主体在认知、情绪、价值观和行为方面的共识总和，促使其朝着健康的方向发展。故而，公共理性视域下社会心态及其引导问题研究正是基于现实问题而做出的积极回应。

　　需要说明的是，公共理性是在社会整全性学说多元化的趋势下，面临难以调和的矛盾时，西方学界提出的对秩序良好社会的美好设想。这一设想为解决中国社会转型期出现的各种社会问题提供了一定的理论参考。从适用于中国现实角度来说，我们不可能直接将之生搬硬套于中国实践。公共理性是一个开放的理论体系，顾名思义，它是行为主体公开使用的理性，属于公共生活空间行为主体应具有的内在素质和行为规范。而它的具体内容到底是什么？人们如何使用？这些则取决于一个社会核心价值观的内涵与共享。公共价值是公共理性的内在要求，核心价值观自然构成了公共理性的核心部分。由此，公共价值决定了公共理性在公共利益、公共认知、公共情绪和公共行为的表现内容。因此，作为公共生活空间普遍共享的价值理念，公共理性也必然被赋予了一个国家的时代内容和民族文化内涵。价值共享必然之下，建构中国的公共理性成为一种必然。很明显，在当下中国，社会主义核心价值观成为中国公共理性的核心内容。以社会主义核心价值观为核心的中国公共理性决定了公共利益、公共认知、公共情绪和公共行为的内容，规约着公共生活空间的社会心态。因此，基于社会心态的发酵程度和影响力度，立足"自尊自信、理性平和、积极向上"的健康社会心态表现内容，本书以公共生活空间为审视范围，将社会心态限定在公共理性视域之下加以研究。通过梳理2013—2019年媒体报道的社会公共事件以及一系列社会心态研究报告，反思社会心态的消极层面及其在公共生活空间的非理性情绪与行为后果，分析研究社会心态及其引导问题，从而希冀在全社会"培育自尊自信、理性平和、积极向上的社会心态"①，形成健康社会心态，力求为凝聚共识、团结力量做出一定努力。

----

　　① 习近平. 决胜全面建设小康社会　夺取新时代中国特色社会主义伟大胜利：在中国共产党第十九次全国代表大会上的报告 [M]. 北京：人民出版社，2017：49.

对社会心态的理论把握是社会心态的理论旨趣，更是思想政治教育导向功能的体现。"人所应该研究的，是他同他周围的关系。"① 社会心态进入人们的理论视野，并不是一种偶然。社会心态及其引导问题是当今中国社会发展亟须解决的现实问题，也是理论探索必须回答的重要问题。严整科学的理论架构是促使研究走向深化的基础。无论是哲学还是社会心理学，都以其深厚的学科基础对社会心态做出了理论阐释。社会心理学更是一直试图搭建社会心态的基本理论框架，寻求社会心态理论的独立性。而思想政治教育学尽管充分认识到了研究社会心态的重要性，但大多越过社会心态本身而直接研究培育、引导等问题，对社会心态的理论框架尚缺乏严整和科学的设定。本书从党的十八大和十九大报告所界定的社会心态应然状态出发，以马克思主义理论为指导，借鉴公共理性相关理论，提出建构以社会主义核心价值观为核心的中国公共理性，对社会心态的基本内涵、社会心态与公共理性内在关系等基本理论问题进行阐释。同时，基于健康社会心态的客观与现实依据，从理论层面探寻引导社会心态的目标、原则与方法。

二、研究综述

（一）与公共理性相关的国内外研究综述

1. 与公共理性相关的国外研究综述

公共理性发酵于西方，自进入人们的学术视野以来，就一直被学者们不断地诠释与反思。

从公共理性发展脉络进行梳理，关于公共理性的研究主要集中在霍布斯、洛克、康德与罗尔斯。一般而言，学界认为，自霍布斯始，"公共理性"（public reason）概念开始进入人们的视野。霍布斯在《利维坦》中将公共理性界定为主权者的理性，它"永远被认为就是公道"②，是活的上帝，个人的意志和判断要服从和统一于这种理性。到了洛克那里，公共理性不仅仅代表公民社会的政治权力合乎公共福利的要求，也代表公民对于自然法中自由平等的要求，

---

① 卢梭. 爱弥儿：上卷 [M]. 李平沤，译. 北京：商务印书馆，2015：321.
② 霍布斯. 利维坦 [M]. 黎思复，黎廷弼，译. 北京：商务印书馆，1985：211.

主体成为公民社会的公民群。① 康德强调，公共理性是"对自己的理性的公开运用"，更多的是基于守法的前提下公开运用自己的理性。② 后来的罗尔斯成为公共理性研究的集大成者。罗尔斯认为，公共理性的提出，就是为了解决"一个因各种尽管互不相容但却合乎理性的宗教学说、哲学学说和道德学说而产生深刻分化的自由平等公民之稳定而公正的社会"③ 可能长期存在的问题。在罗尔斯的专著《正义论》《万民法》以及后期的专著《政治自由主义》和论文《公共理性理念新探》中，他对公共理性的含义、适用范围、特征、与公共理性相关的公民等内容进行了宏观而详细的阐释，他希冀越过先天的道德秩序，从"无知之幕"做出推理，重叠共识④，"力图为现代社会重建'公平正义'的'道德基础'"⑤。罗尔斯的思想从对康德伦理哲学的思考开始逐步发展到将公共理性作为一种政治解释⑥，从而远离抽象哲学，试图使他的理论变得务实、科学、具可操作性。

关于公共理性的理性之维。有的学者从公民个人理性出发关注公共理性。大卫·高希尔认为，公共理性发挥规范性力量必须通过公民个人的理性。⑦ 有的学者从理性本身予以思考。杰德拉·高斯以罗尔斯的"合情理性是一种独立于理性的辩护性观念"为基础，强调理性这个理念本身就有着非常重要的认知之维。⑧ 有的学者以共同理性探讨之。劳伦斯·B. 索罗姆注重公共生活空间公民理性运用时公共理性的引导作用，强调公共理性是"指代公众以公民身份去建立一种政治体的共同理性"⑨。迈克尔·里奇以假设协定来替代霍

---

① 参见：洛克. 政府论［M］. 瞿菊农，叶启芳，译. 北京：商务印书馆，1982.

② 康德. 答复这个问题："什么是启蒙运动？"［M］. 何兆武，译//江怡. 理性与启蒙. 北京：东方出版社，2004：4.

③ 罗尔斯. 政治自由主义［M］. 万俊人，译. 南京：译林出版社，2011：5.

④ RAWLS J. The Idea of an Overlapping Consensus［J］. Oxford Journal of Legal Studies, 1987, 7（1）：1-25.

⑤ 罗尔斯. 政治自由主义［M］. 万俊人，译. 南京：译林出版社，2011：554.

⑥ RAWLS J. Reply to Habermas［J］. Journal of Philosophy, 1995, 92（3）：132-180.

⑦ 高希尔. 公共理性［M］. 陈肖生，译//谭安奎. 公共理性. 杭州：浙江大学出版社，2011：45-67.

⑧ 高斯. 理性、合情理性与辩护［M］. 陈华文，译//谭安奎. 公共理性. 杭州：浙江大学出版社，2011：243-269.

⑨ 索罗姆. 建构一种公共理性的理想［M］. 陈肖生，译//谭安奎. 公共理性. 杭州：浙江大学出版社，2011：16.

布斯的公共理性，建立了一种理性的公共标准。①

关于与公共理性相关的公民身份、道德等内容。有的学者关注与公共理性相关的公民身份：或强调公民身份是公共理性要求履行的公民性责任②，思考公民身份和政治辩护；或从伦理学维度，强调如果每个人正确运用公共理性，人类理性将会聚于与科学一样的道德和政治真理③。但是，也有学者注意到，公共理性理论知识中公民道德的过度问题，认为，罗尔斯的公共理性陷入了道德困境，其宽容各种道德和宗教言论，本身就是对道德的反对。④ 而桑德尔指出，将公共理性与公民的道德和政治理想分隔开来，是一种不适当的严格限制，"它会使政治言谈贫困枯竭，并排除了公共慎思的许多重要问题"⑤。麦金泰尔则委婉地指出，公共理性忽视了人们对道德的普遍合理选择，既无法就美德达成一致也无法就美德的重要性达成共识，美德陷入"无公度性"的道德冲突中。⑥ 然而，哈贝马斯批评罗尔斯在可接受性与事实接受之间没有做区分，他认为，这种做法损害了民主合法性，也限制了公民政治自主性。⑦

关于公共理性的实现等问题。协商与公共辩护成为学者们普遍关注的重要内容。詹姆斯·博曼强调，在政治平等的理念之下，公共理性是协商概念的政治正当性的核心。⑧瓦列霍提出，约翰·罗尔斯和哈贝马斯的理论建议构成最伟大的尝试，即试图建立可能使现代公民之间达成协议的一些话语和程

① 里奇.霍布斯式的公共理性 [M].陈肖生，译//谭安奎.公共理性.杭州：浙江大学出版社，2011：68-95.

② 魏斯曼.公民身份与公共理性 [M].陈华文，译//谭安奎.公共理性.杭州：浙江大学出版社，2011：159-193.

③ 高斯.当代自由主义理论 [M].张云龙，唐学亮，译.南京：江苏人民出版社，2014：10.

④ WOLGAST H. The Demands of Public Reason [J]. Columbia Law Review，1994（6）：1936-1949.

⑤ 桑德尔.自由主义与正义的局限 [M].万俊人，唐文明，张之锋，等译.南京：译林出版社，2001：239.

⑥ MACINTYRE A. After Virtue [M]. Notre Dame：The University of Notre Dame Press，2007：244.

⑦ 哈贝马斯.通过理性的公共运用所作的调和：评罗尔斯的政治自由主义 [M].谭安奎，译//谭安奎.公共理性.杭州：浙江大学出版社，2011：354-372.

⑧ 博曼，雷吉.协商民主：论公共理性与政治 [M].陈家刚，等译.北京：中央编译出版社，2006：309.

序的指导方针①，这种可能性使得人们可以进行公开协商以达成共识。艾米·古特曼和丹尼尔·汤普生则从另一个角度回答了多元社会里道德冲突发生时的基础解决方案，即当公民合乎情理地在关于一项公共政策的道德方面产生分歧时，应该寻找培养尊重道德差异的方式，达成公开地进行慎议的共识。②而有的学者对公共辩护持不同看法。罗伯特·韦斯特莫兰直接质疑了公共辩护，认为公共理性会导致绝对的辩护，并不多一些公共性，也不少一些宗派性。③ 弗莱德·达戈斯蒂诺则审视了公共辩护的理念，也质疑了这一概念本身。④ 史蒂芬·莫西度反对罗尔斯公共辩护政治化的策略，他将公共辩护与公民美德相联系，认为作为一个可行的公共辩护，公民必须有节制的美德，也就是说，即使无法达成共识也愿意妥协让步，做到礼让或和谐。⑤

关于公共理性的实践运用。多元化背景下，国外学者将公共理性理论广泛地运用于法律诠释、公共政策、新闻、教育科学、宗教和女性主义等社会现实问题。一方面，有学者认为公共理性使法律合理化⑥，是宪法中比较理想的框架，是具有法律约束的道德理性，特别是法律渊源、立法程序和司法程序所施加的约束⑦，以法律相连的公民因之而可能共同拥有理由和证据⑧，执法的法官还应具有公共理性⑨。另一方面，也有学者以公共理性诠释堕胎等是否具有合法性问题。罗兰多基于符号学视角，从公共领域和私人自主权讨论

---

① VALLEJO I G. Public Reason, Secularism, and Natural Law ［M］//CONTRERAS F J. The Threads of Natural Law. Dordrecht：Springer，2013：223-242.

② 古特曼，汤普生. 道德冲突与政治共识 ［M］. 陈肖生，译//谭安奎. 公共理性. 杭州：浙江大学出版社，2011：219-242.

③ 韦斯特莫兰. 公共理性的真面目 ［M］. 陈肖生，译//谭安奎. 公共理性. 杭州：浙江大学出版社，2011：317-336.

④ 参见：D'AGOSTINO F. Free Public Reason：Making It Up as We Go ［M］. New York：Oxford University Press，1996.

⑤ 莫西度. 辩护的政治 ［M］. 陈肖生，译//谭安奎. 公共理性. 杭州：浙江大学出版社，2011：293-316.

⑥ HÖYNCK T. Public Reason：Making Law Reasonable to the Public ［J］. International Journal for the Semiotics of Law，1996，9：213-218.

⑦ BRITO J D S E. The Ways of Public Reason Comparative Constitutional Law and Pragmatics ［J］. International Journal for the Semiotics of Law，1996，9（26）：173-183.

⑧ 马西多. 公共理性的国内语境与全球视野：合法性、多样性与政治共同体 ［J］. 李石，译. 马克思主义与现实，2008（1）：28-35.

⑨ GAETE R. Pubulic Reason as a *Tertium Comparationis* ［J］. International Journal for the Semiotics of Law，1996，9（26）：207-212.

堕胎监管问题。① 威廉姆斯站在伦理学的角度，证明了公共理性无法阐释堕胎合法与否。② 在公共政策服务方面，斯蒂芬等认为，必须对纯科学和为公共政策服务的科学加以区分，科学家在公共政策辩论中应具有公共理性。③ 也有学者从方法论角度，通过解释新闻客观性的概念，认为罗尔斯忽视新闻的政治意义是错误的，新闻从业人员应被施加公共理性的要求④。与此同时，医疗改革、教育科学、宗教和女性主义等问题也都进入了公共理性的诠释视野。彼得斯以公共理性审视了美国当下医疗改革，呼唤公共辩论的理性原则⑤。泽耶尔认为，罗尔斯的公共理性三种策略为公共理性和教育科学之间的关联提供了理论基础，帮助教师解决实际的学科、班级、课堂与学生等方面的现实问题。⑥ 哈特利等人则运用公共理性探讨如何解决宗教和女性主义的问题，认为，对公共理性排他性描述（在公共理性观念是否允许公民对基本争议问题的公共审议中诉诸善的综合概念）是我们实现和解的最大希望。⑦ 哈里斯则认为，在司法裁决由宗教冲突引起的案件中，应运用公共理性助长或化解宗教冲突。⑧ 贝尔以公共理性为理论基础，论证了女权主义政治主张的合理性。⑨

关于对公共理性的批评。主要是针对公共理性方法和哲学原则的质疑。詹姆斯·博曼认为，罗尔斯的"重叠共识"和"回避方法"都不足以在复杂

① GAETE R. Pubulic Reason as a *Tertium Comparationis* ［J］. International Journal for the Semiotics of Law, 1996, 9（26）：207-212.

② WILLIAMS J. Public Reason and Prenatal Moral Status ［J］. The Journal of Ethics, 2015（19）：23-52.

③ HALLER S F, GERRIE J. The Role of Science in Public Policy：Higher Reason, or Reason for Hire ［J］. Journal of Agricultural and Environmental Ethics, 2007（20）：139-165.

④ FOX C. Public Reason, Objectivity, and Journalism in Liberal Democratic Societies. ［J］. Res Publica, 2013（19）：257-273.

⑤ PETERS M A. Obama and the End of the American Dream ［M］. Rotterdam：Sense Publishers, 2012：25-29.

⑥ ZEYER A. Public Reason and Teaching Science in a Multicultural World ［J］. Science & Education, 2009（18）：1095-1100.

⑦ HARTLEY C, WATSON L. Feminism, Religion, and Shared Reason：A Defense of Exclusive Public Reason ［J］. Law and Philosophy, 2009（28）：493-536.

⑧ HARRIS P B. The Politics of Judicial Public Reason：Secular Interests and Religious Rights ［J］. Philosophia, 2012（40）：271-283.

⑨ BAEHR A R. Perfectionism, Feminism and Public Reason ［J］. Law and Philosophy, 2008（27）：193-222.

多变的现代社会里提供一个公共基础；多元主义的道德冲突解决办法源自在民主公民资格的理想引导下的多元公共理性的动态运用，因为当政治性的正义观念更具有动态性，且公共理性变得多元，深层次的冲突才有解决的可能性。① 布鲁斯反对罗尔斯对公共性的约束，指出，对于原则的辩护不是共享的公共理由。② 迈克尔·沃尔泽认为，公共理性过多地将政治权威诉诸哲学原则，缺乏实际的民主政治。③ 罗伯特·B. 塔利斯开宗明义地提出，罗尔斯的公共理性是认知上的闭合系统，具有排斥性，被排除在外的群体会出现"群体极化"，易导致不稳定和危险的动荡。④

总的来看，国外有关公共理性的研究，在研究的质量、数量等方面相对成熟。但是，很明显，公共理性是一个开放的理论体系。众多学者敏锐地捕捉到了公共理性理论知识及其实践运用中的问题，并进一步建构与发展了公共理性理论。在理论研究上，国外研究为公共理性架构了一个多维度的理论框架，涉及公共理性基本含义、使用范围、本质及限制等规范性的阐释与辨析。在实践运用中，国外的相关研究为我们提供了可供参考的现实关怀。这些都为研究提供了一定价值的参考，对我们进行更为全面的研究有着极其重要的意义。

2. 与公共理性相关的国内研究综述

国内关于公共理性的相关研究，走过了一段从翻译介绍到逐步深入研究的过程。1988 年，罗尔斯的《正义论》被翻译介绍至中国，公共理性开始进入学者们的视野；2000 年万俊人先生翻译的《政治自由主义》引起学界对公共理性的广泛关注。之后以万俊人为代表的学者，对公共理性进行了系统的介绍与阐释，特别阐释了公共理性的概念、特征、基本要素、理念、意义和

---

① 博曼. 公共理性与多元文化主义：政治自由主义与道德冲突问题 [M]. 陈肖生，译// 谭安奎. 公共理性. 杭州：浙江大学出版社，2011：194-218.

② 布劳尔. 公共理性的局限 [M]. 陈肖生，译// 谭安奎. 公共理性. 杭州：浙江大学出版社，2011：273-292.

③ WALZER M. Philosophy and Democracy [J]. International Journal of Ethics, 1981, 9 (3): 379-399.

④ 塔利斯. 公共理性的困境：多元论、极化与不稳定 [M]. 陈肖生，译// 谭安奎. 公共理性. 杭州：浙江大学出版社，2011：337-354.

限度等内容。① 姚大志通过分析罗尔斯的《正义论》和《政治自由主义》指出，两部著作存在两点不同：主题上分别是正义、合法性，两本书一个证明诉诸原初状态和道德心理学，一个证明则诉诸公共理性；且这两点存在着内在的关联，罗尔斯都用公共理性来证明合法性。② 也有学者侧重对康德③、哈贝马斯④等文本进行分析。董山民认为，"康德的论证更具先验论证的色彩，而罗尔斯的论证却营造了实用主义的背景"⑤。众多学者怀着强烈的问题意识，将公共理性研究逐步深入，出现了专门研究罗尔斯公共理性的理论著作，主要有李小科、李蜀人的《正义女神的新传人——约翰·罗尔斯》（2005），刘永红的《政治自由主义发展的逻辑——从洛克和密尔到伯林和罗尔斯》（2007）、钟英法的《罗尔斯公共理性思想研究》（2012）、尹松波的《理性与正义：罗尔斯正义论管窥》（2014）等。相关的学术论文也逐年增加。概括起来，主要包括以下三方面的研究内容。

第一，关于公共理性的相关理论阐释。

有关公共理性的界定。学术界主要从实质性和方法论两个角度来对公共理性进行界定。⑥ 从实质性上看，学者们肯定公共理性是一种理性。不仅是共享平等公民资格的人的理性，⑦ 而且是公民追求正义这一社会根本问题而使用的能被其他公民所理解和评价，甚至接受的理性。⑧ 故而，一些学者指出，公

---

① 万俊人. 政治自由主义的现代建构：罗尔斯《政治自由主义》解读［M］//罗尔斯. 政治自由主义. 万俊人，译. 南京：译林出版社，2011：552-615.

② 姚大志. 公共理性与合法性：评罗尔斯的《政治自由主义》［J］. 江苏行政学院学报，2010（2）：25-30.

③ 卞桂平. 论"理性的公共性与公共理性"之哲学意蕴及启示意义：基于康德1784年两篇文本的分析［J］. 云南社会科学，2013（4）：43-47.

④ 赵祥禄. 论哈贝马斯与罗尔斯对公共理性的争论［J］. 山西师大学报（社会科学版），2007（5）：10-14.

⑤ 董山民. 公共理性的"困境"及其解决：剖析康德与罗尔斯的论证［J］. 中州大学学报，2010，27（2）：22-27.

⑥ 董礼，王成兵. 在道德与政治之间：罗尔斯公共理性概念辨析［J］. 社会科学战线，2014（11）：13-17.

⑦ 宋建丽. 公共理性的公民资格与多元社会的正义秩序［J］. 华中科技大学学报（社会科学版），2007（4）：21-25.

⑧ 黄勇. 当代政治自由主义的公共理性概念：批判的考察［J］. 思想与文化，2005：16-33.

共理性是一种"起着整合与牵导作用的理性共识"①。也有不少学者强调公共理性是一种道德，其主体间性使得公民从相互性这一价值角度出发，铸就美德。② 同时，一些学者则指出，公共理性集理性与道德于一身，是一种道德理性③。从方法论上看，公共理性是一种思考方式或使用的形式。陈嘉明强调，公共理性"是公共伦理领域问题的理智思考方式"④。方盛举、蒋小杰则提出，公共理性是以公共身份或以公共事务为取向而使用的人类共享的理性形式。⑤ 也有部分学者认为，公共理性是"基于个体利益与公共利益有机统一基础上形成的公共理念（公共善、公共意志、共同体、主权者诸观念）与行为外化的统一"⑥，是一种能力、机制，包括利益整合的能力⑦、公民政治思维能力⑧、平等公民处理相互间的关系的心智能力⑨、社会行为主体的共识和共治的能力和实践机制⑩、利益整合机制和能力⑪。谭安奎认为，公共理性既包括从事公共推理的能力，又意味着提供公共辩护的公共理由⑫。更有学者直接将公共理性视为一种原则或规则。徐平论证公共理性是遵守建立在"公平正义"基础上的公共规则。⑬ 而施雪华、黄建洪则认为，公共理性不仅仅是

① 周育国，石曲. 公共理性与和谐社会［J］. 安徽大学学报（哲学社会科学版），2009，33（1）：31-34.
② 陈毅. 底线伦理·公共理性·责任政府：基于平等公民的责任政府思考［J］. 湖北社会科学，2009（9）：27-30.
③ 寇东亮. 公共理性及其道德意义：康德与罗尔斯的诠释［J］. 伦理学研究，2012（5）：47-52.
④ 陈嘉明. 个体理性与公共理性［J］. 哲学研究，2008（6）：72-77.
⑤ 方盛举，蒋小杰. 公共理性范畴的历史演进及其内涵［J］. 学习与探索，2008（2）：68-71.
⑥ 欧阳爱权. 公共理性视域下当代道德建构之维：理念、制度与文化［J］. 浙江社会科学，2015（4）：103-109.
⑦ 史云贵. 从政府理性到公共理性：构建社会主义和谐社会的理性路径分析［J］. 社会科学研究，2007（6）：65-70.
⑧ 张宇. 公共理性：公民政策参与的条件［J］. 社会科学研究，2011（2）：67-71.
⑨ 李建华，谢金林. 公共理性与现代政治：一种基于罗尔斯的话语框架之解说［J］. 湖南师范大学社会科学学报，2006（1）：45-63.
⑩ 张平. 科学发展理性：中国转型社会的公共理性［J］. 湖南科技大学学报（社会科学版），2012，15（4）：54-57.
⑪ 彭剑. 社会化媒体舆论：从个体理性到公共理性［J］. 当代文坛，2014（6）：131-134.
⑫ 谭安奎. 公共理性与民主理想［M］. 北京：生活·读书·新知三联书店，2016：32.
⑬ 徐平. 公共文明当以公共理性为内核［N］. 辽宁日报，2015-03-27（16）.

一种能力，还是行为规范和价值尺度。①

　　有关公共理性的目标。从理论角度看，丛占修认为，公共理性的目标是公共的正当性证明。② 从现实角度看，依据主体与问题的不同，公共理性的目标也略有不同。学者们认为，公共理性的目标是寻求不同社会群体的利益能够得到合理表达③，塑造公共话语平台④，力求达到个人权利与公共利益的适度平衡⑤，"不断地形成并保持民主社会公民之间相互尊重和民主宽容的政治关系"⑥。也有学者指出，公共理性的"本质在于公共之善或社会的公平正义，目的在于寻求公共利益"⑦。

　　有关公共理性与和谐社会。随着社会发展，学者们纷纷认识到了公共理性构建和谐社会的价值。刘金文等指出，从个体理性走向公共理性是和谐社会形成的主要标志。⑧ 陈晔则强调公共理性与科学社会主义原则的共同指向为和谐社会。⑨ 周育国等甚至将公共理性视为构建和谐社会的内在机制⑩。而部分学者也看到了公共理性的运用主体在构建和谐社会中的重要性。⑪ 这些主体包括公民和政府。其中，施雪华、黄建洪强调，和谐社会的构建需要公民具有和谐的人格、价值观念与行为方式，需要公民具备一定的公共美德、公共

① 施雪华，黄建洪. 公共理性：不是什么和是什么 [J]. 学习与探索，2008（2）：60-67.
② 丛占修. 罗尔斯正当性与稳定性论证辨析：兼论重叠共识与公共理性 [J]. 烟台大学学报（哲学社会科学版），2011，24（4）：1-6.
③ 钟英法. 罗尔斯的公共理性与现代民主思想研究 [J]. 云南大学学报（社会科学版），2007（6）：52-57.
④ 方盛举，蒋小杰. 公共理性范畴的历史演进及其内涵 [J]. 学习与探索，2008（2）：68-71.
⑤ 李小兰. 公共理性论域中的"个人权利"话语：源起与实践 [J]. 北京化工大学学报（社会科学版），2009（1）：49-53.
⑥ 钟英法. 罗尔斯的公共理性与现代民主思想研究 [J]. 云南大学学报（社会科学版），2007（6）：52-57.
⑦ 史云贵. 公共理性视域中的制度变迁述论 [J]. 中国矿业大学学报（社会科学版），2008（1）：30-34.
⑧ 刘金文，刘然. 构建和谐社会的新视角：从个体理性走向公共理性 [J]. 湖北社会科学，2006（6）：36-41.
⑨ 陈晔. 公共理性与科学社会主义的基本原则 [J]. 人民论坛，2010（17）：238-239.
⑩ 周育国，石曲. 公共理性与和谐社会 [J]. 安徽大学学报（哲学社会科学版），2009，33（1）：31-34.
⑪ 罗维. 公共理性与社会和谐 [J]. 宁波大学学报（人文科学版），2007（1）：75-79.

能力与公共意识。① 罗维认为，公共理性是公民理性能力和道德能力的统一，因行为主体所具有的现代移情能力、公民风范和公平协商而消解多元冲突，走向和谐发展。史云贵提出，政府的公共理性是建设社会主义和谐社会的关键。②

公共理性理论本土化的挖掘。这一挖掘开端于公共理性本土化具有的必要性的探讨。张平认为，西方公共理性与中国转型社会公共理性本质的不同，主要表现在现实语境、主体身份、核心价值原则、生成路径与作用领域各不同，因此，要将公共理性中国化。③ 同时，公共理性本土化意味着其与中国传统文化的结合。侯磊结合中国传统文化，发掘商鞅公共理性的内容与意义。④ 李长泰研究孟子的公共理性思想，突出孟子的公共价值与公共伦理思想。⑤ 田超讨论梁启超与李泽厚关于"公德"与"私德"关系，认为梁启超无法使"公德"脱离"私德"之维；而李泽厚在区分"公德"与"私德"后，建构了公共理性的二重性，即宗教性道德的范导原则和社会性道德的构建原则。⑥ 通过论证罗尔斯公共理性与康德人类合作的相互关系，李洪卫认为，儒家良知学具有公共性的诉求，意味着其成为构建公共理性的可能基础。⑦

另有部分学者将公共理性与马克思主义理论进行了比较。袁祖社认为，马克思新哲学观中蕴含着公共理性的价值预设，即在人与自然、人与社会的关系问题上，个人理性要受集体理性的制约，最终建立一个人自由而全面发展的共产主义社会，这种先验性的论断有着公共理性的价值预设。⑧ 荆文凤提

---

①　施雪华，黄建洪. 公共理性、公民教育与和谐社会的构建 [J]. 山西大学学报（哲学社会科学版），2006（6）：42-46.

②　史云贵. 从政府理性到公共理性：社会主义和谐社会构建的理性路径分析 [J]. 社会科学研究，2007（6）：65-70.

③　张平. 科学发展理性：中国转型社会的公共理性 [J]. 湖南科技大学学报（社会科学版），2012，15（4）：54-57.

④　侯磊. "任法去私"与商鞅的政治公共理性 [J]. 湖北社会科学，2013（2）：88-90.

⑤　参见：李长泰. 孟子公共理性思想研究 [M]. 长沙：中南大学出版社，2013.

⑥　田超. 公德、私德的分离与公共理性建构的二重性：以梁启超、李泽厚的观点为参照 [J]. 道德与文明，2013（3）：28-34.

⑦　李洪卫. 良知与公共理性的道德基础 [J]. 华东师范大学学报（哲学社会科学版），2013，45（6）：39-45.

⑧　袁祖社. 实践的"公共理性"观及其"公共性"的文化—价值追求：马克思新哲学观的精神实质及其人文意蕴 [J]. 学习与探索，2006（2）：75-80.

出，马克思和罗尔斯相同之处在于分别以共产主义和公共理性来寻求实现人类的公平正义路径。①

也有学者对公共理性所涉及的公民身份、公共伦理、公共协商、公共价值等进行了研究。张逸云等提出"公共理性重视人的各种权利"②的观点。宋建丽进一步指出，公共理性的公民资格是"多元社会正义秩序的公共证明基础"③。陈映霞提出，在多元与共识矛盾之下，公共理性提供了一个解决矛盾的方式，即公共协商过程。④ 王洪树则探讨了公共理性与公共协商之间的互动关系，认为公共理性是公共协商的导向与灵魂，公共协商推动了公共理性的生成。⑤ 王学军等根据公共价值的研究现状，将其分为结果导向的公共价值和共识导向的公共价值，二者对应的是生成路径和制度路径。⑥

与此同时，国内学者们也看到了公共理性的局限性。一是从公共理性的源头来看其局限性。刘岩从桑德尔的批判得到启发，提出公共理性的源头是先验理性和实践理性，其排斥先验性和实践性使得理性失去了源头而没有了反思能力，因此，公共理性必须超越这一限制实现政治美德。⑦ 二是从公共理性涉及的内容看其局限性。在公民的信仰与政治理念关系角度，黄勇指出，公民不可能全心全意支持与其信仰相冲突的政治理念和价值，宗教并不如罗尔斯等人所说是非公共理性。⑧ 在协商民主与权力的角度，闫飞飞指出，协商民主高估了"人们的道德和智识水平，忽略了人们在实际协商中的'不真诚'所导致的操纵行为，而为了保证公共协商的有效性，它必然暗含着要求权力

① 荆文凤. 罗尔斯公共理性的启示 [J]. 学术交流，2010（11）：29-31.
② 张逸云，詹世友. 从公共意志到公共理性：对西方政治伦理发展的鸟瞰式论述 [J]. 江西社会科学，2006（3）：59-63.
③ 宋建丽. 公共理性的公民资格与多元社会的正义秩序 [J]. 华中科技大学学报（社会科学版），2007（4）：21-25.
④ 陈映霞. 公共理性与多元主义 [J]. 学术研究，2005（7）：62-65.
⑤ 王洪树. 公共理性与公共协商的辩证关系探索 [J]. 学习与探索，2008（2）：60-67.
⑥ 王学军，张弘. 公共价值的研究路径与前沿问题 [J]. 公共管理学报，2013（2）：126-144.
⑦ 刘岩，邵晓光. 超越公共理性的限制 [J]. 山西师大学报（社会科学版），2011，38（6）：21-25.
⑧ 黄勇. 当代政治自由主义的公共理性概念：批判的考察 [J]. 思想与文化，2005：16-33.

的介入来干涉人们的动机，这就为更多的权力干涉打开了通道"①。在包容性学说与公平正义原则的角度，万巍认为，公共理性无法证明所有广包性的学说有接受公平正义原则的必要。② 三是从对罗尔斯公共理性的反省来看其局限性。姚大志指出，罗尔斯的《政治自由主义》将稳定性与合法性混在一起。③ 杨立峰指出，罗尔斯对公共理性内容、主题等方面的限制造成了对公共理性的商议性的限制。④ 徐向东认为，罗尔斯"对'正义作为公正'的所谓政治辩护仍然无助地依赖于某些关于人性的形而上学预设"，政治与道德、宗教并没有明显的区分界限。⑤ 四是从历史角度来看其局限性。周建漳认为，"今天被认为是纯粹的政治价值的东西其实是以历史上特定道德、哲学及宗教等整全信念及其胜出为前提"，如果整全性学说被隔离于政治议题之外，那么，公共理性观念必然处于真空之中，未必能为自身的合理性提供有力辩护；这些学说也有被实质性架空的危险。⑥

第二，关于公共理性的实际运用。面临中国社会转型，学者们将公共理性加以改造运用到社会主义现代化建设的实践之中，为中国的发展出谋划策。

将公共理性运用于教育改革之中。葛孝亿认为教育改革是一个公共问题，要以公共理性作为抵御风险与提升质量的保障。⑦ 鞠玉翠从罗尔斯反思平衡法入手，认为教育改革要寻求尽可能广泛的反思平衡，坚持审慎的合理性标准，追寻公共理性。⑧

① 闫飞飞. 协商民主中的公共理性：一个批判性的视角 [J]. 社会科学论坛, 2010 (20)：27-34.

② 万巍. 公共理性的另一种论证方式：布鲁斯·艾克曼对政治自由主义的发展 [J]. 天府新论, 2012 (1)：14-18.

③ 姚大志. 公共理性与合法性：评罗尔斯的《政治自由主义》[J]. 江苏行政学院学报, 2010 (2)：25-30.

④ 杨立峰. 公共理性与商议民主：论罗尔斯的商议民主转向 [J]. 西北人文科学评论, 2010, 3：98-106.

⑤ 徐向东. 自由主义、社会契约与政治辩护 [M]. 北京：北京大学出版社, 2005：271.

⑥ 周建漳. 罗尔斯"公共理性"反思 [C] //中华全国外国哲学史学会, 中国现代外国哲学学会, 西南大学、"西方政治哲学"全国学术研讨会论文汇编. 重庆：西南大学哲学系, 2011：333-340.

⑦ 葛孝亿. 教育改革的公共理性："深水区"之后的省思 [J]. 现代教育管理, 2013 (12)：6-11.

⑧ 鞠玉翠. 教育改革合理性探寻：罗尔斯反思平衡法的启示 [J]. 教育研究, 2011, 32 (10)：16-20.

将公共理性运用于公民教育之中。冯建军认为，如今的社会是价值多元与共生的时代，意味着道德教育具有双重的任务，即维护价值多元，培养学生的主体道德人格；同时，进行普遍价值的教育，形成重叠共识的观念，培养公共理性。① 而公民教育中培育公共理性显得尤为重要。苏礼和认为，培育公共理性的关键在于"公共人"的形塑。② 曹景文认为，可以通过软制度、硬制度促进公共理性的形成，通过公民文化建设和公民教育培育公共理性。③

将公共理性运用于政府建设之中。④ 一些学者呼吁现代政府公共理性的回归⑤，强调建构社会公正与经济高效的公共行政⑥，使政党权力受公共理性的指导和制约⑦。也有部分学者指出，在政府建设中，必须嵌入公共理性提升政府信任⑧；促进政府角色的转变，公共性、平等和法治⑨，以公共理性来寻求群体性突发事件的治理路径⑩。同时，有的学者从公共理性与政府能力的关系出发，提出开发以公共理性作为价值规导的政府能力⑪；有的则从公共理性与协商民主的关系出发，思考如何建构契合中国民主政治发展需要的协商民主制度体系⑫。

将公共理性运用于网络环境建构之中。杨文华认为，公共理性是主流意识形态话语权的保障，但是，网络论坛主体的非理性、论坛空间的自由化和

---

① 冯建军. 价值多元共生时代道德教育的新使命 [J]. 教育科学研究，2009（5）：5-9.

② 苏礼和. 公共理性：现代多元社会的价值诉求 [J]. 理论研究，2009（Z1）：63-66.

③ 曹景文. 公共理性与社会和谐 [J]. 理论与现代化，2008（6）：55-58.

④ 孙肖远."善治"出自于"良政"：公共理性视野中的服务型政府建设 [J]. 江海学刊，2013（3）：120-126.

⑤ 何精华. 现代政府公共理性的回归 [N]. 文汇报，2008-06-02（10）.

⑥ 王婷. 公共理性视野下的公共行政 [J]. 浙江学刊，2008（2）：125-129.

⑦ 谢金林. 公共理性与现代政治文明 [J]. 江西广播电视大学学报，2005（3）：4-7.

⑧ 艾明江. 基于公共理性视野的政府信任流失分析 [J]. 湖北社会科学，2012（1）：27-30.

⑨ 高兆明. 公器：加入 WTO 后的政府角色：来自公共理性维度的经济伦理思考 [J]. 学术探索，2002（5）：14-18.

⑩ 史云贵. 中国社会群体性突发事件有效治理的理性路径论析：一种基于公共理性的研究视角 [J]. 社会科学，2010（1）：3-10.

⑪ 参见：黄建洪. 公共理性视野中的当代中国政府能力研究 [M]. 北京：中国社会科学出版社，2007.

⑫ 参见：周岑银. 公共理性视域下的中国协商民主制度建构 [M]. 北京：中国社会科学出版社，2018.

论坛议题的多元化对主流意识形态话语权造成了冲击。① 陶鹏指出，网络怨恨的弥散是建构虚拟公共生活领域秩序的现实梗阻，要通过"提升虚拟公共生活领域的公共理性，适度满足网络怨恨的宣泄需求，构建包容性发展的网络监督体系，纠正虚拟公共生活领域中的价值位移"等路径来消解网络怨恨。②

将公共理性运用于文化建设中。一是运用于公共文化建设。顾金喜从个人理性向公共理性演进的逻辑过程，探究公共文化建设路径：文化建设必须以公共理性为媒介，建设共有的精神家园；通过公共生活领域的实践塑造公共理性与公共精神；弘扬社会主义核心价值体系，建设美好社会主义；推进基本公共文化服务均等化，提升公民素质。③ 二是运用于公民文化建设。以公共理性建构公民文化。④ 三是运用于大众文化之中。和磊认为，当代中国大众文化缺失公共理性，"推进我们大众文化真正建立起属于自己的公共生活领域"。⑤

总体来看，国内公共理性的相关研究数量较多，主要有三个特点。

其一，理论研究方面。对公共理性的理论阐释更多是对于罗尔斯等人相关书籍和理论的介绍与再阐释。同时，理论界也看到了公共理性的局限，即罗尔斯排斥了先验性和实践性，使得理性失去源头没有了反思能力，公民也不可能全心全意支持与信仰系统相冲突的理念。故而，公共理性不可能是纯粹的公共理性，其本身就是核心价值观影响下的公共理性的应用。另外，理论研究也表现出将公共理性理论本土化的倾向，学者们注重挖掘传统文化中的公共理性养料。特别是将国外公共理性赋予新的含义，关注其中的道义内涵，并在学理层面积极探索如何将公共理性应用于当下中国社会发展现实。

其二，公共理性的概念及相关概念研究。目前来看，这一研究并没有绕开西方学者的范围。但是不同学科由于侧重点不同，产生了公共理性概念差

① 杨文华. 网络论坛的"有限公共性"对主流意识形态话语权的冲击 [J]. 大连理工大学学报（社会科学版），2012, 33 (4)：75-79.

② 陶鹏. 网络怨恨：虚拟公共生活领域秩序建构的梗阻与消解 [J]. 北京邮电大学学报（社会科学版），2015, 17 (4)：10-14.

③ 顾金喜. 公共文化建设的路径探析：一种从个体理性到公共理性的演进逻辑 [J]. 浙江社会科学, 2012 (11)：90-94.

④ 闫旭蕾."说理"教育：建构公民文化之维 [J]. 华东师范大学学报（教育科学版），2012, 30 (1)：22-28.

⑤ 和磊. 公共理性视野中的当代中国大众文化批判 [J]. 文艺评论, 2012 (5)：4-8.

异化。与公共理性相关的概念，如公共生活空间、公共政策、公共利益、公共价值、公共产品、公共精神等，大多基于学科角度，有所深入。

其三，公共理性的实际运用研究。不同于国外学者对公共理性使用范围（主要运用于公民身份、公共政策、公共理性与宪法等）的限制，国内不同学科的学者以强烈的问题意识，将公共理性的维度扩大（特别是公共理性的适用范围），并加以时代阐释而运用于中国转型社会的实践当中，来广泛地服务于中国现代化建设，范围显得尤其广泛。

（二）与社会心态相关的国内外研究综述

马克思主义理论虽然没有直接提及"社会心态"一词，但从辩证唯物主义的角度阐释了社会存在与意识之间的关系，强调"意识一开始就是社会的产物，而且只要人们存在着，它就仍然是这种产物"[①]，"发展着自己的物质生产和物质交往的人们，在改变自己的这个现实的同时也改变着自己的思维和思维的产物。不是意识决定生活，而是生活决定意识"[②]。意识一旦产生，就对社会存在具有能动的反作用。马克思从现实中的人出发，通过社会存在与社会意识的关系，以及人在满足自身需求而开展的人与人、人与物之间的实践活动关系这一历史过程来理解意识、思维，为我们揭开了社会心态生成的根源。从这一视角认识社会心态，能帮助我们科学地把握社会心态的实质。即任何意识或者思维、观念等都必须从物质生产和物质交往（实践）中予以把握，并要清醒地认识到其所具有的能动反作用。

1. 国外研究综述

在国外，与社会心态有直接关联的相关文献还未看到。不过，从学科角度上来看，心态史学、社会心理学与文化人类学等都对社会心态的研究有所涉猎。相比较而言，心态史学是国外社会心态研究的主阵地。社会心理学中虽然找不到社会心态的概念，但仍能发现与社会心态有关的阐释，即将社会心态当作一种心理现象或社会现象。它关注一个群体对其个人成员的影响，个人对他们所参与群体的影响，以及一个群体对另一个群体的影响。文化人

---

① 中共中央马克思恩格斯列宁斯大林著作编译局.马克思恩格斯文集：第1卷［M］.北京：人民出版社，2009：533.

② 中共中央马克思恩格斯列宁斯大林著作编译局.马克思恩格斯文集：第1卷［M］.北京：人民出版社，2009：525.

类学也是在各种文化、文明形态的比较中对社会心态现象有所涉及和描述。

第一，关注群体精神思想状态。这是心态史学主要关注的内容。在西方，"心态"概念的广泛流行得益于法国年鉴学派创立的"心态史学"。根据研究对象不同，心态史学分为旧心态史学和新心态史学。旧心态史学主要致力于研究精英人物的思想；新心态史学以绝大多数普通群众为中心，以一定群体未明确表达出来的精神状态为研究重点，主要致力于考察低层次的心态活动。① 揭示了社会心态的社会性、群体性和时代性等特点，并提出了广大普通群众的精神生活在人类心态发展史中的地位和作用问题，取得了令人瞩目的巨大成就，② 开辟了对大众文化和生活态度的研究③。不管研究的对象如何不同，他们都关注到了社会心态与社会历史过程的内在联系④。但同时，旧心态史学过多地关注知识分子，而将广大群众群体排除在外，使得其社会心态的研究并不具有普遍性。新心态史学则将研究内容过多地依赖于下层普通群众精神生活中那些落后、愚昧的内容，如把社会心态理解为一种"败落的世界观"、一种"对最坏精神本能的投降"、一种属于"长时间禁锢"的"精神结构的惰性力"、一种"已经消亡的意识形态的糟粕"等。⑤ 可以说，心态史学的视角从一个侧面提出了心态概念，但是限于学科特性，关于什么才是社会心态的问题，还缺乏进一步的辨析。⑥

第二，关注群体心理。这是社会心理学的一个视角。勒庞在《乌合之众》一书中对法国大革命时期的革命心理、群众心理和集群行为进行了研究，意识到社会心态并不是单个个体的聚合，个体一旦融入群体之中就形成完全不

---

① 田晓文. 唯物史观与历史研究：西方心智史学述评 [M]. 天津：天津社会科学出版社，1992：27-28.

② 田晓文. 唯物史观与历史研究：西方心智史学述评 [M]. 天津：天津社会科学出版社，1992：209.

③ 田晓文. 唯物史观与历史研究：西方心智史学述评 [M]. 天津：天津社会科学出版社，1992：165-204.

④ 中国社会科学院文献情报中心，重庆出版社. 社会科学新辞典 [M]. 重庆：重庆出版社，1988：1003.

⑤ 田晓文. 唯物史观与历史研究：西方心智史学述评 [M]. 天津：天津社会科学出版社，1992：215.

⑥ 杨宜音. 社会心态研究的理论框架 [M] //杨宜音，王俊秀，等. 当代中国社会心态研究. 北京：社会科学文献出版社，2013：12-13.

同于个体的特征。在勒庞的眼里，群体心态是低劣的负面的心理，让人为之恐惧。① 弗洛伊德在《群体心理学与自我的分析》中对勒庞有所批评，强调了领袖在集体群体中的重要性。② 冯特将心理学研究分为生理和社会民族，其中，人类社会的各种文化是社会群体心理活动的产物。③ 这也被国内学者视为社会心态的学理基础。④

第三，关注集体的文化现象。涂尔干提出的集体表征的概念，因其与信念、宗教、风俗、时尚、道德、语言和科学等的相关性，深刻地蕴含着社会心态的含义。⑤ 受涂尔干的影响，列维-布留尔在研究原始社会的思维方式时，认为原始人的思维以集体表征为形式；而集体表征则是原始人思想、概念或宗教观念的集合。⑥

总的来看，国外研究者们从心态史学、社会心理学和文化人类学等不同学科角度对社会心态进行了前期的探索，注意到了不同于个人的群体或集体的心态，为本研究提供了可资借鉴的理论资源。但是，要警惕将社会心态完全等同于群体心理或者群体精神、文化的倾向。

2. 国内研究综述⑦

随着中国社会转型，社会心态的理论和应用研究均取得显著进展，体现了学者们强烈的问题意识和社会责任感；而且研究视角呈现多学科倾向，研究对象也很宽泛，均关涉社会变迁下的群体社会心态。

第一，关于社会心态概念的研究。

哲学意义上的社会心态概念。胡红生认为，社会心态是一种普遍存在而又十分复杂的精神现象。在他看来，无论是社会心态还是社会心理，均为社会意识结构层次的组成部分，而社会心态是低层次的社会意识。⑧ 张二芳认

---

① 参见：勒庞. 乌合之众 [M]. 冯克利，译. 北京：中央编译出版社，2005.
② 参见：弗洛伊德. 自我与本我 [M]. 徐胤，译. 天津：天津人民出版社，2020.
③ 参见：冯特. 民族宗教心理学纲要 [M]. 陆丽青，刘瑶，译. 北京：宗教文化出版社，2008.
④ 刘力. 社会形态与社会心态：评杨宜音的"个体与宏观社会建构的心理联系：社会心态概念的界定"[J]. 社会心理研究，2006（1）：12-17.
⑤ 参见：涂尔干. 宗教生活的基本形式 [M]. 渠东，汲喆，译. 北京：商务印书馆，2011.
⑥ 参见：列维-布留尔. 原始思维 [M]. 丁由，译. 北京：商务印书馆，1981.
⑦ 此部分内容主要来自：史亚丽，柳礼泉. 近年来国内社会心态研究述评 [J]. 西南民族大学学报（人文社科版），2015，36（9）：211-215.
⑧ 胡红生. 社会心态论 [M]. 北京：中国社会科学出版社，2011：44-45，29.

为，社会心态是行为主体心智状态，展现了群体精神并在群体中广泛流行。①
但是，通过厘清社会存在、社会意识与社会心态的关系，我们发现，既然社会存在是通过社会心态这一中介上升为社会意识的，那么在某种程度上，张二芳笔下的社会心态仍是社会意识的低层次部分。

社会心理学意义上的社会心态概念。丁水木将社会心态等同于社会心理，强调社会心态是一种普遍性存在的社会心理，而这种群体的心理反应受社会环境、经济和政治制度的影响。② 杨宜音则将社会心态同社会心理区分开来，认为社会心态是社会心理中最为宏观的分析单位或分析水平③，是弥散在整个社会或社会群体/类别中的宏观社会心境状态④。马广海关注社会心态的动态特征，强调社会心态是一种心理活动过程，而且同重大社会变迁的过程紧密相连。⑤ 王俊秀将社会心态视为转型社会一种宏观视角的社会心理研究，认为社会心态是影响个体行为的模板，是大多数成员所具有的普遍心理特点与行为模式。⑥

文化学意义上的社会心态概念。文化学将社会心态归为文化的结构和基本层次。李静认为社会心态应当属于文化的深层结构。⑦ 李鑫生在《人类学辞典》中，将心态界定为一定时代的社会、文化心理及其反映的总称；认为社会心态构成了特定社会的价值—信仰—行动体系，并以"集体无意识"的形式积淀在特定的文化中，成为这一文化的最基本层次。⑧ 余勇从语言作为文化一部分入手，将文化心态等同于社会心态。⑨

---

① 张二芳. 社会心态的研究及其意义 [J]. 理论探索，1996（1）：28-31.
② 丁水木. 社会心态研究的理论意义及其启示 [J]. 上海社会科学院学术季刊，1996（1）：107-114.
③ 杨宜音，王俊秀，等. 当代中国社会心态研究 [M]. 北京：社会科学文献出版社，2013：14.
④ 杨宜音. 个体与宏观社会的心理关系：社会心态概念的界定 [J]. 社会学研究，2006（4）：117-131.
⑤ 马广海. 论社会心态：概念辨析及其操作化 [J]. 社会科学，2008（10）：66-73.
⑥ 王俊秀. 社会心态理论：一种宏观社会心理学范式 [M]. 北京：社会科学文献出版社，2014：25.
⑦ 李静，何云峰，冯显城. 论社会心态的本质、表现形式及其作用 [J]. 华东理工大学学报（社会科学版），2003（4）：39-45.
⑧ 李鑫生，蒋宝德. 人类学辞典 [M]. 北京：北京华艺出版社，1990：187.
⑨ 余勇. 城镇化进程中少数民族地区的语言交际问题及文化心态探讨：以黔东南苗族侗族自治州为例 [J]. 贵州民族研究，2013，34（2）：201-204.

　　社会心态的概念研究是组成其判断论证的基础。关于其概念，目前基本上已经达成了两个共识：第一，社会心态是一种宏观的社会心理态势，是在一定时期内形成的整个社会或社会的大多数成员共有的宏观的社会心理状态；第二，受特定时期的社会文化变迁的影响，这一社会心理状态是动态的。① 综合各学科对社会心态的界定，哲学基于历史唯物主义视角，社会心理学方面则显得更丰富。不管是哪个学科，都强调了社会变迁或者说社会发展与社会心态之间的必然联系，并将社会心态与个人心态做了区分，强调社会心态的整体性；同时，部分学者刻意将社会心态从社会心理中剥离出来，寻求社会心态研究的理论独立性。但是，不难看出，社会心态虽然被普遍使用，却在一定学科层面上并未达成共识，成为理解广泛、随意性较大的词语。也有学者融合历史唯物论、文化社会学和社会心理学对社会心态加以界定，力求在不同学科层面达成共识。②

　　第二，关于社会心态内容的研究。

　　哲学层面上的社会心态内容要素。张二芳认为，社会心态由文化要素、心理要素和思想要素构成。③ 程家明强调，心理取向、社会理智与精神支柱及其包含的各要素均属于社会心态内容。④ 虽然两位学者观点不甚相同，但就其对组成社会心态要素的内容阐释来看，心理取向和心理要素都包含了民族精神和社会性格，社会理智和文化要素均包含了社会理性，精神支柱和思想要素也都包含了社会理想和社会信仰。从这个意义上来说，其内容含义是一致的，均蕴含着社会心态的稳定性。胡红生认为社会心态系统是心态内蕴和心态表象的有机统一体。⑤ 两者均属于稳定性成分，其中，心态表象是心态内蕴的外化和对象化表现。既然心态表象所包括的话语系统、社会时尚、社会舆论、社会习俗和社会风气等属于较稳定性成分，那么，心态内蕴也自然如此。

　　社会心理学层面上的社会心态内容构成。受"知情意"影响，杨宜音提

① 周晓虹. 社会心态、情感治理与媒介变革 [J]. 探索与争鸣, 2016 (11)：32-35.
② 张俊芳. 社会文化心态的意蕴指向 [J]. 东北师大学报, 2002 (3)：35-40.
③ 张二芳. 社会心态的研究及其意义 [J]. 理论探索, 1996 (1)：28-31.
④ 程家明. 关于社会心态的研究及其意义 [J]. 教学与研究, 1993 (2)：45-49.
⑤ 胡红生. 社会心态论 [M]. 北京：中国社会科学出版社, 2011：58.

出，社会心态由社会情绪基调、社会共识和社会价值观构成。① 马广海在此基础上增加了"社会行为"，即社会情绪、社会认知、社会价值观和社会行为意向。② 受社会表征理论影响，王俊秀认为，社会心态结构由内到外从超稳定到变动性，其依次对应的内容为国民性、社会价值观、社会情绪和社会行为倾向及社会信任等、社会认知。③ 由此可知，王俊秀的社会心态内容依然受"知情意行"影响。

也有部分学者围绕"自尊自信、理性平和、积极向上的社会心态"这一健康社会心态的表现内容进行了简要论述。邓朦等以中国传统儒学阐释了"理性平和社会心态"，强调理性平和是社会心态的根本。④ 王洪春等从社会心态个体到全体的形成路径论述了自尊自信、理性平和、积极向上的社会心态。⑤

总的来说，不同学科站在各自理论角度，都对社会心态所蕴含的稳定性内容（特别是国民性、社会价值等）给予了肯定。但是，关于社会心态的内容，各学科之间并未达成有效共识；对健康社会心态的表现内容，其研究仍有巨大的空间。这些都有待深入研究。

第三，关于社会心态作用的研究。

哲学层面上的社会心态作用。哲学强调社会心态是一种社会意识。根据这一论断，学者们从三方面概括了社会心态的作用。一是对社会存在的作用。李静等从社会心态的抗变性角度进行分析，认为落后的社会心态对转型期社会有滞后影响；同时，基于社会心态的相对独立性，认为社会心态对社会发展与进步具有双重作用；而社会心态的引导作用在于社会行为的选择受其引导。⑥ 胡红生认为，社会心态在人们的社会生产、生活中起着调节和指导作

① 杨宜音. 个体与宏观社会的心理关系：社会心态概念的界定 [J]. 社会学研究，2006（4）：117-131.
② 马广海. 论社会心态：概念辨析及其操作化 [J]. 社会科学，2008（10）：66-73.
③ 王俊秀. 社会心态理论：一种宏观社会心理学范式 [M]. 北京：社会科学文献出版社，2014：34.
④ 邓朦，杜广强. 儒学理性平和社会心态阐释 [J]. 兰台世界，2013（21）：131-132.
⑤ 王洪春，徐膑武. 社会心态：从个体到全体的形成路径 [J]. 中共天津市委党校学报，2014（2）：71-76.
⑥ 李静，何云峰，冯显城. 论社会心态的本质、表现形式及其作用 [J]. 华东理工大学学报（社会科学版），2003（4）：39-45.

用。① 二是对社会意识的作用。基于社会心态在社会意识与社会存在中的地位，程家明等指出，社会心态具有中介过滤作用，因为社会存在的现象和本质要通过社会心态这一中介通道同化为社会意识，最终由这一部分社会意识发挥改造世界的作用。② 李静等提出，社会心态将各种思想内容、目的方式的活动连接起来，构成整体社会活动构建社会关系，起着社会组织和凝结作用。③ 三是对社会存在与社会意识的双重影响。程家明等认为，社会心态作为心智状态，不仅可以认识改造社会存在，也对社会意识产生能动作用，即对社会意识和社会存在双方的发展与变迁都发挥作用。④

　　社会心理学层面上的社会心态作用。社会心理学主要强调社会心态自身形成与传播过程中对人的心理进而行为所发挥的作用、社会心态内部的结构内容之间的相互作用。一是社会心态具有预测作用。学者们强调社会心态对社会稳定的意义。马广海认为，探讨社会心态的意义就在于其对社会行为的预测与控制。⑤ 丁水木认为，社会心态一旦到了临界点，就会迅速发挥预警作用。⑥ 二是社会心态具有汇聚效应、从众效应、群体极化、群体参照效应和皮格马利翁效应。根据社会心态的形成传播过程，杨宜音等概括了社会心态所具有的汇聚、从众、群体极化等作用。其研究认为，汇聚效应指的是拥有某一观点或态度的个体通过各种媒体不断汇聚共识，最终成为超越个体的集体力量；从众效应也被称为"多数人效应"，指个体的观点和行为与群体保持一致的现象；群体极化是指群体决策时，往往比个体更容易走向极端；群体参照效应是指人们易选择与自身相同特质的人加以比照；皮格马利翁效应也被称为"自我实现的预言"，指预期会激发人们的潜力，从而达到期待的后

---

①　胡红生. 社会心态论 [M]. 北京：中国社会科学出版社，2011：56.

②　程家明，陈生辉. 和谐社会构建中的社会心态研究 [J]. 马克思主义与现实，2008 (1)：176-179.

③　李静，何云峰，冯显城. 论社会心态的本质、表现形式及其作用 [J]. 华东理工大学学报（社会科学版），2003 (4)：39-45.

④　程家明，陈生辉. 和谐社会构建中的社会心态研究 [J]. 马克思主义与现实，2008 (1)：176-179.

⑤　马广海. 论社会心态：概念辨析及其操作化 [J]. 社会科学，2008 (10)：66-73.

⑥　丁水木. 社会心态研究的理论意义及其启示 [J]. 上海社会科学院学术季刊，1996 (1)：107-114.

果。① 三是社会心态具有推动、支配和控制作用。王俊秀将社会心态视为社会环境的一部分，认为社会心态也是社会转型和变迁的推动者。同时，他关注社会心态本身，将其作为研究对象，强调社会心态各结构内容之间也发挥着支配和控制作用。②

第四，关于影响社会心态主要因素的研究。

影响社会心态的因素十分复杂，学界主要围绕社会心态的外部因素、内部因素和行为主体自身因素三方面展开。

社会心态外部因素。一是经济因素。孙伟平认为，作为一定社会生产方式的反映，社会心态随着生产力和社会关系的不断调整而发生变化。③ 杜秀清认为，社会经济结构变化是影响社会心态的深层次原因。④ 二是社会因素。邵道生认为，社会剧烈变化是影响中国国民心态变化、发展最为重要的因素。⑤ 李有发则强调，包括教育、就业、收入分配、社会保障、医疗卫生等在内的民生问题是影响社会心态良性发展的重要因素之一。⑥ 三是社会组织结构因素。黄相怀认为，随着改革深化，基层社会组织作为社会组织结构的一部分，其社会支持系统的不完善是导致社会心态失衡的原因之一。⑦ 通过实证分析，龙书芹指出，社会各阶层不同导致了社会心态的不同。⑧

社会心态内部因素。一是文化道德因素。通过分析中国社会心态演变过程，刘东超指出，中国文化变迁带来了社会心态的变迁。⑨ 邵道生强调转型社会两个文明建设失衡和"榜样"力量的丧失，使社会处于"无道德心态"，

① 杨宜音，王俊秀，等. 当代中国社会心态研究［M］. 北京：社会科学文献出版社，2013：56-58.
② 王俊秀. 社会心态理论：一种宏观社会心理学范式［M］. 北京：社会科学文献出版社，2014：32.
③ 孙伟平. 论影响社会心态的诸因素［J］. 吉首大学学报（社会科学版），2013，34（1）：53-58.
④ 杜秀清，杨茜渊. 中国社会心态问题及解决之道［J］. 中共太原市委党校学报，2013（4）：50-53.
⑤ 邵道生. 近20年来国民心态发展轨迹研究［J］. 浙江学刊，1999（4）：36-41.
⑥ 李有发. 中国社会心态演变的趋向［J］. 思想政治工作研究，2010（7）：62.
⑦ 黄相怀. 培育健康社会心态 营造良好社会氛围［N］. 光明日报，2013-01-22（1）.
⑧ 龙书芹. 转型期中国人的社会心态及其阶层差异性：基于2006CGSS的实证分析［J］. 南京师大学报（社会科学版），2010（6）：32-37.
⑨ 刘东超. 当代中国文化变迁和社会心态演变［J］. 学术探索，2004（3）：102-105.

产生负面影响。① 二是核心价值观因素。夏学銮认为，社会心态受转型期的价值取向变化所左右。② 王俊秀根据社会认同理论，认为社会核心价值观来自主流意识形态、社会思潮、文化传统中被社会所普遍接受的价值观念和信念，属于稳定的社会心态，深深地影响着社会心态的其他层次和行为。③

行为主体自身因素。孙伟平认为，包括生理、知识经验、思维与行为方式等在内的行为主体自身因素，对社会心态起着制约作用。④ 孙德梅基于调查数据得出，个体特征、家庭影响、社会网络以及个体对所处阶层和阶级的认识都对社会心态有重要影响。⑤

第五，关于社会心态培育路径的研究。

从国家发展大局的角度。学者们不约而同地认识到了培育社会心态的经济发展基础，认为必须大力发展生产力，为社会心态的培育奠定物质基础或提供物质保障。胡红生认为，大力发展生产力是引导调节社会心态的物质保障；也决定着社会心态发展的性质和水平。⑥ 杜秀清等认为，要通过加快发展，在稳定中做大做强社会财富，并加以合理分配，为培育健康社会心态打下良好基础。⑦ 同时，学者们认识到，制度建设也是社会心态的一个培育路径。温淑春提出，应不断健全各项舆论制度，畅通社情民意的反映渠道。⑧ 王俊秀强调，应建立制度层面的社会信任机制，摆脱社会信任困境。⑨ 冯国芳提

① 邵道生. 近20年来国民心态发展轨迹研究［J］. 浙江学刊，1999（4）：36-41.
② 夏学銮. 转型期国民心态趋向调查［J］. 人民论坛，2007（5）：42-44.
③ 王俊秀. 社会心态理论：一种宏观社会心理学范式［M］. 北京：社会科学文献出版社，2014：32.
④ 孙伟平. 论影响社会心态的诸因素［J］. 吉首大学学报（社会科学版），2013，34（1）：53-58.
⑤ 孙德梅，王正沛，康伟. 转型期我国公民社会心态影响因素分析：基于CGSS2008调查数据的分析［J］. 科学决策，2014（1）：1-14.
⑥ 胡红生. 社会心态论［M］. 北京：中国社会科学出版社，2011：293.
⑦ 杜秀清，杨茜渊. 中国社会心态问题及解决之道［J］. 中共太原市委党校学报，2013（4）：50-53.
⑧ 温淑春. 和谐社会构建与社会心态调控［J］. 天津大学学报（社会科学版），2008（5）：429-432.
⑨ 王俊秀. 关注社会情绪，促进社会认同，凝聚社会共识：2012～2013年中国社会心态研究［J］. 民主与科学，2013（1）：64-71.

出，要建立思想政治教育的利益协调机制、社会预警机制、疏导教育机制。①
一些学者也意识到培育社会心态必须优化社会环境，包括政治、法治、社会
管理、媒体等环境。王雅君认为要塑造执政党和政府的全新形象，进一步深
化政治体制改革。② 刘武俊则认为要为理性平和心态营造一个民主法治的社
会。③ 李霓站在执政党角度，强调将社会心态建设纳入社会管理创新目标。④
闻学良强调要优化媒体，必须始终把握媒体的政治方向，引导理性平和的社
会心态。⑤

从完善社会心态内容的角度。马克思主义、核心价值观、文化道德等都
构成了社会心态的内容。一是强调马克思主义的指导地位。叶国平提出，要
坚持马克思主义在意识形态领域的指导地位，巩固和谐发展的大好局面，统
领与整合复杂多元的社会心态。⑥ 二是重视核心价值观。刘扬强调，要重视核
心价值观的作用，在继承传统价值的基础上，整合优化现代价值观念，构建
社会主义主流价值观，发挥一元主导作用。⑦ 赵静强调，要发挥核心价值引领
力，助推社会成员对国家和社会的核心价值的认同。⑧ 三是关注文化道德建
设。李霓认为，要注重文化道德建设，做到用文化传播引领公众良好的社会
公德、职业道德、家庭美德。⑨ 马向真等认为，正是因为道德价值建构与社会
心态塑造之间的同向互动关系，道德价值的建构必然带来健康社会心态。⑩ 而
郑雯等看到了网络时代社会心态变迁，认为国家、社会要针对网络新生代的
生命发展周期与压力提升现状，推进更丰富、更多元、更具新生代政治审美

---

① 冯国芳. 思想政治教育视阈下的社会心态培育 [J]. 甘肃社会科学，2015 (1)：207-
210.
② 王雅君. "无直接利益冲突"与社会心态调控 [J]. 理论探讨，2008 (4)：161-164.
③ 刘武俊. 良好的社会心态来自民主法治 [N]. 法制日报，2011-05-06 (7).
④ 李霓. 从执政党执政视角直面社会心态建设 [J]. 毛泽东思想研究，2011, 28 (5)：
143-146.
⑤ 闻学良. 谈培育理性平和的社会心态 [J]. 党建研究，2011 (5)：39-41.
⑥ 叶国平. 构建和谐社会心态的对策思考 [J]. 前沿，2007 (7)：188-191.
⑦ 刘扬. 转型时期的社会心态与价值观调节 [J]. 江西社会科学，2002 (6)：143-146.
⑧ 赵静. 思想政治教育视野中的社会心态培育 [J]. 河南师范大学学报（哲学社会科学
版），2012, 39 (1)：246-249.
⑨ 李霓. 从执政党执政视角直面社会心态建设 [J]. 毛泽东思想研究，2011, 28 (5)：
143-146.
⑩ 马向真，张雷. 道德价值建构与社会心态塑造的同向性探析 [J]. 东南大学学报（哲学
社会科学版），2009, 11 (4)：5-10.

特点的精神文化产品建设。①

　　从社会心态自身发展规律的角度。主要基于社会认同、社会心态调试和监测机制、心理机制、培育的逻辑等。一些学者强调增强社会认同形成共识。主要包括要增强社会心态的主流意识形态认同，② 在社会各阶层社会心理多样性的基础上积极培育社会的价值认同、对社会共同理想的认同。③ 还有一些学者强调，加强调节疏导营造和谐氛围。一方面要构建社会心态自身的调试机制，包括社会保障体系、援助体系、监管体系、分配体制和社会心态研究系统，加强调节，多元化多渠道地培育健康社会心态；④ 另一方面，应该充分重视对于社会心态的监测，同时还要注意通过有效的途径对各种消极的社会心态进行及时的疏导。⑤ 有的学者从个体与社会双向建构的心理关系角度，探讨社会心态形成的内在心理机制来塑造健康和谐社会心态。⑥ 也有的学者从社会心态的方法与载体视角，强调要创新青年理性平和社会心态培育的方法策略，优化青年理性平和社会心态培育的载体建设。⑦

　　综观社会心态研究现状，近年来国内关于社会心态研究在国外研究基础上得到了一定的发展。学者们从社会心态的四维或者五维内容对中国社会心态做了多年调查研究，形成了中国社会心态研究报告系列《中国社会心态蓝皮书》，分析转型社会中的中国社会心态。同时，学者们也在理论上做了积极探索，形成了《社会心态论》（胡红生，2011）、《当代中国社会心态研究》（杨宜音、王俊秀等，2013）、《社会心态理论：一种宏观社会心理学范式》（王俊秀，2014）、《社会心态理论前沿》（王俊秀、杨宜音等，2018）、《积极社会心态：理论与实证》（席居哲，2019）等专门的社会心态理论研究专著，也形成了诸多与社会心态相关的理论著作，如《社会心态与民生建设》（谭日

---

① 郑雯，乐音，桂勇. 网络新生代与网络社会心态：代际更替、心态变迁与引导路径 [J]. 青年探索，2022（2）：37-45.

② 沈建波. 社会心态视域中的主流意识形态认同 [J]. 湖北大学学报（哲学社会科学版），2014，41（1）：24-29.

③ 刘艳萍. 从社会心态变化看民众对社会共同理想的认同 [J]. 长春理工大学学报（社会科学版），2012，25（9）：58-60.

④ 杨玉娟，张志宇. 培育良好社会心态的路径 [N]. 光明日报，2014-01-15（13）.

⑤ 马广海. 贫富差距背景下的社会心态简析 [J]. 东岳论丛，2008（9）：111-117.

⑥ 参见：席居哲. 积极社会心态：理论与实证 [M]. 上海：上海教育出版社，2019.

⑦ 冯刚，孙贝. 青年理性平和社会心态培育的逻辑与实践进路 [J]. 西北工业大学学报（社会科学版），2022（3）：1-7.

辉、吴祖平，2015)、《当代中国社会心态与道德生活状况研究报告》(马向真，2015)、《寻找网络民意：网络社会心态研究》(郑雯、桂勇、黄荣贵，2017)、《当代中国社会心态与国家治理实践研究》(沈建波，2021) 等。社会心态的理论和实证研究取得了显著成果。随着中国现代化进程和社会发展，人们对社会心态也会一直保持关注。但我们仍然可以发现其中的不足之处。

首先，社会心态的理论研究还有待于继续深入。目前社会心态的理论研究更多从社会心理学视角予以阐释，或者跳过概念直接加以分析或综合考察现象、论述社会心态应用内容。社会心态成为约定俗成却有些内里不明的用语，理论研究滞后于应用研究，也阻碍了应用研究的深入。理论研究是应用研究的基础，社会心态研究要取得长足发展并对社会稳定发展切实发挥作用，必须重视理论研究并不断深化。随着中国全面深化改革，我们也越来越需要从学理层面多维度地深入研究社会变迁和社会转型影响下的社会心态。

其次，公共生活空间社会心态的引导问题还需要继续深入。不同社会阶层对社会变迁、社会信任、社会公平、价值观等有着不同的认知，其所建构的社会心态自然也存在显著差异。而不同区域、不同民族在政治、经济和文化发展上的不平衡，也必然带来区域之间和各民族之间社会心态的差异性。在这样一种价值多元化的社会如何引导社会心态、促成共识、共享发展，是迫切需要关注的问题。

最后，公共理性与社会心态的关系研究还很少。学界专家们关注了公共理性与公共意识[1]、公共理性与现代政治[2]、公共理性与群体性事件[3]、公共理性与和谐社会[4]、公共理性与公共文化[5]、公共理性与服务性政府[6]、公共

---

[1] 年勇. 公共理性视域中的公民意识 [D]. 上海：复旦大学，2013.
[2] 李建华，谢金林. 公共理性与现代政治：一种基于罗尔斯的话语框架之解说 [J]. 湖南师范大学社会科学学报，2006 (1)：45-63.
[3] 王子丽，吴赋光. 公共理性与我国社会群体性事件 [J]. 河南社会科学，2012，20 (8)：40-42.
[4] 周育国，石曲. 公共理性与和谐社会 [J]. 安徽大学学报 (哲学社会科学版)，2009，33 (1)：31-34.
[5] 顾金喜，欧阳权. 公共理性与公共文化建设的互动促进 [N]. 东莞日报，2013-12-05 (8).
[6] 参见：黄建洪. 公共理性视野中的当代中国政府能力研究 [M]. 北京：社会科学出版社，2009.

理性与民生建设①等，但关于公共理性与社会心态的关系研究还很少。

三、研究的主要内容及方法

社会心态是汇聚行为主体普遍心理状态的一部"合声"，反映了人们对现实问题的普遍认知，关涉情绪、价值观与行为，呈现出公共性的特点。社会心态生成后，本身就成为一种心理资源，深刻地牵动和左右着人们的认知、情绪、价值观与行为，进而影响着社会的发展，呈现出对人与社会的影响力。而公共理性是公共生活空间行为主体应具有的普遍价值理念。因此，鉴于社会心态的公共性与其对公共生活空间的影响力，将社会心态纳入公共理性视域加以考察，意味着将社会心态置于公共生活空间背景下，希冀以公共理性来规约社会心态，架构通往社会心态应然状态的通道，从而防止社会心态肆意生长而不利于社会长治久安与国家和谐发展。

本书以公共理性为视域，以马克思主义理论为指导，研究社会心态及其引导问题。学理上，通过分析公共理性与社会心态之间的内在关系，论证社会心态内在与外在生成因素；进而在实践层面由内而外地构建"素质—环境—制度"的社会心态引导路径。

第一，以阐释公共理性与社会心态的内涵为起点，指出公共理性与社会心态之间的内在关系。通过对核心概念的界定，根据公共理性的基本含义、内容特征以及社会心态的相关理论，探讨社会心态与公共理性的内在关系。社会心态具有公共理性诉求。公共理性在公共生活空间建构的公共认知、公共情绪、公共价值和公共行为的特征，恰是社会心态在社会认知、社会情绪、社会价值观和社会行为四个核心方面所具有的公共性要求。同时，公共理性规约着社会心态的结构内容，表现在理念、实践和制度三个层次，构成了基于公共理性的社会心态结构内容。这是引导社会心态的理论之基。

第二，分析公共理性视域下引导社会心态的主要目标与原则方法。这是引导社会心态的基本遵循。公共生活空间以公共理性为规导，引导社会心态至何方？该遵循何种原则和方法才能实现引导的有效性？这是研究公共理性视域下社会心态及其引导问题必须深入分析的关键问题。公共理性视域下引

---

① 参见：谭日辉，吴祖平. 社会心态与民生建设［M］. 北京：中国社会科学出版社，2015.

导社会心态的主要目标是通过教育实践活动期冀达到的效果。从社会心态的四个维度出发，公共理性视域下引导社会心态的主要目标包括：统一社会认知、疏导社会情绪、避免冲突行为、共享公共理性理念。而贯穿于引导活动始终必须遵循的基本原则，则是引导实践的准则与方法。同时，遵循人的全面发展和健康社会心态的内在要求，引导社会心态必须坚持"合情""合理""合法"引导，寓教于情、寓教于境、寓教于法，力求做到"导"之有方。

第三，从系统论的角度，构建公共理性视域下社会心态的引导路径。将社会心态的外部环境和内在结构视为两个整体性系统。社会心态的外部环境，顾名思义，是同行为主体发生联系的外部世界，主要指影响行为主体情绪、认知、行为等方面的社会环境与提供规范性和价值性引导的制度。一方面，将社会心态纳入社会整体系统中，从经济、政治、文化、舆论和制度方面入手，构建社会心态的引导路径。就环境的性质而言，经济、政治、文化和舆论环境对社会心态的影响力有积极和消极层面之分。我们需优化，使之成为合乎健康社会心态生成与发展的环境。就制度的层次和作用范围而言，制度有宏观和微观之分，被寄予了社会公平正义的期望；是健康社会心态的保障，事关规范性的社会关系与价值引导。从这个意义上说，基于人所发展的外部环境，社会心态引导路径，不仅要从健康社会心态的生成层面探讨环境优化问题，也要从健康社会心态的保障层面探讨制度建设问题。另一方面，通过分析社会心态内部诸要素对社会心态生成的影响，揭示行为主体内在素质在社会心态生成过程中的重要作用，将素质提升纳入社会心态引导路径之中。"人的全部发展都取决于教育和外部环境。"① 故而，公共理性视域下社会心态的引导路径围绕素质提升、环境优化、制度建设三个维度展开。如果说探究与确立社会心态的引导目标、原则与方法为引导教育活动找寻到了坐标，那么，社会心态引导路径的构建则是将引导目标、原则和方法付诸实施的过程，力求做到"导"之有力。

合适的研究方法帮助我们从理论上系统认知研究内容、准确探知研究对象内在规律，从实践层面科学解释与分析社会现象，并为问题解决提供思路与方法。研究方法在理论与实践层面都具有重要的作用。本书的具体研究方法

① 中共中央马克思恩格斯列宁斯大林著作编译局．马克思恩格斯全集：第2卷［M］．北京：人民出版社，1957：165.

包括文献研究法、资料分析法、系统研究法。

文献研究法。"文献是指包含有我们要加以研究的对象的信息的各种载体。"① 文献研究可以直接继承前人的理论研究成果和先进经验，是社会科学常用的一种重要的研究方法和必要过程。研究者利用文献资料做出系统而客观的分析，"从中引证对研究对象的看法或找出其真相"②。本书从研究的需要出发，以大量理论文献与文字资料为基础，包括与社会心态、公共理性相关的马克思主义理论、思想政治教育、哲学、政治学、社会心理学等文献资料，通过大量查阅、筛选、整理，对文献资料内容做出客观、系统、有价值的分析与归纳，从而为公共理性视域下社会心态及其引导提供理论和实践的准备。

资料分析法。作为一种观察方法，资料分析法是对既有的统计资料进行收集并加以分析的研究方法。通过收集 2013—2019 年媒体报道的社会公共事件③、历年来社会心态研究报告、历年中国社会形势分析与预测研究报告，梳理这些客观的事件和统计数据，感受与理解公共生活空间弥漫的社会心态，并对其进行实质性和规律性的考察分析，为深刻剖析成因、探索社会心态的引导路径提供一定的事实依据。

系统研究法。"由相互作用和相互依赖的若干部分（要素）组成的具有确定功能的有机整体为系统。"④ 很明显，系统研究法是将研究对象视为一个有机整体，寻求与解决整体与部分之间的相互关系的方法。这一研究法要求研究者具有整体性思维。恩格斯曾说，"世界不是既成事物的集合体，而是过程的集合体"⑤。社会心态的内部结构诸要素及其相互联系作用的过程是一个系统的过程，其本身也隶属于整个社会系统的子系统。无论社会心态身处哪一种系统之中，都揭示了该系统对社会心态的客观影响，也意味着社会心态生成后对于社会系统的实际效应。所以，研究者必须从整体着眼，密切关注整体与各要素之间的关系，才能系统地把握社会心态，积极探索社会心态的引导路径。

---

① 林聚任，刘玉安. 社会科学研究方法 [M]. 济南：山东人民出版社，2008：145.
② 彭克宏. 社会科学大词典 [M]. 北京：中国国际广播出版社，1989：278.
③ 因 2019 年年底开始的新冠疫情引发的社会心态具有特殊性，本书暂未涉及。
④ 魏宏森. 系统科学与社会系统 [M]. 长春：吉林教育出版社，1990：153.
⑤ 中共中央马克思恩格斯列宁斯大林著作编译局. 马克思恩格斯文集：第 4 卷 [M]. 北京：人民出版社，2009：298.

第一章

公共理性与社会心态的内涵作用及其相互关系

现代社会,和谐社会的建立与发展客观上呼唤着"公共理性"。与此同时,中国社会转型这一现实过程决定了社会心态的纷繁复杂。社会心态因其具有的公共性,自身有着公共理性的诉求。公共认知、公共情绪、公共价值和公共行为构成了社会心态的公共理性诉求内容。这一诉求是良序社会的使然,也是不断寻求社会心态应然状态、培育全民共享的健康社会心态需要付出的努力。由此也引出了社会心态的生成与价值作用问题。那么,在多元化的格局之下,如何协调各种利益关系、发展社会心态的应然状态并促使行为主体间充分交往合作,营造和谐社会氛围?这是摆在我们面前的问题。本章即对公共理性与社会心态两个理论及其关系进行阐释,为之后章节提供较为清晰的学理基础。

第一节 公共理性的内涵及其作用

"内涵"在"逻辑学上指一个概念所反映的事物的本质属性的总和"①。公共理性的基本内涵和主要特征,综合反映了当下公共理性的本质属性,构成了公共理性的内涵。

一、公共理性的基本内涵

在探析公共理性的基本内涵时,要对其发挥作用的领域、适用对象与愿景目标进行界定与阐释,以确定其外延范围,进而在研究范围内对公共理性

---

① 中国社会科学院语言研究所词典编辑室. 现代汉语词典 [M]. 7 版. 北京:商务印书馆, 2019:944.

做多维度的概念内涵释义。

(一) 公共理性的作用领域、适用对象与愿景目标

1. 公共理性的作用领域与适用对象

公共理性"它的本性和内容是公共的"①，其作用领域也必然具有明显的公共性。"公共性本身表现为一种独立的领域，即公共领域，它和私人领域是相对立的。"② 不言而喻，公共理性与公共生活领域是紧密相连的。罗尔斯将公共理性的作用领域限制于"公共政治论坛中的问题所作的讨论"③，范围显得过于狭窄。因为人们所从事的公共生活抑或社会公共活动，它的内容是非常广泛而丰富的，不仅包括政治生活，也囊括了经济、精神、家庭等方面。④公共理性的作用领域除了公共政治生活领域之外，还应包括公共经济、家庭等生活领域。它们并不是孤立存在的，彼此之间立体化地构成了公共生活空间。公共生活空间成为"调和国家与社会的需求、衔接国家政治权力与私人领域并在论坛中进行理性讨论、公开辩论的公共空间"⑤。因此，公共生活空间构成公共理性的作用领域。

至于公共理性的适用对象，则是公共生活空间的行为主体。行为主体是指以一定地域中不同的集团和个人所组成的社会整体作为活动的主体，共同认识和改造它所面对的客体。⑥"主体最本质的特性是它的社会性、实践性"⑦，这意味着人与人之间具有可能一致同意的价值、原则等，才可能构成社会合作时所获得的利益或资格。同时，集团组织作为人类社会实践的主体，由人的多种复杂的社会关系组成，出于不同目的而组成的共同行动的不同集团，也相应地构成了公共生活空间行为主体的一部分。因此，在公共生活空间，运用公共理性的行为主体不仅仅是公民个人，也包括由公民组成的不同

---

① 罗尔斯. 政治自由主义 [M]. 万俊人, 译. 南京：译林出版社, 2011：197.
② 哈贝马斯. 公共领域的结构转型 [M]. 曹卫东, 王晓珏, 刘北城, 等译. 上海：学林出版社, 1999：2.
③ 罗尔斯. 公共理性理念新探 [M]. 谭安奎, 译//谭安奎. 公共理性. 杭州：浙江大学出版社, 2011：122.
④ 徐少锦, 温克勤. 伦理百科辞典 [M]. 北京：中国广播电视出版社, 1999：616.
⑤ 杨仁忠. 公共领域论 [M]. 北京：人民出版社, 2009：169.
⑥ 李淮春. 马克思主义哲学全书 [M]. 北京：中国人民大学出版社, 1996：585.
⑦ 李淮春. 马克思主义哲学全书 [M]. 北京：中国人民大学出版社, 1996：856.

集团组织（如政府、社会组织）等。

2. 公共理性的愿景目标

当今社会，多元价值观并存是一个基本特征。这意味着利益诉求的多元化和不同整全性学说的分歧并存，冲突与对抗成为一个不可避开的事实。为了应对多元价值观带来的冲突与分歧、实现社会共同体的稳定与发展，人们需要取代公民"关于真理或正当的整全性学说"①，完成公共生活空间的相互合作。于是，公共理性应运而生。公共理性的核心是"不批评也不攻击任何一种宗教的或非宗教的整全性学说，除非该学说与公共理性和民主政体的根本要素不相容"②，它的愿景目标是公共善。

道德是公共善的基础。政治生活也好、经济和文化生活也罢，均无法脱离人的社会生活，社会生活的善也不可能独立于伦理道德，否则那将是无根之木。罗尔斯也认识到了个人道德的重要性。"德性也是美德。无论从我们自己的观点还是从他人的观点来看，德性都是善。缺乏它们将会损害我们的自尊和我们的伙伴对我们的尊重。"③ 然而，关于"善"，每个人的认定和评价标准并不完全一致，甚至一些人眼中的善在另一些人的眼里则全然不是一种善。这需要我们在合作时必须对"善"达成一致判断。但是，"正义"则不同。"正义"不仅内在于善④，而且"是社会制度的首要德性"⑤。在"正义"这一首要德性问题上达成一致判断则可以达成公认的判断。⑥ "一个社会，当它不仅旨在推进它的成员的利益，而且也有效地受着一种公共的正义观调节时，它就是一个良序的社会。"⑦ 那么，公共善是以个人德性为基础，行为主

---

① 罗尔斯. 公共理性理念新探［M］. 谭安奎，译//谭安奎. 公共理性. 杭州：浙江大学出版社，2011：121.

② 罗尔斯. 公共理性理念新探［M］. 谭安奎，译// 谭安奎. 公共理性. 杭州：浙江大学出版社，2011：121.

③ 罗尔斯. 正义论［M］. 修订版. 何怀宏，何包钢，廖申白，译. 北京：中国社会科学出版社，2009：351.

④ 桑德尔. 自由主义与正义的局限［M］. 万俊人，唐文明，张之锋，等译. 南京：译林出版社，2011：154.

⑤ 罗尔斯. 正义论［M］. 修订版. 何怀宏，何包钢，廖申白，译. 北京：中国社会科学出版社，2009：3.

⑥ 罗尔斯. 正义论［M］. 修订版. 何怀宏，何包钢，廖申白，译. 北京：中国社会科学出版社，2009：354.

⑦ 罗尔斯. 正义论［M］. 修订版. 何怀宏，何包钢，廖申白，译. 北京：中国社会科学出版社，2009：4.

体之间以"正义"与"善"达成一致判断而进行的社会合作的善。这是公共理性的愿景目标。

罗尔斯也指出，公共理性的主题"是关乎根本性政治正义问题的公共善"①。古希腊哲学家德谟克利特认为，公共善是国家利益，即为国家利益而尽力②。长久以来，人们对于公共善的理解也正源于此，强调公共利益是公共善的表现形式。罗尔斯将公共善限定于政治生活层面。不过，后来他对公共善的根本性正义问题的强调值得我们借鉴。在对"公共善"进行界定时，我们必须警惕那些假冒正义之名而行非正义之事的"公共善"，必须用根本性正义界定"公共善"。这是公共理性的终极目标。那么，作为公共理性的目标指向，公共善是社会在利益冲突基础上合作的道德基础，来自人们对于共同体之间共同生活而思考的道德善，最终强调的是代表根本性正义的公共利益。这一公共利益来源于公共理性作用范围，即公共生活空间的利益，它并不排斥个人利益，也不是个人利益的简单总和，而是不同个人利益之间寻求的认同点，这个认同点也正因其根本性正义的问题而被拥有不同价值观念的公民所认可。简而言之，从"正义"与"善"一致的合作善到根本性正义的公共利益，代表了公共善的不同层次要求。公共理性的愿景目标从最初的"合作善"最终走向"根本性正义的公共利益"。

由此观察，公共理性的愿景目标在公共生活空间具体表现为宽容与协调。公共理性从相互性视角出发，尊重彼此之间的自尊，"万民法将正派人民接受为这个更加宽广的社会的一员"，"允许正派人民找到它们自己的尊重这些理想的方式"③；同时承认公众所拥有的整全性学说，并在整全性学说基础上重叠共识，实现社会合作交往交流。所以，"宽容"是公共理性目标的具体表现之一。而四个自明的基本事实——"合乎情理的多元论事实、在多样性中实现的民主统一事实、公共理性的事实、自由民主和平的事实"④——表明正

① 罗尔斯. 公共理性理念新探 [M]. 谭安奎，译// 谭安奎. 公共理性. 杭州：浙江大学出版社，2011：122.
② 北京大学哲学系外国哲学史教研室. 古希腊罗马哲学 [M]. 北京：生活·读书·新知三联书店，1957：120.
③ 罗尔斯. 万民法 [M]. 陈肖生，译. 长春：吉林出版集团有限责任公司，2013：163.
④ 罗尔斯. 万民法 [M]. 陈肖生，译. 长春：吉林出版集团有限责任公司，2013：165-166.

义的万民社会具有可能性。因为"作为理性的和合理的行为主体之公民代表"①，要尊重符合其公平正义而达成的协议，并以此作为准则来规制协调彼此之间的关系，维护我们的社会。其中，理性"意指个人的理性推理和达于正当观念的能力，它指向公共的领域"，合理"意指个人的价值判断和达于善观念的能力，它指向非公共的或个人自我的价值目的，但不必然意味着利己主义"②。理性推理与基于合理的判断之间必定产生矛盾，在矛盾之间通过恰当的协调可形成共识的公共理性。所以，"协调"成为公共理性愿景目标的具体表现之一。

社会主义民主政治是"由无产阶级和各阶层人民群众共同创立的新型的政治制度，其实质是人民群众在享有对生产资料所有权和支配权的基础上，充分享有管理国家以及其他社会事务的最高权力"③。这意味着在社会主义社会，广大人民群众的利益是公共善的根本出发点。公共理性的愿景目标指向公共善，实质是维护社会公共利益或公共福祉，促进社会交往与合作，实现良好社会秩序的图景，从而始终保持和谐共生的局面，这是当下公共理性的终极愿景目标。

因此，结合公共理性的作用领域与愿景目标，我们不得不说，并不是公共生活空间的所有理性都是公共理性，唯有这样的公共性和公共理性目的性促成或完成才可以称为公共理性。至此，公共理性的基本内涵才显得完整。

（二）公共理性的多维度阐释

顾名思义，公共理性与私人理性相对，其逻辑起点是理性。对公共理性的理解最先来自哲学范畴。随着社会发展与研究深入，不同学科领域对公共理性进行了相关阐释。这是我们多层次、多角度地认识公共理性的关键。

从哲学角度来看，公共理性是行为主体公开运用的理性④。"理性"是关照公共理性的起点。"理性"一词历史悠久。在哲学史上，理性"通常用以表

---

① 罗尔斯. 政治自由主义 [M]. 万俊人，译. 南京：译林出版社，2011：48.
② 万俊人. 政治自由主义的现代建构：罗尔斯《政治自由主义》读解 [M] // 罗尔斯. 政治自由主义. 万俊人，译. 南京：译林出版社，2011：574.
③ 李靖宇. 社会主义政治体制大辞典 [M]. 沈阳：沈阳出版社，1989：78-79.
④ 康德. 答复这个问题："什么是启蒙运动?" [M]. 何兆武，译 // 江怡. 理性与启蒙. 北京：东方出版社，2004：1-9.

示推出逻辑结论的认识的阶段和能力的范畴"①。作为人的大脑的功能存在,它"是唯一使我们成为人并且使我们与禽兽有区别的东西"②,与动物性相对;一般情况下,"指概念、判断、推理等思维形式或思维活动"③。在认识论意义上,理性被认为是人们认识世界的能力。黑格尔从唯心主义角度将理性视为认识世界的最高阶段,认为理性"是世界的灵魂"④。在康德那里,理性不仅仅是认识世界的重要手段,也是理性活动的目的。⑤ 马克思主义哲学中的理性"通常指在社会实践基础上,从感性认识上升到理性认识的阶段"⑥。在功用意义上,理性被认为是社会领域衡量事物的标准,成为人们相互交往合作的价值尺度。"正是通过理性,我们才作为平等的人进入了他人的公共世界,并准备对他们提出或接受各种公平的合作项目。"⑦ 因此,公共理性是行为主体独有的、公开运用的判断推理等思维形式或活动;同时,它也是行为主体认识世界的一种能力,是公民"从自己合乎理性的学说内部出发"⑧,在个体理性基础上的公共生活空间的理性;它还是公共生活空间衡量事物的参照标准,规约着行为主体的行为。

从伦理学角度来看,公共理性是行为主体进行社会合作的美德和道德规范。在当今社会,尽管行为主体拥有道德等理念,但是,有时彼此之间也因为其拥有不同的合乎情理的整全性学说而无法相互理解,无法达成一致意见,甚至不可调和,造成了诸多矛盾。面对多元论的基本事实,公共理性因其所具有的调和多元论矛盾、促进社会合作等功能应运而生,替代所谓合乎情理的整全性学说。它必然地蕴含着社会发展所需要的良好道德品质和道德行为,是"包含着合乎理性、心态公平的美德"⑨,是一种"非常伟大的美德"⑩。

① 金炳华,等. 哲学大辞典 [M]. 修订本. 上海:上海辞书出版社,2001:823.

② 笛卡尔. 方法谈 [M] // 北京大学哲学系外国哲学史教研室. 十六—十八世纪西欧各国哲学. 北京:商务印书馆,1975:139.

③ 刘炳瑛. 马克思主义原理辞典 [M]. 杭州:浙江人民出版社,1988:714.

④ 金炳华,等. 哲学大辞典 [M]. 修订本. 上海:上海辞书出版社,2001:823.

⑤ 斯坎伦. 道德之维 [M]. 朱慧玲,译. 北京:中国人民大学出版社,2014:68.

⑥ 金炳华,等. 哲学大辞典 [M]. 修订本. 上海:上海辞书出版社,2001:823.

⑦ 罗尔斯. 政治自由主义 [M]. 万俊人,译. 南京:译林出版社,2011:49.

⑧ 罗尔斯. 政治自由主义 [M]. 万俊人,译. 南京:译林出版社,2011:291.

⑨ 罗尔斯. 政治自由主义 [M]. 万俊人,译. 南京:译林出版社,2011:129.

⑩ 罗尔斯. 政治自由主义 [M]. 万俊人,译. 南京:译林出版社,2011:145.

其中，罗尔斯将理性、正义均视为一种善；自尊是基本善。① 公共理性是社会发展客观要求与行为主体主观认识统一的结果。相应地，伴随着公共理性的产生，公民、集团组织等行为主体在社会实践中自觉认识公共理性，并生成公共生活空间的道德规范，以公共理性"按照一定的正当原则"（而且选择正当的问题是人们寻求明确的善观念的努力）引导我们的情感与行为习惯。② 而"在任何时候、任何情况下，作为提出或认可公平合作条款并随后按照这些公平条款而行动的道德能力之基础的道德力量，又都是一种根本性的社会美德"③。公共理性成为调整行为主体之间相互关系的道德行为准则，也成为指导人们判断和评价行为善恶的标准。因此，公共理性不仅是社会合作体系中行为主体的美德，也是道德规范。

从心理学角度来看，公共理性是一种能力。能力是"能成功完成某种活动的个性心理特征"④。能力的表现、发展和实现都与活动紧密联系在一起。"只有通过活动才能发展人的能力和了解人的能力。但是，并不是所有在活动中表现出来的心理特征都是能力。只有那些直接影响活动效率、使活动的任务得以顺利完成的心理特征，才是能力。"⑤ 可以说，能力是人在各种活动中必备的基本特征与在活动中发展起来的才能的体现，是人的综合素质的表现。公共理性是社会合作理念，直接作用于社会合作的活动中，是公民"参与公共的社会交往活动并成功地达到自我实现的条件"⑥，关系到社会合作有效与否，直接影响社会稳定。故而，公共理性是行为主体在公共生活空间参与社会合作的一种能力。在公共生活空间，"每一个人都具有成为正常的和参与合作的社会成员的能力"⑦。这是保证公共生活有序进行的重要条件。公共理性不仅是社会合作活动所需要的一种能力，也是社会合作过程中得以通过后天

① 罗尔斯. 正义论 [M]. 修订版. 何怀宏，何包钢，廖申白，译. 北京：中国社会科学出版社，2009：311，406，347.
② 罗尔斯. 正义论 [M]. 修订版. 何怀宏，何包钢，廖申白，译. 北京：中国社会科学出版社，2009：439-443.
③ 罗尔斯. 政治自由主义 [M]. 万俊人，译. 南京：译林出版社，2011：50.
④ 杨治良，郝兴昌. 心理学辞典 [M]. 上海：上海辞书出版社，2016：362.
⑤ 华东师大心理系公共必修心理学教研室. 心理学 [M]. 修订本. 上海：华东师范大学出版社，1984：264.
⑥ 钟英法. 罗尔斯公共理性思想研究 [M]. 成都：巴蜀书社，2012：61.
⑦ 罗尔斯. 政治自由主义 [M]. 万俊人，译. 南京：译林出版社，2011：170.

训练而拥有的一种能力。公共理性作为一种能力，它根植于行为主体的能力中，道德能力和理性能力在公共生活空间被鼓励而被充分发展。这是公共理性对行为主体的一种素质要求。

从政治学角度来看，公共理性是一项政治原则。这是民主社会行为主体在公共生活空间中言论和行为方面需要遵循的一项政治原则。公共理性正确反映了民主社会公共政治的实践。在罗尔斯看来，公共理性的"构成只适用于社会的基本结构，及其主要的、作为统一之社会合作图式的政治、社会和经济制度"①。那么，公共理性必然会对人们的政治认识和实践具有指导意义，也是政党政治必须具备的向度。② 而且，"它的表达不依赖于任何更为广博的完备性宗教学说或哲学学说；它是按照根本性政治理念而精心论证的，我把这种根本性政治理念看作是隐含在民主社会的公共政治文化之中的"③。换句话说，为了维护一个公正而稳定的民主社会，因整全性学说而产生深刻分化的行为主体，自觉而主动地抛却整全性学说，将公共理性作为政治原则运用于公共生活中。

从法学角度来看，公共理性是一项法律准则。法律以文本的形式认可和保障正义，并在贯彻执行中始终秉承正义的原则，力图不断达成程序正义与实体正义，协调社会中的各种关系。而公共理性是"由一类合乎情理的、政治性的正义观念所给定的内容"④。由此不难理解，公共理性为"现代法律的正当性基础提供了新的可能"⑤。同时，公共理性的"这些观念在讨论强制性规范过程中的应用——这些规范将面向民主的公民群体，以正当法律的形式制定出来"⑥。公共理性成为制定和修正法律的一个准则。而"当所有称职的

---

① 罗尔斯. 政治自由主义 [M]. 万俊人，译. 南京：译林出版社，2011：206.
　　由于万俊人与谭安奎翻译版本的不同，本书中的"整全性学说"与"完备性学说"是同一含义。
② 李建华，谢金林. 公共理性与现代政治：一种基于罗尔斯的话语框架之解说 [J]. 湖南师范大学社会科学学报，2006（1）：45-63.
③ 罗尔斯. 政治自由主义 [M]. 万俊人，译. 南京：译林出版社，2011：206.
④ 罗尔斯. 公共理性理念新探 [M]. 谭安奎，译// 谭安奎. 公共理性. 杭州：浙江大学出版社，2011：122.
⑤ 熊伟. 面向法律正当性基础重构的公共理性 [J]. 河南社会科学，2008，16（6）：49-52.
⑥ 罗尔斯. 公共理性理念新探 [M]. 谭安奎，译// 谭安奎. 公共理性. 杭州：浙江大学出版社，2011：122.

政府官员都出于并按照公共理性而行动，当所有合乎情理的公民都在理想的意义上将自己看作遵循公共理性的立法者，那么，表达大多数人意见的立法就是正当的法律。可能不是每个人都认为它是最合乎情理的或者最恰当的，但它在政治上（道德上）对作为公民的他或她就有约束力，而且应当如此被接受"①。故而，作为平等公民的理性、在制定和修正法律的过程中，公共理性是作为一个集体性的实体，"相互行使着最终的和强制性的权利"②，并被广大公民们所接受，成为持久力量。罗尔斯甚至将最高法庭作为公共理性的范例，认为"公共理性是法庭履行的唯一理性"③。这意味着行为主体在运用法律知识和识别行为合法性时必须遵循公共理性理念。因此，行为主体无论是制定和修改法律，还是运用法律知识、识别行为合法性时，都必须以公共理性引导自我的行为。从这个层面上来说，公共理性是一项法律准则。

从社会学角度来看，公共理性是一种社会资本，具体而言，是公共生活空间的行为规范与准则。相对于物质资本，社会资本是"存在于社会网络和社会组织中的能够为拥有它的主体带来收益的一种能力，这种能力是一种潜在性的，对外体现为一种社会关系"④。作为行为主体不断凝聚共识并促成行为主体之间交往与合作的一种理性，公共理性始终指引着行为主体参与建构公共理性的行为。"只要运用得当，社会资本就具有高度的自我增值能力"⑤，而当这种公共理性在社会广泛流行并成为支撑这个社会合作的理念时，就会无形之中推动社会发展，成为社会资本的一部分。归根结底，社会学范畴的公共理性是公共生活空间社会合作的一种隐形社会资本，成为影响公共生活空间社会交往合作的行为规范和准则。

总而言之，不同学科对公共理性的认识与探讨，立体地勾勒出了公共理性的多维视图。从众多学科范畴来看，公共理性不仅是公共生活空间行为主体的一种理性，还是一种美德和能力。它们构成了人们在社会性活动中应具

① 罗尔斯. 公共理性理念新探［M］. 谭安奎，译//谭安奎. 公共理性. 杭州：浙江大学出版社，2011：122.
② 罗尔斯. 政治自由主义［M］. 万俊人，译. 南京：译林出版社，2011：198.
③ 罗尔斯. 政治自由主义［M］. 万俊人，译. 南京：译林出版社，2011：217.
④ 朱贻庭. 应用伦理学辞典［M］. 上海：上海辞书出版社，2013：350.
⑤ 周玉. 干部：职业地位获得的社会资本分析［M］. 北京：社会科学文献出版社，2005：25.

有的活动条件。归根结底，蕴含理性、美德和能力的公共理性是行为主体在公共生活空间交往合作的内在素质要求。与此同时，作为社会资本，公共理性"是一套原则性和程序性的规范"①，"包含基本的判断、推论和证据之概念的恰当运用"②。意即，公共理性是行为主体在公共生活空间必须遵守的一项道德规范、政治原则和法律准则。这是行为主体在公共生活空间对公共理性自觉认识的结果，也正体现了公共理性对行为主体内在素质的要求和实践行为的规约。

概括起来，公共理性基本内涵可以这样理解：第一，公共理性是行为主体内在的素质，这是公共理性之基。确切地说，是公共生活空间行为主体的理性、美德和能力。第二，公共理性也是公共生活空间行为主体应遵循的普遍行为规范，这是公共生活空间行为主体内在素质的实践行为规范要求，包括道德规范、政治原则、法律准则。第三，公共理性作用范围和适用对象是公共生活空间的行为主体。第四，它的目标指向公共善和良好社会秩序。而无论是作为行为主体的内在素质还是公共生活空间必须遵循的行为规范，公共理性始终都是行为主体在承认整全性学说基础上，在公共生活空间共同认可的一种价值理念，最终汇聚于行为主体的理念、实践和制度规范之中。

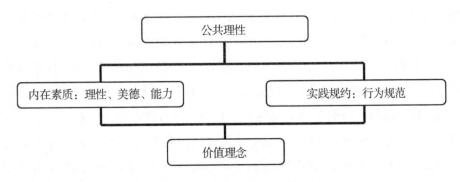

图 1-1　公共理性的基本内涵示意图

二、公共理性的四维特征

作为公开使用的理性和美德，公共理性是对行为主体在公共生活空间的

---

①　熊伟. 面向法律正当性基础重构的公共理性 [J]. 河南社会科学, 2008, 16 (6): 49-52.

②　罗尔斯. 政治自由主义 [M]. 万俊人，译. 南京: 译林出版社, 2011: 129.

素质要求，这一要求寄予着行为主体交往合作的普遍性素质要求，本身具有公共性。作为公共生活空间行为主体应遵循的普遍行为规范，公共理性是行为主体共享的规范性遵从。那么，公共理性的内涵也势必是公共性的展现。围绕公共性，公共理性作为一种价值理念被我们认知、认同。认知和认同的过程正是公共理性特征的展现过程。认知伊始，概念帮助我们理解和确认"公共理性是什么"，公共生活空间概念在我们的认知思维中被激活之后，其引导我们使用之。随之，我们对公共理性的认知在公共生活空间的实践中以情绪和行为的方式予以表现。其中，对于公共理性概念的理解和确认、最终的认同，起关键作用的则是公共理性所蕴含的公共价值。它是行为主体彼此之间满足互惠性、实现公共善和良好社会秩序的公开性证明。公共理性在内容上便具有四个维度的主要特征：公共认知、公共情绪、公共价值和公共行为。

（一）公共认知是公共理性的思维自觉

多元价值观背景下，公共认知的出场具有其必然性。20 世纪中下叶，认知心理学关于认知的理论渗透到社会心理学，社会认知成为研究的主题。作为一种认识和看待社会的方式，社会认知将人与社会环境、人际关系联系起来，关注如何理解自我、他人与社会，研究人们如何通过"概念"这一理解世界的基础，"从社会环境获取信息，并如何形成推理的过程"①。这是由社会认知"对准确性的需求"② 决定的。与此同时，认知过程中概念的形成、并依此得出的判断与推理的过程均来自我们自身所拥有的价值观念。多元价值观念的并存、碰撞与对峙必然会造就多元的社会认知。"认知的多元使人们感到自由自在的同时，也感到失去精神坐标的惶惑与疑虑。"③ 行为主体认知的混乱与迷茫会阻碍人们之间共识的形成，从而影响到公共生活空间的社会合作行为。这就需要蕴含良好社会秩序的公共理性以公共认知来统一多元认

---

① 泰勒，佩普劳，希尔斯. 社会心理学 [M]. 10 版. 谢晓非，谢冬梅，张怡玲，等译. 北京：北京大学出版社，2004：30.
② 阿伦森，威尔逊，埃克特. 社会心理学 [M]. 侯玉波，朱颖，等译. 北京：机械工业出版社，2014：13.
③ 吴克昌. 社会心理论：转型期中国社会心态研究 [M]. 2 版. 长沙：湖南人民出版社，1998：97.

知，在公共生活空间"取代"多元价值观，形成概念表征，并始终围绕公共理性观念汇聚共识，做出符合社会合作体系的推理判断，从而促进社会合作行为的完成。

鉴于此，我们认为，公共认知是多元认知基础上的具有公共理性的认知共识，是公共理性的一个内容特征。而"社会共识是社会思维的核心"①。公共认知自然地成为公共理性的思维核心。如何在多元认知基础上建立一种共识思维基础，指引公共生活中行为主体的公共认知选择和判断，显得意义非凡。在心理学范畴，"个体的思维方式和思维运算的结果是社会认知的综合，成为决定个体行为的最重要因素"②。人的思维与认知的关联，意味着思维是一个认知过程③，甚至等同于认知。思维的自觉便是有意识地获取社会认知的过程。公共理性的思维自觉，是行为主体在公共生活空间有意识地以公共理性统摄多元的社会认知，获得公共认知的过程与结果。因此，公共认知是公共理性的思维自觉。

（二）公共情绪是公共理性的外在态度表征

公共情绪以必然之势和应然状态完成了公共理性的外在态度表达。心理学上，广义的情绪是人对客观事物是否符合其需要的态度体验；狭义上，情绪是感情性体验和感受状态的活动过程，是短暂而强烈的具有情境性的感情反应。④ 伦理学重点考察的是情绪的社会内容，认为情绪是"表现道德情感的一种激情形式。情绪是在人的活动中形成的，同时又表现为进行这种活动的动机，它能促使人去进行由情绪所导致的某种行动"⑤。行为主体之间的多向互动社会活动构成了"情绪"的生成基础。随着社会的发展，现代社会的情绪越来越多地不能单一地归为公民个体或集体式的态度或感情反应，也不能简单地直截了当地做出道德评价。但可以肯定的是，情绪总是与社会及社

---

① 杨宜音，王俊秀，等. 当代中国社会心态研究［M］. 北京：社会科学文献出版社，2013：81.
② 杨宜音，王俊秀，等. 当代中国社会心态研究［M］. 北京：社会科学文献出版社，2013：81.
③ 津巴多，约翰逊，麦卡思. 津巴多普通心理学［M］. 钱静，黄珏苹，译. 北京：中国人民大学出版社，2016：211.
④ 车文博. 当代西方心理学新词典［M］. 长春：吉林人民出版社，2001：276.
⑤ 宋希仁，陈劳志，赵仁光. 伦理学大辞典［M］. 长春：吉林人民出版社，1989：943.

会中的人相关联，其所具有的能动作用依然掩盖不住现实世界与社会对其的决定作用，即它存在于自我与社会之中，是人类对客观事物的反映。在多元价值背景下，社会问题通过各种各样的情绪展现出来。随着现代科技的发展，全球化使得人类社会联系越来越紧密，越来越多的纷繁复杂的公众情绪在公共生活空间中凸显出来，且容易聚集成群走向极端，影响着人们的行为动机，易对社会造成巨大的破坏力，最终消解着行为主体在公共生活空间社会合作的努力。于是，公共生活空间需要嵌入一种适合社会交往合作的表达形式和道德评价态度，来改变复杂多样的甚或影响社会发展的种种情绪。而内蕴公共理性的公共生活空间之公共情绪正具有这样的作用。公共理性也通过公共情绪这一外在态度表达着自己的魅力。

因此，作为"情绪"之一的公共情绪，也必然产生于现实社会之中，尤其是产生于公共理性的建构之中。因公共理性自身具有的公共性，作为公开运用的理性和美德，其在公共生活空间的外在态度表达也必然具有公共性和理性特征；其建构理性和美德的过程也是公共情绪生成的过程。那么，公共理性的使命使然：要求行为主体在公共活动中展现出这样一种态度与情感，即理性、平和、愉悦、公平等有利于达成价值共识进而促成社会合作的公共情绪，以实现良好有序的社会理想。而不断形成的公共情绪又对社会行为有着能动作用，调节着社会行为，促成公共理性的建构与完善。这意味着，在现代社会中公共情绪正以外露的方式表达着或反映着公共理性的应然态度和客观要求。

（三）公共价值是公共理性的内在要求

现代社会，拥有整全性学说的不同行为主体有着不同的价值要求，这使得价值类别呈现出多元化的景象，也使得行为主体之间在相互理解与一致意见和行为达成方面困难重重。公共理性的出场，意味着在公共生活空间行为主体之间以公共价值统摄多元的价值观，完成价值共识与共享进而实现社会合作，并影响着人们社会情绪与社会行为，促使社会形成公共认知、公共情绪和公共行为，这是公共价值存在的必要性。

公共价值生成后，在公共生活空间以共享的公共利益出场，其本质则在于公共价值观。无论是公共利益还是公共价值观，公共价值都是公共理性的内在要求。

从客体对主体的关系看，价值是客体的属性、功能对于主体需要的满足关系，① 显示的是客体满足主体的效用和意义。公共价值则"是指同一客体或同类客体同时能满足不同主体甚至是公共民众（公众、民众）需要所产生的效用和意义"②。而公共利益指"能够满足一定范围内所有人生存、享受和发展的、具有公共效用的资源和条件"③。公共价值与公共利益的核心都是客体的公共效用，从这一意义上来说，两者的概念相同。而这一公共效用来源于公共生活空间人们社会性活动的合作需求，是公共理性理念的内在要求。

从主体对客体的关系看，一切价值都是对人而言才成为价值的。④ 价值本身隐含着人的需要，其生成于人的活动或劳动创造客体的价值。"当客体本身凝聚着主体的价值追求，并且是主体价值追求的产物时，那么这个存在就是价值存在或价值实体。"⑤ 蕴含公共理性的公共价值则必然生成于行为主体的公共性活动之中，来源于行为主体为了社会合作、维护社会稳定发展而创造的公共效用；是行为主体不断寻求主体之间价值的公共性，具有共创性与共享性。⑥ 而其最终生成后的效用在于促进人的自由而全面的发展。这是人类价值的公共性追求，也是公共理性的意义所在。因此，从这一层面上说，公共价值以公共利益出场，是公共理性的内在要求。

但是，公共价值的本质则是公共价值观。"'价值'这一概念的形成和应用，体现了人类对人的内在尺度、主体的内在尺度的自觉意识，是这一客观尺度的思想表达形式和理论表达形式。"⑦ 也就是说，价值的本质并不在于对客体的需要满足，而在于价值是主体的内在尺度的表达，其表现形式为价值观。公共价值的本质必然是公共价值观，是行为主体公共生活空间公共理性内在尺度的公共表达，且是公开表达不是差异性的表达，是共识性的表达，

---

① 熊则坤，李林昆. 价值·价值观的冲突 [M]. 北京：中国人民公安大学出版社，1994：17.
② 胡敏中. 论公共价值 [J]. 北京师范大学学报（社会科学版），2008（1）：99-104.
③ 汪辉勇. 公共价值含义 [J]. 广东社会科学，2008（5）：56-61.
④ 熊则坤，李林昆. 价值·价值观的冲突 [M]. 北京：中国人民公安大学出版社，1994：16.
⑤ 胡敏中. 论公共价值 [J]. 北京师范大学学报（社会科学版），2008（1）：99-104.
⑥ 汪辉勇. 公共价值含义 [J]. 广东社会科学，2008（5）：56-61.
⑦ 李德顺. 价值论 [M]. 北京：中国人民大学出版社，1987：102-103.

是行为主体在公共生活空间基于价值观差异性而不断寻求的一种价值共识。其根本表现形式为公共价值观中的核心价值观。这是公共价值的核心所在，它决定了公共理性的具体内容呈现——公共认知、公共情绪和公共行为，体现了公共理性在公共生活空间的内容要求。显而易见，公共理性所蕴含的诸如平等、自由、公正、民主等核心价值观念，体现了公共生活空间社会的价值共识，规约着行为主体在公共生活空间的价值观和行为。那么，当下中国公共理性的核心便是社会主义核心价值观。

于是，我们得知，蕴含着公共理性的公共价值存在于公共生活空间中，且形成于公共理性活动之中；而公共理性所展现出的公共价值，体现了公共理性的公共性内在要求。它既包含了公共利益的内容，也包含了共识的公共价值观。公共价值的本质是平等而自由的行为主体在公共生活空间为追求人的自由而全面发展、为实现社会和谐稳定等而孜孜追求的核心价值观，待其在行为主体内心生成之后，必然成为社会公共生活的精神追求和实践规范，是多元价值基础上的价值共识，也正反映了价值的本质内涵。无论是公共利益还是公共价值观，都是人们对公共价值的一种共识，是公共理性的内在要求。而"一个社会达成了共识，将不同价值取向的人整合在一种普适的共识之下，为完成社会合作提供心态上的条件"①。

（四）公共行为是公共理性的外在实践规范

作为人类的一种生存方式，"行为"常被赋予不同的含义。在伦理学中，"行为"指人类自觉的有目的的活动。人在"行为"之前，能够在意识中建立起理想的目的或目标，即通过自觉意识和认识，把外部和内部需要转化为动机和目的，指导和调节人的行为活动。② 而外部和内部需要则取决于行为主体的信念、价值观。行为主体通过外在行为展现自身的价值观念，以求达成其应有的效果。然而，众所周知，现代社会充斥着多元价值，决定了行为主体社会行为的多样化，这也是人类具有丰富的社会行为的重要原因。随着社会迅猛发展，行为主体的社会性日益突出，人与人之间、人与社会之间的交

---

① 杨宜音，王俊秀，等. 当代中国社会心态研究 [M]. 北京：社会科学文献出版社，2013：51.
② 宋希仁，陈劳志，赵仁光. 伦理学大辞典 [M]. 长春：吉林人民出版社，1989：441-442.

往合作日益频繁，意味着行为主体被越来越多地卷入公共生活空间的事务之中。行为主体不能为所欲为地仅关照自我的价值观念和理想目标而采取自我行为，因为在各种行为张力之下，行为主体坚持自我价值观念而采取的外在行为活动只会让社会直接陷入无端的争斗之中。蕴含着公共理性的公共行为，出自社会合作的动机，在公共生活空间统一多样化行为，并促进有效合作行为，这是公共生活空间人们认可并认同的外在行为。公共理性则通过公共行为以实践规范的形式表达着自身价值理念。

任何实践都是社会的人在一定社会关系中的活动。规范就是"一种在考虑按某种特定的、禁止的方式行动时，会感觉羞愧或渴望他人认可的倾向"①。由此，我们可以说：作为人类实践活动之一，公共行为形成于行为主体之间的各项实践活动之中；同时，因其在公共生活空间所具有的对社会行为的规范性而成为一种实践规范。因此，我们看到，公共行为处于行为主体自身的历史活动之中，正是公共理性理念外化于实践活动而形成的影响行为主体的社会规范。公共行为作为公共理性的外在实践规范，是行为主体在公共生活空间践行公共理性理念的必然行为，是寻求有利于社会合作体系之行为、达成价值共识基础上的公共行为，是通过整合社会多元行为将不同行为主体统一于公共的行为之中的自觉表达。

三、公共理性的作用

现代社会，公共理性作为行为主体在公共生活空间建构的理想，其价值在于凝聚共识，特别是价值共识，为构建和谐社会奠定坚实的基础；发挥调和作用，缓解和解决社会矛盾与冲突，建构公共生活空间多元价值基础上的理性平和环境；发挥对行为主体公共生活的规导作用。公共理性三方面的作用相互联系，具有内在的关联性。

第一，共识作用。共识指共同的观念和认识。② 随着经济和科技的发展，地球缩小为地球村，人与人之间、不同地区和国家之间的联系变得更为紧密，因生存和发展需要而日益频发的公共问题关系到每个人的命运，关系到社会

---

① 王俊秀. 社会心态理论：一种宏观社会心理学范式［M］. 北京：社会科学文献出版社，2014：141.

② 韩明安. 新语词大词典［M］. 哈尔滨：黑龙江人民出版社，1991：159.

和国家的发展。同时，毫无疑问，"一种合乎理性的完备性学说无法确保社会统一的基础"①。面临哲学、道德和宗教等整全性学说不断造成的深刻分歧，行为主体在认知、情绪和行为等方面呈现多元化的面貌。何以在多元格局之上保持社会长治久安，维系全体社会的生存与发展？公共理性给出了答案的可能性。它使"其成员承认在各合乎理性的学说之间，有一种强有力的重叠共识，这一共识不为任何争论所动摇"②。"重叠共识不是一种纯粹的临时协定。这种认识肯定会强化人们的相互信任和公共信心。"③ 社会的统一和稳定便建立在这种共识的基础上。只有在公共生活空间寻求一致的共识，并得到行为主体的认可与确认，保持持续稳定才有可能。公共理性正是通过凝聚公共生活的共识，在社会认知、社会情绪、社会价值观和社会行为方面达成公共生活空间的共识，促进行为主体之间的交往合作，来解决异质化社会的多元矛盾与冲突问题，最终构建公共生活空间的良好社会秩序。

第二，调和作用。现今社会，因价值多元而形成的对立与冲突是一个基本的事实。而力图通过价值的唯一性来调和社会的矛盾与冲突，在自由而平等的公民社会里变得越来越不现实。这种多元的不可通约性是公共理性调和作用显现的基础。缓解并解决矛盾或对立是公共理性调和作用的价值体现，也是调和的目的所在。作为公共生活空间社会合作体系之理念，公共理性以承认不同整全性学说为基础，在公共生活空间提供行为主体之间的合作标准，调和多元价值带来的社会差异性，来保持社会的统一和稳定。同时，公共理性调和作用发挥就是行为主体之间协调的活动与过程。这意味着行为主体在公共生活空间必须始终坚持用公共理性解决公共生活矛盾，认可公共生活空间普遍期许的大家都可以接受的原则，公共理性的价值才能得到充分体现。

第三，规导作用。"规导"，顾名思义，乃规范与引导之意。近代社会以来，人的理性和自我价值利益得到充分发展，个人自由高扬，促进了现代社会的快速发展。但是，个人自我中心主义的盛行给社会合作带来了巨大的阻力。麦金太尔认为现代人因此成为没有任何规定性的自我，在理论上，它导致了情感主义的盛行、道德争论的"没完没了""无终止性"和道德理论的

---

① 罗尔斯. 政治自由主义 [M]. 万俊人，译. 南京：译林出版社，2011：123.
② 罗尔斯. 政治自由主义 [M]. 万俊人，译. 南京：译林出版社，2011：229.
③ 罗尔斯. 政治自由主义 [M]. 万俊人，译. 南京：译林出版社，2011：230.

"无公度性"，最终的结局是相对主义的甚嚣尘上；在实践上，则酿成了当代社会严重的道德失范和道德危机。① 在公共生活范围越来越被扩大化的趋势下，如果缺乏强有力的对公共生活空间精神和行为的规范与引导的力量，社会合作可能会因此受阻。作为一种社会资本，公共理性是公共生活空间的行为规范和准则。它的规导作用体现在：在承认多元论的基础之上，直面现实社会，通过对公民的内在素质和外在行为、人与人之间、人与自然之间、人与社会之间等方面的相互关系的规范与引导，在公共生活空间扬弃个人主义、强调公共性，建立起行为主体之间的秩序，以促进行为主体之间的交往合作，从而规避现代社会自我中心主义的弊端，改善公共生活道德失序状况。

第二节　社会心态的内涵及其作用

全面而深入地了解社会心态的内涵是研究的起点，也是研究社会心态引导问题的关键。对社会心态概念内涵的思想认识，揭示了社会心态的本质。同时，社会心态的应然状态凸显健康社会心态的表现内容与特征，生成逻辑的各种因素展示了社会心态的结构内容与特征，帮助我们从不同侧面理解社会心态的内涵。

一、社会心态的内涵阐释

"定义是揭示概念的内涵的逻辑方法。"② 社会心态的概念内涵在不同学科有着不一样的界定，是理论界对于社会心态在思想方面的认识内容。

（一）相关概念辨析

社会心态与社会意识。哲学范畴里，社会心态是一种社会意识，而且是低层次、低水平的社会意识，③ 属于社会意识层次中的社会心理。因为从高低

---

① 袁祖社. 市场经济与现代社会的公共理性研究 [M]. 北京：中国社会科学出版社，2011：140.
② 金岳霖. 形式逻辑 [M]. 北京：人民出版社，2006：41.
③ 胡红生. 社会心态论 [M]. 北京：中国社会科学出版社，2011：29.

不同层次关系看，社会意识分为社会心理和社会意识形态。① 而社会心理是直接与日常社会生活相联系的一种自发的、不定型的意识②，是低层次的社会意识。社会心态也正因此隶属于社会意识之中低层次的社会心理。

社会心态与社会心理。社会心理学范畴里，社会心态与社会心理紧密联系在一起。无论是一种普遍存在的社会心理③，还是社会心理中最为宏观的分析单位或分析水平④，抑或是一种心理活动过程⑤，社会心态均属于社会心理，只是根据心理活动的侧重点不同，学界对其概念界定也有所不同。因此，社会心态以哲学认识为基础，实质上属于社会心理范畴。但是，社会心态并不等同于社会心理，两者有着不同之处。社会心理在哲学上是一种社会意识。而随着社会心理学的发展，社会心理更多地被归为社会心理学领域。在社会心理学的历史上，个体社会心理学占主导地位，而群体社会心理学因其关注社会现实问题也日益受到关注。可以说，社会心理既包括个体的社会心理，也包括群体或社会的心理。而"社会心态"这一概念独立于社会心理，"来自个体心态的同质性，却不等同于个体心态的简单加总"⑥，是个体与群体"相互建构而形成的最为宏观的心理关系"⑦。这一关系中个体镶嵌于群体之中，表现为去个体化与去个人化。社会心态显现出普遍性与同质性的特征。陆震认为，用"社会心态"一词"是因为觉得它比社会心理一词更具有既存性、整体性和架构性，更能给人以立体感、可触摸感"⑧。这种立体感和可触摸感来自社会心态对社会发展和转型中社会心理的特点和变化的高度关注，体现出社会心态动态性的特点——即时性和变动性。动态性与同质性成为社会心态不同于社会心理的特征。

---

① 刘建明. 宣传舆论学大辞典 [M]. 北京：经济日报出版社，1993：20.

② 车文博. 当代西方心理学新词典 [M]. 长春：吉林人民出版社，2001：326.

③ 丁水木. 社会心态研究的理论意义及其启示 [J]. 上海社会科学院学术季刊，1996
（1）：107-110.

④ 杨宜音，王俊秀，等. 当代中国社会心态研究 [M]. 北京：社会科学文献出版社，
2013：14.

⑤ 马广海. 论社会心态：概念辨析及其操作化 [J]. 社会科学，2008（10）：66-73.

⑥ 杨宜音. 个体与宏观社会的心理关系：社会心态概念的界定 [J]. 社会学研究，2006
（4）：116-131.

⑦ 杨宜音. 个体与宏观社会的心理关系：社会心态概念的界定 [J]. 社会学研究，2006
（4）：116-131.

⑧ 陆震. 中国传统社会心态 [M]. 杭州：浙江人民出版社，1996：5.

（二）不同学科角度的概念内涵阐释

哲学上，社会心态不仅是一定社会发展或社会变迁影响下的社会意识，也是人们对现实社会问题和利益的一种观念反映。如前所述，社会心态是社会意识的组成部分，属于社会心理。从社会存在与社会意识的内在关系来看，社会心态是社会存在决定下的产物，是一定社会发展或变迁影响下的社会意识，归属于社会心理。同时，作为一种社会意识，社会心态也必然反映了当下社会问题和利益，是人们在一定社会发展阶段的情绪、认知、价值观和行为的集中表现。因此，公众意见、社情民意、舆论和舆情等也构成了社会心态的表现内容，凸显了社会心态动态性的特征。同时，社会心态作为一种意识存在，也必然深刻地影响着人们的认知、情绪、价值观与行为。

社会心理学上，社会心态不仅是一定范围内社会群体或整个社会所具有的普遍性的心理状态，也是一种社会心理资源。社会心态最初来自公民个体的心理变化，公民个体心态构成社会心态的基础单元。而通过汇聚个体心态的同质性，不断凝聚共识逐步形成一定范围内群体（包括一定的共同体，如政府、社会组织等团体；也包括因社会地位、经济等具有相同社会心理的阶层等）或整个社会所普遍具有的心理状态，社会心态形成，具有共享的情绪和价值观和统一的行为倾向。社会心态一旦形成，其本身又成为公民、群体和社会所共享的社会心理资源。它是人们在处理群体内人与人之间、人与群体之间、群体与群体之间关系时所调用情绪与行为的一种资源，属于社会心理支持系统。社会心态为公民个体提供了认知判断、情绪反映和行为选择的社会心理资源。拥有不同的整全性学说背景的公民"以这一资源的供养人和获益者的双重身份参与到更大的社会系统中去"[1]。这是我们对社会心态的反思与思考。

文化学上，社会心态是一种文化结构。社会心态中包含个人与群体的共有信仰。作为文化结构，社会心态以集体的面目出现，被众多学者与宗教、道德规范、风俗和社会意识等文化表征相联系。雅克·勒戈夫敏锐地将心态

---

[1]　王俊秀. 社会心态理论：一种宏观社会心理学范式［M］. 北京：社会科学文献出版社，2014：21.

与"文化、信仰、价值准则体系"① 密切联系起来，他认为，心态是在这些体系中产生发展起来的，要辨认心态中的思想必须研究其中的文化。而社会心态生成之后，会逐步沉淀至集体无意识之中，并被纳入社会价值观—信仰—行动体系，成为价值观系统的一部分，从而影响人们的情绪、认知与行为。

概而括之，社会心态与人的内心世界有着密切联系。不同学科对社会心态概念内涵的阐释均侧重于人的主观世界不同层面。从社会意识与社会存在的内在关系看，社会心态是一定社会发展或社会变迁影响下，在一定范围内社会群体或整个社会所形成的具有普遍性的心理状态，表现为人们对现实问题与利益的普遍认知、情绪、价值观与行为。从社会心态所具有的作用来看，社会心态是一种社会心理资源，甚而会成为社会群体或整个社会价值观的一部分，沉淀为文化结构，从深层次影响着人们对现实问题与利益的认知、情绪、价值观与行为。

二、社会心态的应然状态

社会心态的应然状态是成熟社会应具有的理想的、健康的状态，也是健康社会心态的表现内容与特征。它们应该是"由社会成员共同认知凝聚的社会共识，社会成员共享的社会情绪，和社会的核心价值观念，以及社会团结与合作的行为倾向与社会共同构成的"②。其最终的目标与方向是关注社会和谐发展。当今社会，正向的、积极的社会心态与负向的、消极的社会心态并存。这是社会心态的实然状态。一定层面的社会心态可能成为合作的基础，也有可能成为矛盾和冲突的来源。故而，我们必须调节社会心态，使之逐步达到人们心中期许的社会心态应然状态，形成健康社会心态，并将之沉淀为社会价值观的一部分，从而使健康社会心态在公民个体内部、群体和社会层面持续地发挥正向能量作用。这是社会心态应然状态存在的重要意义。

党的十八大和十九大报告都分别明确了要"培育自尊自信、理性平和、

---

① 勒戈夫，诺拉. 史学研究的新问题新方法新对象［M］. 郝名玮，译. 北京：社会科学文献出版社，1988：281.
② 王俊秀. 社会心态理论：一种宏观社会心理学范式［M］. 北京：社会科学文献出版社，2014：44.

积极向上的社会心态"。2016 年 12 月，在全国高校思想政治工作会议上，习近平总书记指出，要"培育理性平和的健康心态"①。很显然，"自尊自信、理性平和与积极向上"是当今中国社会心态的应然状态，是整个社会为之努力的健康社会心态的表现内容。"自尊自信"是社会心态应然状态的基础；"理性平和"构成了社会心态应然状态的主要特征，也是健康社会心态的主要表现内容；"积极向上"则是社会心态应然状态的关键。三者相互联系，共同构成了健康社会心态的表现内容。

"自尊自信"的前提是对国家、社会、民族和公民个人的认同，是内化于心后的自尊自信。从伦理学角度看，"自尊"是尊重自我的一种道德情感或道德品质。在罗尔斯那里，"自尊"是基本善，"包含着一个人对实现自己的意图的能力的自信"②。那么，在公共生活中，"自尊"表现的是个体或群体的自我意识，并以特定的方式指导着人们的行动。③ 似乎也正是因为自尊，任何行动都显得有价值。④ 从心理学角度看，自尊是"维护自我尊严的自我情感体验"⑤，更是自我意识的主要成分之一，是基于自我形象的积极评价和判断，对自我的确定与良好感觉，既是个人在公共生活中依照社会与他人对自身评价而形成的客观形象，也是"个体按照自己所想象的他人的观点来看待自己"⑥，具有主观性。所以，"社会心理学家发现决定人类行为的强大影响因素之一来自我们需要保持一个稳定、积极的自我形象"⑦。而自我形象源于自我素质，故而，公民个人层面的"自尊"表现为对自我素质的尊重与认同。上升到社会和国家层面，在社会主义中国，自尊是既不妄自尊大也不妄自菲薄，具体体现在对伟大祖国、中华民族、中华文化、中国共产党和中国特色社会主义道路的认同。同理，伦理学中，"自信"指坚信自己的能力和力量，是自己相信自己的一种信任情感的表现，是在正确认识客观世界和主观世界

---

① 习近平. 习近平谈治国理政：第二卷［M］. 北京：外文出版社，2017：377.
② 罗尔斯. 正义论［M］. 修订版. 何怀宏，何包钢，廖申白，译. 北京：中国社会科学出版社，2009：347.
③ 宋希仁，陈劳志，赵仁光. 伦理学大辞典［M］. 长春：吉林人民出版社，1989：419.
④ 罗尔斯. 政治自由主义［M］. 万俊人，译. 南京：译林出版社，2011：294.
⑤ 时蓉华. 社会心理学［M］. 上海：上海人民出版社，2002：77.
⑥ 时蓉华. 社会心理学［M］. 上海：上海人民出版社，2002：76.
⑦ 阿伦森，威尔逊，埃克特. 社会心理学［M］. 侯玉波，朱颖，等译. 北京：机械工业出版社，2014：121.

发展规律的基础上产生的。① 社会心理学也同样将"自信"归结为一种自我意识，"是对自己力量的充分估计"②。那么，"自信"是对个人能力的自信；在社会和国家层面，"自信"具体表现为对中国特色社会主义的道路自信、理论自信、制度自信和文化自信。概言之，社会心态的应然状态之一"自尊自信"，实质是"五个认同"（对伟大祖国、中华民族、中华文化、中国共产党和中国特色社会主义道路的认同）、"四个自信"（道路自信、理论自信、制度自信、文化自信）和对自我素质能力的认同与自信。这些是公共生活所追求的价值。"自尊"恰"根植于我们作为一个充分参与合作的社会成员能够终身追求一种有价值的善观念这一自信"③。而这样一种"自尊自信"是一个国家、社会、民族和公民个人生存与发展的精神支柱，是动员和推动人们实现"国家富强、民族振兴与人民幸福"的伟大中国梦的信念支撑。

"理性平和"是社会心态应然状态的主要特征，是健康社会心态的主要表现内容。理性，一般指概念、判断、推理等思维活动或方式。④ 在公共理性视域下，作为社会公平合作系统中的一个要素，理性与正义感能力相联系，是提出公平合作条款并遵守这些条款的意志。⑤ 平和，是一种温和平静的情绪或态度。概括起来，"理性平和"的社会心态，是行为主体的一种价值观或品质的外在表现和心理状态，表现为独立思考、判断的思维方式及温和平静的态度，本质上反映的是社会发展作用于行为主体而应具有的思维方式、情绪态度的特征。"理性平和"的社会心态有利于行为主体全面发展和辩证地理性分析社会活动中的问题，正确认识社会和自我，保障行为主体应对问题合乎尺度、符合法律与规则的要求；有利于行为主体冷静、宽容地表达情绪诉求，保障行为主体独立而理性地做出合理的思考和判断，进而正确处理人与人、人与社会之间的关系。从根本上说，"理性平和"社会心态来自"自尊自信"的感悟与支撑。它的实现程度取决于行为主体"自尊自信"的修养。

"积极向上"的社会心态，是人们在态度、行为选择上的积极进取，是一

---

① 宋希仁，陈劳志，赵仁光. 伦理学大辞典 [M]. 长春：吉林人民出版社，1989：417－418.
② 时蓉华. 社会心理学 [M]. 上海：上海人民出版社，2002：78.
③ 罗尔斯. 政治自由主义 [M]. 万俊人，译. 南京：译林出版社，2011：294.
④ 金炳华. 马克思主义哲学大辞典 [M]. 上海：上海辞书出版社，2003：211.
⑤ 罗尔斯. 政治自由主义 [M]. 万俊人，译. 南京：译林出版社，2011：50.

种良好的精神风貌，更是一种基于价值与道德之上的理性的行为选择。拥有这样的社会心态，意味着"人能够坦然面对一切胜败、顺逆、难易、轻重，始终以乐观、愉悦、爱的追求，坚贞不屈、坚定不移地前行"①。当然，"积极向上"的社会心态不是无源之水无本之木，它来自行为主体内心的初心不改，是行为主体始终不渝地对理想信念不懈追求的态度与行为。这种坚守来源于行为主体对自我、社会、国家的"自尊自信"，是对家国的担当与美好生活的守护态度。行为主体也正因此汲取无尽的能量，在态度和行为选择上呈现出"积极向上"的社会心态。

三、社会心态的生成逻辑

"在现代化进程中，生产力的指数式增长，使危险和潜在威胁的释放达到一个我们前所未知的程度。"② 社会心态的发生、发展和变化存在于现代化进程这一社会环境之中。"社会成员也无不这样那样、自觉不自觉地受到社会转型的影响和制约。"③ 而这种影响和制约又通过行为主体的实践得以完成。进一步说，在经济结构、政治结构和文化结构的现代化进程中，人们在日常生产、生活和交往中形成人与人、人与物之间的关系结构与意义结构也在不断地发生变迁；这一结构"将社会作为一个整体的模式化的社会安排"④，"也决定了个体在参与到这个结构的社会化过程中的行动"⑤。那么，现代化带来的社会转型则意味着与人相关的一系列关系结构的裂变与重建。随着中国式现代化发展，社会转型背景之中的行为主体，在社会结构的重大变革以及因此而产生的一系列的关系裂变与重建实践中，其关于社会的认知、情绪、价值观与行为等受外在因素影响而发生的变化，都深深地镌刻于人的内心，在人的"知情意行"的相互联系和渗透影响中，社会心态生成。由此，外在因素与内在因素共同参与了社会心态的生成，蕴含着社会心态的外在和内在的

---

① 赵智勇. 做个积极向上的人 [M]. 北京：人民出版社，2012：11.

② 贝克. 风险社会 [M]. 何博闻，译. 南京：译林出版社，2004：15.

③ 郑杭生. 社会转型论及其在中国的表现：中国特色社会学理论探索的梳理和回顾之二 [J]. 广西民族学院学报（哲学社会科学版），2003（5）：62-73.

④ 于小涵. 认知系统性的研究：基于分布式认知的视角 [M]. 北京：中国社会科学出版社，2013：104.

⑤ 于小涵. 认知系统性的研究：基于分布式认知的视角 [M]. 北京：中国社会科学出版社，2013：104.

结构内容与特征。厘清社会心态的生成逻辑就是要厘清社会心态生成的外在因素与内在因素。

（一）社会环境：社会心态生成的外在因素

人与环境有着密切的联系。由社会变迁和社会发展汇聚而成的社会心态，本身与社会环境密切相连。作为行为主体社会生活的整体背景，社会环境涉及社会生活的方方面面，包括政治、经济、文化和舆论等因素，具有客观性和动态性。"不是人们的意识决定人们的存在，相反，是人们的社会存在决定人们的意识"①，"人们的意识，是随着人们的生活条件、人们的社会关系和人们的社会存在的改变而改变的"②。按照马克思主义理论关于社会存在与社会意识的辩证关系，人们正是在社会环境之中，在社会发展过程中结织成一定社会关系而形成目的性的意识。同时，社会环境通过人们的社会合作、交流交往等实践活动逐步影响人的社会认知、社会情绪和社会行为，在人与环境互动中形成社会心态。而社会心态归根结底关涉人的意识，即社会心态作为一种意识，人所存在其中的社会环境决定社会心态的生成，不仅单一的社会环境影响社会心态，而且社会环境整体协同共同制约着社会心态的生成与作用的发挥。环境的变化也会引起社会心态的变化发展。而社会心态也正是借助人所生存的环境，以一定的社会情绪和社会行为表现出来。人们所生存和发展的经济、政治、文化和舆论环境，因与社会心态联系紧密，共同构成了深刻影响社会心态的社会环境。因人所生存的环境中社会环境所具有的决定性影响，社会环境成为社会心态本源性的生成逻辑，并深刻地影响着健康社会心态的效果。

第一，经济环境是社会心态生成的基础。"物质生活的生产方式制约着整个社会生活、政治生活和精神生活的过程。"③ 经济作为人们的物质生产活动，必然制约着整个社会环境，具有决定作用。从生产关系视角分析，"生产

① 中共中央马克思恩格斯列宁斯大林著作编译局．马克思恩格斯文集：第2卷［M］．北京：人民出版社，2009：591.
② 中共中央马克思恩格斯列宁斯大林著作编译局．马克思恩格斯全集：第4卷［M］．北京：人民出版社，1958：488.
③ 中共中央马克思恩格斯列宁斯大林著作编译局．马克思恩格斯文集：第2卷［M］．北京：人民出版社，2009：591.

关系的总和构成了社会的经济结构"①，"每一历史时代主要的经济生产方式与交换方式以及必然由此产生的社会结构，是该时代政治的和精神的历史所赖以确立的基础，并且只有从这一基础出发，这一历史才能得以说明"②。因此，经济结构的变革必然带来政治结构和文化结构的变迁与发展，决定着整个社会的面貌状况。同时，从生产力视角分析，生产力发展决定生产关系，深刻影响社会关系的发展变化。"随着新生产力的获得，人们改变自己的生产方式，随着生产方式即保证自己生活的方式的改变，人们也就会改变自己的一切社会关系。"③ 而社会关系的变化直接影响着社会心态。"人们按照自己的物质生产的发展建立相应的社会关系，正是这些人又按照自己的社会关系创造了相应的原理、观念和范畴。"④ 对经济利益的追求，特别是对物质生活条件、公平正义经济分配的追求等，是人们在生产活动中的诉求表现和目标内容，构成了社会心态生成和发展的深刻原因。经济发展促进经济环境不断改善，也造就了不同的社会心态。

第二，政治环境影响社会心态的生成。政治是经济的集中表现。"人们在自己生活的社会生产中发生一定的、必然的、不以他们的意志为转移的关系，即同他们的物质生产力的一定发展阶段相适合的生产关系。这些生产关系的总和构成社会的经济结构，即有法律的和政治的上层建筑竖立其上并有一定的社会意识形式与之相适应的现实基础。"⑤ 政治作为一种上层建筑，在一定经济基础上建立起国家和国家权力。各种影响社会心态的政治因素总和构成了政治环境。政治环境在社会环境中居于重要地位，其核心是国家政权，表现为政治生态。国家"作为第一个支配人的意识形态力量出现在我们面

---

① 中共中央马克思恩格斯列宁斯大林著作编译局．马克思恩格斯文集：第 2 卷［M］．北京：人民出版社，2009：591.
② 中共中央马克思恩格斯列宁斯大林著作编译局．马克思恩格斯文集：第 2 卷［M］．北京：人民出版社，2009：14.
③ 中共中央马克思恩格斯列宁斯大林著作编译局．马克思恩格斯全集：第 4 卷［M］．北京：人民出版社，1958：144.
④ 中共中央马克思恩格斯列宁斯大林著作编译局．马克思恩格斯全集：第 4 卷［M］．北京：人民出版社，1958：144.
⑤ 中共中央马克思恩格斯列宁斯大林著作编译局．马克思恩格斯文集：第 2 卷［M］．北京：人民出版社，2009：591.

前"①。通过国家权力和意识形态的影响力，政治环境支配着社会心态生成和发展的方向，为经济建设和美好生活提供稳定的社会环境，进而为健康社会心态生成提供助力。通过参与政治活动和政治制度建设、政治生态建设，人们在对政府的评价和信任度获取中获得一定取向的社会认知、情绪表达和行为倾向，形成了不同的社会心态。

第三，文化环境对社会心态具有塑造功能。文化从属于人，本身是人的精神需求的内容之一。"发展文化事业是满足人民精神文化需求、保障人民文化权益的基本途径。"② 文化一经生成，总是潜移默化地深刻影响着行为主体的价值观念、认知等，成为形成共识、维系精神的条件和资源，也使社会心态一经生成便打下了文化的烙印。文化必然地成为社会心态生成的一个重要环境因素，其核心是价值观。作为文化环境核心的价值观，是行为主体认同和遵循的核心理念，塑造着行为主体的情感、价值追求、行为倾向，促进行为主体形成核心价值观认同的理想信念与思想素质，影响着社会发展的方向。同时，作为维系人际情感和精神纽带的文化，能有效凝聚共识使人们在其环境影响下，将之内化为文化定位的共同的思想观念、精神和行为准则，从而深刻影响着社会心态的生成与发展。

第四，舆论环境对社会心态具有导引功能。"大众传播是通过自己对世界的'理解'来影响受众对世界的感知和认识的"③，是人们获取信息、塑造价值观、交流交往的一个必不可少的媒介工具。自媒体时代，每个人都成为大众传播的一员，以自己的理解和喜好筛选信息与解释信息。信息化社会无处不在的网络建构起无处不在的舆论世界，人们身处媒介无形的信息解说之中而浑然不觉。这些信息的筛选和解释，是社会认知与情绪表达，更承载和传递出媒介者自身的价值导向。媒介信息聚集于人的外部世界，影响着社会认知、社会情绪、社会价值观与社会行为，形成复杂的舆论环境。同时，舆论环境联结起教育者与受教育者的信息通道，促进彼此之间的信息交流与互动沟通，有着重要的导引功能。而且通过导引，舆论环境能有效凝聚共识，促

---

① 中共中央马克思恩格斯列宁斯大林著作编译局. 马克思恩格斯全集：第21卷［M］. 北京：人民出版社，1965：347.

② 习近平. 习近平谈治国理政：第四卷［M］. 北京：外文出版社，2022：310-311.

③ 居延安. 信息、沟通、传播［M］. 上海：上海人民出版社，1986：184.

使人们统一认知、达成价值观共识，统一情绪表达与行为实践，从而生成一定社会的社会心态。

可见，社会环境各因素处在行为主体不同的层次水平上，相互联系、相互制约、相互包含，共同影响着社会心态的生成。而这种影响是通过人的生产生活和交往等实践中介实现的。人在实践活动中，通过主观能动地选择刺激，逐步形成一定的社会认知、情绪、价值观与行为，而当其汇聚为一定群体或社会的心理状态时便生成为社会心态，并通过人们的社会实践活动对社会现实产生一定的影响。因此，社会心态既是社会转型的反映，也是影响社会转型的力量。[①]

（二）知情意行：社会心态生成的内在因素

社会心态的主体是人。作为社会性动物，人的意识处于不断地自我历史发展之中。随着人的现实性发展，社会心态内在生成过程是社会认知如何转化为相应的社会行为的问题，具体表现为在一定外在现实因素影响下，人们的知、情、意、行等众要素的辩证运动与协同合力的结果。社会认知、社会情绪、社会价值观、社会行为构成了社会心态生成的内在因素，成为社会心态的内在结构内容。

社会认知，指人们"对社会情境中有关他人（团体）特性的及客观事物所具有的社会意义和价值的认识、评价或判断"[②]，它"是人们社会行为的基础，要了解人们的社会行为，人与人之间的相互关系，首先必须了解人们的认知活动"[③]。而"社会成员共识的社会认知是形成社会心态的认识基础"[④]。没有社会成员对某些社会现实的普遍相对一致的认知或理解，就难以汇聚成一定的社会心态。行为主体对某一事件或现实认知度越高，越有助于形成或产生高度一致的社会价值观念和相应的社会行为。因此，社会认知是将一定的社会心态转化为社会行为的基础和前提。从这个意义上说，积极的、正向的社会认知就显得尤为重要。

① 王俊秀. 社会心态：转型社会的社会心理研究 [J]. 社会学研究，2014（1）：104-124.
② 时蓉华. 社会心理学词典 [M]. 成都：四川人民出版社，1988：139.
③ 时蓉华. 社会心理学 [M]. 上海：上海人民出版社，2002：163.
④ 王俊秀. 社会心态理论：一种宏观社会心理学范式 [M]. 北京：社会科学文献出版社，2014：33.

社会情绪，来源于发展着的现实社会，是行为主体对于社会人与物的直接情绪反映，属于"一定社会环境下某一群体或某些群体或整个社会多数人所共享的情绪体验"①，是个体与个体、个体与群体、群体与群体之间互动的结果②。一般来说，社会情绪伴随着社会认知而产生和发展，一定程度上调节着人们的社会行为。情绪具有动机的力量。人们对于自己所要选择的事物或者从事的行为是否具有积极性，与人们需要的满足程度带来的情绪体验有很大关系。当人们的需要在社会现实之下得到满足或感到愉悦时，就会产生积极的情绪体验，能积极有效地催化有利于社会合作团结的行动；反之，则会产生或激活消极的情绪体验，释放出消极或冲突化的社会行为。因此，我们要在现实社会中保证"理性平和、积极向上"的社会情绪的运行，使人们获得积极的社会情绪而极力避免或引导消极的情绪体验，从而指导或促进社会行为朝着有利于社会团结合作的方向发展。故而，社会情绪对社会心态的生成起着催化或调节作用。

价值观，是"人们关于客观事物价值的观点与信念。它是在个体社会化过程中逐渐形成和发展的，是个体世界观的重要组成部分"③。社会价值观则是在一定社会中，人们所形成的普遍的价值观念与信念。换句话说，社会价值观是由处于支配地位的社会群体所主导，是对客观事物的坚定的肯定认知，连接着认知、情绪和行为。价值观因其所具有的持久性和稳定性的特点，在社会心态中居于主导地位，影响和支配着社会认知、社会情绪和社会行为，属于稳定性的社会心态。因而，价值观是决定个体和群体的态度、情绪和行为的重要内在因素。

行为的前奏是行为倾向，体现的是社会心态的行为意向性，是社会认知、社会情绪和价值观共同影响下的社会行为的准备阶段。人们在社会认知、社会情绪和社会价值观的共同作用下，在行为倾向的直接影响下，相互交往与合作而表现出的实际行动，便构成社会行为。社会行为"可以分为三类：人与人之间因相互动作而产生的交互行为；人与人结合在一起而共同作出的集

---

① 王俊秀. 社会心态理论：一种宏观社会心理学范式 [M]. 北京：社会科学文献出版社，2014：106.
② 王俊秀. 社会心态理论：一种宏观社会心理学范式 [M]. 北京：社会科学文献出版社，2014：106.
③ 时蓉华. 社会心理学词典 [M]. 成都：四川人民出版社，1988：121.

体行为；以整体为行动单位而表现出来的团体行为"①。作为社会心态的外在表现和综合反映，社会行为是判断人们社会心态的重要标志。而社会行为本身就具有社会性，故而，社会行为不仅仅是群体性的行为，也是个人在群体中的行为。对个体来说，某种程度上，社会行为甚至包含一个社会的行为规范（规范的褒贬不论）。但是，个体的行为很难全面反映出一定社会群体的社会心态。个体在社会化过程中，只有通过社会行为规范其社会行动的参与，才能感受到哪些部分是被赞同的，哪些部分是被否定的，从而在行动中加以强化或否定自我的社会行为。可以说，这些社会行为规范较为全面客观地反映了一定社会的社会心态。同时，社会行为规范一旦形成，就隐含于社会价值观念中，又进一步加深了人们的社会认知，促进社会情绪的共同体验。于是，养成良好的社会行为规范是健康社会心态的一个重要目标。知、情、意的发生和发展最终都归于社会行为规范上来。

在社会心态生成过程中，知、情、意、行这四方面的因素构成了社会心态的四个结构层次，它们也并不是单独的存在，而是相互联系、相互渗透影响、协同制约，共同促进社会心态的生成。其中，社会认知是前提，社会情绪是必要条件，社会价值观是核心内容，是将社会认知转化为社会行为的中介。社会行为是社会行为倾向、社会行为规范的意向外在表现，是社会认知、社会情绪和社会价值观的体现与合力作用结果。同时，它反过来对知、情、意又有着一定的影响力与制约性。四个因素在发展方向和发展水平上，有时会呈现出不一致和不平衡现象，构成了各因素之间的矛盾。而这恰是积极引导社会心态需要解决的问题所在。通过致力于社会心态的引导与培育，不断促成社会心态四个要素之间相互作用、辩证发展，从而实现四个因素之间发展方向的一致与发展水平的平衡。也就是说，社会心态的内在生成过程，是一定社会中人们知、情、意、行四个因素从不平衡到平衡，再从平衡到不平衡，循环往复相互作用、协同发展的过程。而这样一种循环往复的社会心态实践生成过程，正是在社会环境影响下，人们对形成社会比较一致的社会认知、共享主导情绪和价值观念、拥有团结合作行为的长久期待。故而，社会心态的生成是外部制约影响与内在转化有机统一的运动过程。

---

① 彭克宏. 社会科学大词典 [M]. 北京：中国国际广播出版社，1989：303.

　　同时，"以社会转型和变迁为重点的社会心态研究更强调其变化特点，依照稳定性和变动性特点，可以把社会心态的结构分为超稳定的社会心态、稳定的社会心态、阶段性社会心态和变动性社会心态"①。从社会心态由外而内的生成过程来看，社会心态是逐步内在化的过程。由感知社会环境而获得共识的社会认知，因环境的不断发展变化而具有变动性，成为"变动性社会心态"。变动性社会心态生成后会连同已有的社会价值观等其他因素一起，刺激行为主体做出对社会需要满足与否的体验，表现出阶段性的一定的情绪能量和行为，归属于阶段性社会心态。而在达成社会认知的共识性基础上，某种价值观念如果普遍地被行为主体所接受，它便成为一种社会价值观，稳定地存在于社会心态之中，成为稳定性的社会心态。超稳定的社会心态则具有国民性和民族性，是社会心态中最深层次的内容。反之，社会心态一旦生成，必然具有外向影响力，从超稳定社会心态到稳定性社会心态和变动性社会心态，由内到外产生直接或间接影响。

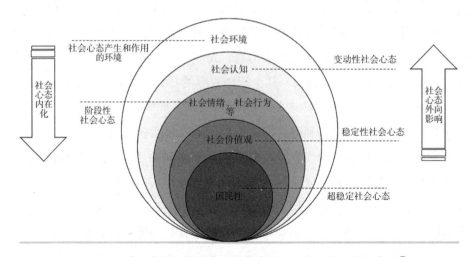

图 1-2　社会心态的生成因素（结构内容）及其层次结构示意图②

---

①　王俊秀. 社会心态理论：一种宏观社会心理学范式 ［M］. 北京：社会科学文献出版社，2014：31.

②　根据王俊秀的社会心态结构层次图和社会心态核心要素图，按本书内容对之做了整合与局部修改. 王俊秀. 社会心态理论：一种宏观社会心理学范式 ［M］. 北京：社会科学文献出版社，2014：31，34.

至此，我们发现，社会心态的生成过程，也正是社会心态的内在结构内容发挥作用的过程，在这一过程中社会心态的特征表现出来：动态性、互动性与可控性。这些特征来自对社会心态生成逻辑的探讨。就社会心态生成的外在因素来看，由于环境是不断变化、动态发展的，受环境影响在人自身"知情意行"的辩证运动与协同合力中生成的社会心态也必然具有动态性的特征。同时，人受环境影响形成一定范围内的社会心态，但这些社会心态并不是被动生成的，而是社会心态的行为主体能动地接受环境并反作用于环境，在人与环境的互动中生成的。在社会认知、社会情绪、社会价值观和社会行为的互动之中，社会心态生成并反作用于外在环境，其互动性特征至此凸显出来。同时，既然社会心态的主体是宏观意义上的"人"，那么，在人与环境、人自身的互动之中便蕴含着可控性，也正是这种可控性，使得社会心态的引导和培育成为可能。

四、社会心态的作用

社会心态的作用分别体现在两方面：汇聚和信号作用；阻碍和推动作用。这两方面分别关涉了社会心态生成前后的两个阶段，但也并不是一一对应的关系。社会心态并不是一蹴而就的，而是在现实社会中由外到内逐步生成的。此时尚在"襁褓之中"的社会心态的汇聚和信号作用较为明显。而生成之后的社会心态在传播过程中又自内而外地对社会发展与行为主体具有反作用，主要表现为阻碍和推动作用。

第一，汇聚作用。汇聚作用是指社会心态生成过程中通过不断汇聚共识，形成共享的超越个体的社会态度和社会力量。当社会发生重大变迁、价值观和各种关系规范发生变化的时候，为了避免更多的生活不确定性和不稳定性，人们需要不断通过与他人共享"世界的内在状态的共同性的动机"①，形成共享的心理现实。而共享现实性在共同体身份认同、价值观、政治、道德和宗教的信念等方面发挥着重要作用。② 公共生活空间，人们也正通过共享的身份认同与价值观等，不断凝聚社会共识而汇聚力量。这种汇聚作用突出体现在：

---

① 杨宜音，王俊秀，等. 当代中国社会心态研究 [M]. 北京：社会科学文献出版社，2013：59.

② 杨宜音，王俊秀，等. 当代中国社会心态研究 [M]. 北京：社会科学文献出版社，2013：62.

人们在基于身份的某一领域数量上的汇聚，以及观念和态度上的一致性汇聚。然而，社会心态千姿百态，生成过程中有积极社会心态的汇聚也有消极社会心态的汇聚，这需要我们迅速加以分辨并加以引导。通过有意引导使之进一步内化为理念，并成为支撑社会积极发展的社会心理资源，这才是汇聚作用的真正用武之处。当其为社会交往合作提供了心态上的支持时，这一汇聚作用是积极有效的。不同价值观的人们在相互尊重与支持之下，恰是通过沟通与协商达成共识力量。但是，因为"在群体中，每种感情和行动都具有传染性"①，当这一汇聚作用助长了群体非理性情感和行为时，一旦新的社会心态，特别是消极的社会心态在生成过程中无法得到有效引导，群体因无名氏的身份无须承担责任，反而比个体更容易走向极端。当唤起和责任扩散结合到一起，常规的约束就会变小，后果可能令人震惊。从轻微的失态到冲动性的自我满足，甚至具有破坏性的社会暴力，人们都可能干得出来。② 由此引出社会心态生成过程中的第二个作用——信号作用。

第二，信号作用。一切心理活动都表现为对信号的接收、编码和反应。③ 社会心态的信号作用是人们对社会发展的反应汇聚到一定临界点的时候以信号的方式，预告行将出现的社会心态的信息。这些信息不断传递至人们受社会存在影响而展现出的社会情绪、认知、价值观和行为之中。人们常说的"社会心态是晴雨表"，正是基于其反映社会运行状况这一信号作用发挥的事实。因此，透过社会心态，我们可以预测新的社会心态状况，并适时加以引导和干涉。当新的社会心态在生成过程中表现出积极向上的信号时，我们要促成其进一步发展进而形成社会发展动力；当其表现出消极一面时，我们要加以调节疏导，防止其生成不利于社会发展稳定性的社会心态。

第三，阻碍和推动作用。一旦社会心态生成，社会心态随之也成为影响社会发展的社会心理资源的一部分，其在传播过程中自内而外反作用于社会发展，其影响力主要体现在阻碍和推动社会发展两方面。当社会心态生成时，行为主体在社会变迁或变革中生成了新的情绪、信念和价值观等，同时，人

---

① 勒庞. 乌合之众：大众心理研究［M］. 冯克利，译. 北京：中央编译出版社，2005：17.
② 迈尔斯. 社会心理学［M］. 侯玉波，乐国安，张智勇，等译. 北京：人民邮电出版社，2006：217.
③ 何伋，陆英智，成义仁，等. 神经精神病学辞典［M］. 北京：中国中医药出版社，1998：414.

与人之间（个体与个体之间、群体与群体之间、个体与群体之间）所固有的行为规范也发生了变化。人们根据社会环境在内心深处建立了新的期望或期待。积极的社会心态更符合社会发展应具有的健康社会心态的要求，往往会使得行为主体对自己和社会的未来充满信心，激发与调动其潜力，以满满的正能量充满信心地参与社会合作，对社会发展起到积极的推动作用。消极的社会心态却往往认为自己和社会充满了灰色，无论是情绪还是态度认知等均是负能量的信息，且易汇聚相同特质的群体，进而生成新的社会心态或在群体决策时，往往容易走向极端，甚至会出现极端的集体行为，对社会稳定和发展起到了一定的阻碍作用。

"鉴于社会的历史性，社会整体在任何时候都拥有一些非源于组成该社会的各个体的明确特性；而这些特性又使得社会整体以一种非常不同于社会个体间彼此互动的方式对个体起作用。"① 结合社会心态生成前后作用的发挥情况，我们发现社会心态的作用显现不是单一的，而是周而复始地相互性作用的发挥。

第三节　社会心态与公共理性的相互关系

公共理性在公共生活空间建构的公共认知、公共情绪、公共价值和公共行为，恰是社会心态在社会认知、社会情绪、社会价值观和社会行为四个核心要素方面所具有的公共性要求。公共理性作为良好社会秩序的图景，在公共生活空间多元的社会认知、社会情绪、社会价值和社会行为之上，建构了具有公共性的公共认知、公共情绪、公共价值和公共行为的内容特征，并以此统领公共生活空间，形成易于普遍接受的认知共识，具有适合于组成合作系统的情绪、核心价值观和团结积极的行为努力。而这也恰恰体现了社会心态应然状态意欲达到的目标。同时，社会心态因其本身具有的公共性而具有了全民共享的健康社会心态的基础，并在社会认知、社会情绪、社会价值观和社会行为四个核心要素方面拥有了公共理性的诉求。基于公共理性的社会

---

① 杜瓦斯. 社会心理学的解释水平 [M]. 赵蜜，刘保中，译. 北京：中国人民大学出版社，2011：3.

心态的结构内容体现了公共生活空间中公共理性对社会心态的规约。

一、社会心态之于公共理性的诉求

社会心态的公共性是我们理解社会心态所具有的公共理性诉求的关键。社会心态本身具有公共性主要表现在其自身具有的公共性基础和公共性需求。社会心态的生成是一定社会、一定群体所普遍具有的同质性的心理状态的凝聚，这是社会心态的公共性基础。而行为主体的现实建构造成了社会心态的多样性与差异性，影响着社会心态应然状态或健康社会心态的形成。人们对社会合作与和谐的必然诉求意味着社会心态公共性的需求是一种必然。同时，人与人之间的共同协作推动了人们的生存与发展。行为主体在共同的社会生活中因共同价值追求而构成公共性，呈现出超越个体的合作。那么，社会心态的公共性需求指的是行为主体对有利于促进社会团结合作和共同进步的社会共识、共享的价值观、情绪和行为的需求。社会心态的行为主体凭借公共性来适应公共生活空间的社会合作、促进自我发展。也正是社会心态本身具有的公共性需求造就了社会心态的公共理性诉求。

"一个良序社会是一个被设计来发展它的成员们的善，并由一个公共的正义观念有效地调节着的社会。"① 公共理性蕴含有行为主体之间进行合作的普遍性原则，这一原则是双方或者多方合作的基础。与社会心态公共性需求在本质目的上有着相同之处，即均为社会合作发展而来。公共理性必然地成为实现社会心态公共性需求的指导理念。依靠社会心态的公共性，人们正是诉诸公共理性来整合或者说统领差异性的行为主体，在社会认知、社会情绪、社会价值观和社会行为方面都提出公共理性的诉求，才能实现社会心态的公共性需求，才能完成社会心态的公共认知诉求、公共情绪诉求、公共价值诉求和公共行为诉求，才可能形成社会心态之应然状态、培育健康社会心态，解决多元性的困惑与难题，从而为公共生活空间社会交往合作提供长久支持。归根结底，社会心态的公共理性诉求是对良好社会秩序的不懈追求。

---

① 罗尔斯. 正义论［M］. 修订版. 何怀宏，何包钢，廖申白，译. 北京：中国社会科学出版社，2009：358.

（一）社会心态的公共认知诉求

多元并存的社会认知呼唤公共认知的生成，这是社会心态的公共认知诉求的必然。作为社会心态的组成部分，社会认知是"人们思考自身和社会性世界的方式，包括他们如何选择、解释、识记和运用社会信息"①。"我们对社会世界的理解不仅受我们的目标和情感的影响，也受我们的观念、信仰和理论观点的影响。"② 不同社会情境由于不同的人可能会产生不同的社会认知，同样的情境也会因不同的人引起不同的认知，从而可能导致不同的行为。③ 由此产生的一系列多元社会认知包括自动化和控制性的社会认知，即"无意识的、不带意图的、自然而然的并且不需要努力的思维"④ 和"一种有意识的、有意图的、主动的和需要努力的思维"⑤。显然，社会认知的多元化不利于产生公共生活空间交往合作的认知共识，可能会影响到促进社会交往合作的社会情绪、社会价值观和社会行为，甚至可能引起矛盾和冲突。社会认知的多元化与交往合作的事实呼唤社会心态公共认知的实现。

同时，作为公共行为的一个基础，公共认知与社会心态的健康走向有着密切联系。公共认知隶属于公共生活空间，是多元认知基础上的具有公共理性的认知共识。社会生活中，人们启动群体所共享之图式与心理策略从而避免生活的不稳定性，是一种生存的基本方式，也是社会认知的基本机制。作为公共理性的思维方式，公共认知通过增加思维的复杂性、改善判断，促使人们将更多的精力投入判断任务中⑥，通过有意识地整合公共生活空间多元社会认知，准确地将目标指向公共理性。这是找到公共生活空间长久和谐稳定

---

① 阿伦森，威尔逊，埃克特. 社会心理学 ［M］. 侯玉波，朱颖，等译. 北京：机械工业出版社，2014：42.

② 孔达. 社会认知：洞悉人心的科学 ［M］. 周治金，朱新秤，等译. 北京：人民邮电出版社，2013：3.

③ 孔达. 社会认知：洞悉人心的科学 ［M］. 周治金，朱新秤，等译. 北京：人民邮电出版社，2013：3.

④ 阿伦森，威尔逊，埃克特. 社会心理学 ［M］. 侯玉波，朱颖，等译. 北京：机械工业出版社，2014：42.

⑤ 阿伦森，威尔逊，埃克特. 社会心理学 ［M］. 侯玉波，朱颖，等译. 北京：机械工业出版社，2014：57.

⑥ 孔达. 社会认知：洞悉人心的科学 ［M］. 周治金，朱新秤，等译. 北京：人民邮电出版社，2013：174-175.

的最好的解决方案的动机，也是行为主体对社会认知的自我控制。行为主体以这样的准确性的方式和控制性的社会认知感知社会，当其做出符合公共生活空间良好社会秩序理念的判断与决策，就会对社会情绪、社会价值观和社会行为这些社会心态的内在要素做出有利于促进社会交往合作的选择。而公共认知最终指向的就是这样一种社会交往合作的选择，也正是健康社会心态的目的所在。这是公共认知之于社会心态的价值。

于是，社会心态的公共认知诉求的必然性、公共认知在社会心态当中的价值，意味着社会心态的公共认知，不仅仅是人们对社会交往合作基础上多元认知的整合与认知共识，更是对公共价值的普遍共同认知。

（二）社会心态的公共情绪诉求

社会情绪是社会心态的组成部分。从社会情绪生成的角度来看，社会情绪来源于行为主体对客体的体验与反应，是共享的情绪体验和行为主体互动的结果，[1] 包含了社会认知，涉及社会评价。从历史发展的角度，社会情绪带有一定社会文化、价值观的内涵。因此，一方面，社会情绪呈现出多样化局势，社会发展需要公共情绪实现黏合，进而促成公共生活空间的交往合作。这是社会心态的公共情绪诉求的必然。另一方面，公共情绪对社会心态起着规范和引导作用，这体现了社会心态的公共情绪诉求的可能性。

第一，多元社会情绪呼唤公共情绪。从社会情绪多元化角度来看，无论是社会情绪的生成还是逐渐被赋予了文化与价值观的社会情绪，其呈现出的社会情绪注定是多样化的。同时，随着事件的发生，作为一种体验与情绪的显现，社会情绪会不断发生变化，其所具有的情绪传染性往往使个体和群体易于接受暗示[2]，表现出极强的覆盖面与渲染性，甚至会成为影响或破坏社会的强大力量。而这样一种多样化的社会情绪的蔓延只会导致社会关系的疏离与漠视，并不利于社会交往合作与稳定发展。因此，从宏观上来看，整个社会必须拥有一种共享的社会情绪，来实现社会交往合作的表达与道德评价。公共情绪恰是公共生活空间行为主体对促成社会合作所应具有的共识和认同，

---

① 王俊秀. 社会心态理论：一种宏观社会心理学范式 [M]. 北京：社会科学文献出版社，2014：106.

② 勒庞. 乌合之众 [M]. 冯克利，译. 北京：中央编译出版社，2005：17.

是人们合作与发展的一种黏合剂。于是，我们看到，日益复杂的社会关系对社会心态提出普遍性的公共情绪诉求。

第二，公共情绪的规范和引导作用反映了社会心态的公共情绪诉求。公共情绪的规范与引导作用，是对多元社会情绪的规范与引导。它来源于人类社会寻求秩序化的必然。人的本质在于其社会属性。人类社会是"以物质生产为基础而相互联系的人类生活的有机整体。它是人们交互作用的产物"①，而"秩序是人们认识自然和社会的成果"②。没有规矩不成方圆，秩序之于人类社会的意义正在于其条理化和有序性。随着公共生活空间不断扩大，人类社会对其秩序化的要求也更高，公共情绪之于社会心态的规范与引导意义也更为突出。此外，公共情绪的规范与引导作用来源于人类情绪宣导的必然性。情绪体验与表达虽然是社会运行的信号灯，但也不是无止境的宣泄。积极的社会情绪能够及时地调整人们的情绪与行为，促进健康社会心态的发展；相反，消极的社会情绪却让人郁结于胸，需要加以疏通和引导。"知道在适当的时候，自动管制自己的人就是聪明人。"③乱哄哄、毫无控制的情绪宣泄无益于公共生活空间行为主体的发展，反而会影响到人们的社会认知、社会价值观和社会行为，不利于健康社会心态的形成。

于是，蕴含公共理性的公共情绪致力于规范与引导多元的社会情绪，希冀形成行为主体共同享有的情绪，来对多元的社会情绪加以疏通指引，进而调整人们情绪和行为，积极应对各种矛盾与冲突，使人与人之间能够和谐地交往合作。

（三）社会心态的公共价值诉求

现代社会发展日益将个体剥离于社会群体，使之成为独立主体。同时，在科技日新月异的今天，基于个体独立性和自由性，主体间的交往变得更加频繁化、交往范围也不断扩大。理解自我与他人成为每个人的一个基本需求，

---

① 廖盖隆，孙连成，陈有进，等. 马克思主义百科要览：上卷［M］. 北京：人民日报出版社，1993：321.

② 罗国杰. 中国伦理学百科全书：伦理学原理卷［M］. 长春：吉林人民出版社，1993：118.

③ 刘素娜. 名人名言：品德卷［M］. 长春：长春出版社，2007：174.

"因为人的本能不可能完全以自我为中心"①，"一个只关心自己的人不值得赞美，并且别人也不会去赞美他。"② 同样，只关注自身所在群体利益的人也并不值得赞美。故而，每个人在自我发展历程中均会呈现出一种超越个人的公开的社会合作的表达。它表达的是"个体与其生存的人类共同体之间的一种社会关系，是个体在与共同体的联系和交往中生成的一种社会属性"③，具有公共性，"在人们之间起着相互联系、沟通和协调的作用"④。在罗尔斯那里，公共性是支持正义原则的主要论据之一。而在马克思那里，社会作为主体，其价值是社会作为一个整体性存在物的内在的本体价值，它展示的是一种以社会整体为价值本体的公共性的价值旨趣。⑤ 他们都基于公共性与人们的公共生活之间的紧密联系而做出了自己的判断。公共性在价值领域指向公共价值，"表达的不过是与私人性相对的关于公共价值的合理性的一种理想"⑥。而行为主体自身的生存与发展与其价值的实现是分不开的，公共价值表达的是公共生活空间行为主体通过促进社会合作与发展进而实现自我价值的一种共享的理想，也是人们对于良好社会秩序的美好期望。它以公共利益出场，本质则在于公共价值观。其中，公共利益依附于社会生活共同体之中，与个人利益一起源于人们的自我生存与发展活动，也是公共理性对民主公民的根本利益做出的回应⑦。公共价值观则是对社会合作发展的共享理念或观念的支撑，是公共生活空间可供合作的共享价值观，有利于形成共识，维系社会发展。社会价值观在社会心态中居于主导地位。不同的行为主体因多元社会价值观而拥有多样化的社会心态。很显然，公共生活空间多样化的社会心态意味着社会情绪与社会行为各不相同，不利于社会交往合作，阻碍健康社会心态的生成。以公共价值统摄多元社会心态则显得尤为重要。公共价值的诉求主要体现在行为主体之间对共享的利益和共识的价值观的需求上，具体表现为对

---

① 罗素. 幸福之路 ［M］. 吴默朗，金剑，译. 北京：中央编译出版社，2012：9-10.

② 罗素. 幸福之路 ［M］. 吴默朗，金剑，译. 北京：中央编译出版社，2012：9.

③ 谭清华. 从人的公共性到公共性的人：论人的公共性及其发展 ［M］. 北京：中国社会科学出版社，2015：43.

④ 谭清华. 从人的公共性到公共性的人：论人的公共性及其发展 ［M］. 北京：中国社会科学出版社，2015：49.

⑤ 贾英健. 公共性视域：马克思哲学的当代阐释 ［M］. 北京：人民出版社，2009：261.

⑥ 贾英健. 公共性视域：马克思哲学的当代阐释 ［M］. 北京：人民出版社，2009：254.

⑦ 弗雷曼. 罗尔斯 ［M］. 张国清，译. 北京：华夏出版社，2013：484.

公共利益的认同共识，对公共价值观的认同共识。

"一个良序的社会是一个由它的公共的正义观念来调节的社会。"① 于是，在公共生活中，行为主体将公共价值作为一种社会生存方式加以继承和发扬；公共价值也成为行为主体必要的内在素质要求。在公共价值的认同内化过程中，不同的行为主体根据自身的条件形成基于公共价值的社会心态。这种社会心态既是行为主体内在尺度的公共利益的公开表达，又是公共价值观，特别是核心价值观的内化显现。它也正是不同行为主体追求共存发展之下所表达的一种公共的情怀。故而，从公共性角度分析公共价值，认清公共价值在社会心态中的地位，是帮助我们理解社会心态的公共价值诉求的基点。

（四）社会心态的公共行为诉求

作为社会心态外在表现的社会行为，受行为主体心理活动影响，是人们在实践场所的行为倾向、社会认知、社会情绪与社会价值观的表现。这些社会行为既包括积极的行为，也包括消极甚至极端的行为。公共行为是社会行为的一部分，是蕴含公共理性的社会行为，既体现了个人或群体利益同公共利益、国家利益的关系，又展示了核心价值观对公共行为施加的影响，是一种有益的促进社会合作的行为。因此，社会心态的公共行为诉求，是指行为主体在公共理性理念支配下，依据内心心理状态，在公共生活空间根据共识的公共利益和共享的核心价值观所做出的行为诉求。在人类的实践活动中，这一诉求来源于人的根本属性与社会发展的客观需要。

"人类是天生的社会性动物"②，"人的这种归属性一方面说明人都是社会的人，他需要他人，需要社会，只在一定社会群体中生活；另一方面又说明人的社会性无不是现实的、具体的。"③ 人存在于社会之中，又在社会中得以发展，不可能离开他人和社会的支持。同时，人也具有公共性。作为一种社

---

① 罗尔斯. 正义论 [M]. 修订版. 何怀宏, 何包钢, 廖申白, 译. 北京：中国社会科学出版社, 2009：359.
② 阿伦森, 威尔逊, 埃克特. 社会心理学 [M]. 侯玉波, 朱颖, 等译. 北京：机械工业出版社, 2014：183.
③ 袁贵仁. 马克思主义人学理论研究 [M]. 北京：北京师范大学出版社, 2012：61.

会属性，"人的公共性与社会关系具有内在一致性"①。人的根本属性决定了人在社会中的发展程度取决于社会关系发展的程度，即行为主体在承认差异性的基础上达成统一性的效果。其统一性效果表现在社会行为中便是公共行为。因为协调和控制冲突是人的根本属性使然，更是社会和谐稳定发展的需要。那么，作为公共理性的实践规范，公共行为则是行为主体在承认社会行为差别甚至对立的基础上所形成的社会行为的统一，指向社会合作共同目标的公共性行为。因为"既然人天生就是社会的，那他就只能在社会中发展自己的真正天性；不应当根据单个个人的力量，而应当根据社会的力量来衡量人的天性力量"②。

然而，现实社会中，行为主体在利益、价值观、所属群体等方面的差异使得社会心态呈现出多样化、多层次的特点。这导致社会行为也必然地呈现出了多样化、多层次的景象。不同的社会心态使得社会行为指向不同，秉承的规范也不尽相同，而有的社会心态的差别和对立甚至直接产生矛盾和冲突的社会行为力量。因社会心态的多元而产生的社会行为的矛盾与冲突不仅不利于作为社会性存在的人的个人发展，更不利于社会发展。社会发展的客观现实成为社会心态公共行为诉求的必然。公共生活空间所蕴含的具有公共理性的公共行为就显得意义非凡。公共行为在公共生活空间实现个人利益与公共利益、国家利益的统一，引导社会行为始终朝着有益于社会发展的方向努力。于是，公共行为必然包含着公共生活空间公共理性的外在表达，也包含着行为主体的异质性存在。即公共行为在公共生活空间既受公共利益、国家利益的限制，同时又以个体利益的满足支撑着公共行为。因此，社会心态的公共行为诉求是社会发展客观需要。

二、公共理性之于社会心态的规约

依照社会心态的公共理性诉求及培育健康社会心态的目的，公共理性对社会心态的规约，其最终目的是促使行为主体在公共生活空间形成社会心态

---

① 谭清华. 从人的公共性到公共性的人：论人的公共性及其发展［M］. 北京：中国社会科学出版社，2015：51.
② 中共中央马克思恩格斯列宁斯大林著作编译局. 马克思恩格斯文集：第1卷［M］. 北京：人民出版社，2009：335.

的应然状态，使整个社会呈现出"自尊自信、理性平和积极向上"的健康社会心态。那么，公共理性对社会心态的规约，则是以社会心态应然状态为规约的目的，通过公共生活空间人们的实践活动，作用于人的心理层面并促成"知情意行"的运动过程。在这一过程中，在社会心态应然状态目的使然下，公共理性之于社会心态的规约，是要实现公共理性价值观念的认同与共识，并将其真正转化为行为主体的素质和行为规范。公共理性对社会心态规约的实现及其效果，最终汇聚于理念、实践和制度三个结构层次之中，构成了基于公共理性的社会心态。

基于公共理性的社会心态，关注公共生活空间行为主体之间的团结与合作、社会核心价值观的共识、社会和谐发展，是行为主体在认知、情绪、价值和行为方面的共识总和，是公共理性规约之下社会心态应然状态的理念、实践、制度三个结构层面的具体表现。

作为理念层面的结构，基于公共理性的社会心态，呈现出在承认多元性基础上，行为主体普遍共享的公共理性价值观念。在社会主义中国，社会主义核心价值观作为国家、社会和公民层面的价值共享，必然地成为社会心态所共享的核心价值观。那么，公共理性视域下社会心态所普遍共享的公共价值观念相应地必然受社会主义核心价值观影响，进而在一些根本方面成为提升行为主体素质的目的。作为实践层面的结构，"理性平和、积极向上"的社会情绪和"积极向上"的社会行为构成了基于公共理性的社会心态在实践活动中的共识。同时，社会心态的核心价值观部分深刻地影响着社会行为。公共理性作为公共生活空间行为主体交往合作的行为准则与原则，也必然地成为基于公共理性的社会心态在行为方面的规范与原则。而公共理性对社会心态的规约及其最终健康社会心态的养成需要以制度作为保障，引导、规范公共生活空间行为主体的情绪与行为表达，强化社会心态的共享价值观，从而达到深刻而长远的社会效果。作为制度层面的结构，公平正义的社会制度与科学理性的引导机制，是公共理性规约下社会情绪、社会行为和社会价值观的共识表达。

（一）基于公共理性的社会心态之理念层面

"理念"是西方哲学史上的一个重要概念。唯物主义认为，"理念"属于社会意识的一种观念或观念形态，是实践中对物质世界的理性认识。"理念"一旦形成就构成了人们思想和意识的一部分，从而对客观世界、特别是人们的情绪、态度和行为等起着一定的反作用。那么，基于公共理性的社会心态之理念层面，就构成了公共生活空间规约行为主体的内在基础，成为行为主体在政治、经济和文化等公共生活空间有序实践的逻辑起点，也成为健康社会心态制度化的前提。因此，基于公共理性的社会心态的理念层面，必然是行为主体在公共生活空间普遍拥有的公共理性价值观念的认同与共识。具体表现为公共理性影响下行为主体在社会认知、社会情绪、社会价值观和社会行为方面的认同与共识，进而形成一定的公共认知、公共情绪、公共价值和公共行为。

必须说明的是，基于公共理性的理念层面社会心态，内在地归属于被普遍接受的社会核心价值观。因为价值观是社会心态的基本要素之一，"社会核心价值观是这些价值观念中被更多人所接受的价值观"①。在社会主义中国，社会主义核心价值观是社会主义国家、社会和公民三个层面的价值取向，是建设共有精神家园、凝聚共识的核心所在，自然也是公共理性价值观念的理念基础。因此，在中国当下现实，基于公共理性的理念层面社会心态，其实质必然是社会主义核心价值观影响下的价值观念的共识与共享。它不仅展现着社会发展进步的趋势，而且具有公共意志，强调行为主体自身发展应秉承的心态理念；不仅深刻影响人们的思想与行为举止，而且也为行为主体之间的交往合作提供其共识的价值基础。

公共理性理念是在多元整全性学说之下公共生活空间有效规导社会秩序的价值观念。从整体上看，无论是单个的公民还是集团内部成员，抑或是不同的集团群体（包含着政府、社会组织等），在道德修养、理性能力、法治思维和行为规范等方面都呈现出差异性与不平衡。行为主体之间因所受教育不同，所具有的世界观、价值观和现实利益不同，对公共理性也持有不同程度的理解。公共理性在多元整全性学说之下，并未成为每一个公民或集团组织的共识的价值观念，也没有完全内化为行为主体在公共生活空间所具有的内在素养。而建立共识、内化理念，是要超出行为主体的固有观念与价值观，

---

① 王俊秀. 社会心态理论：一种宏观社会心理学范式［M］. 北京：社会科学文献出版社，2014：139.

为公共生活空间多元一体交往合作提供心态上的支持，这就要求公民、政府、社会组织等不同集团的行为主体必须对公共理性价值观念形成普遍的共识；教育者们必须从公共理性知识方面寻求行为主体达成共识与共享的路径与方法，从而使公共理性成为公共生活空间的普遍认同，使其进一步内化为行为主体的素质涵养，外化为公共生活空间行为主体的行为规范与原则。

因此，基于公共理性的理念层面社会心态，作为社会心态应然状态在理念层面的具体表现内容，既蕴含着行为主体对公共理性价值观念的共识与共享，也隐含着行为主体在公共生活空间普遍拥有的内在素质与行为规范；引导着社会心态朝着"自尊自信、理性平和、积极向上"的应然状态发展。

（二）基于公共理性的社会心态之实践层面

基于公共理性的社会心态实践层面，是公共生活空间社会心态的社会情绪和社会行为的应然表现，其本身就具有实践特性。即行为主体在公共生活空间表现出"理性平和、积极向上"的社会情绪与"积极向上"的社会行为。其意义在于，通过实践，激发行为主体的理念价值，鼓励和影响行为主体不断调节相互之间的利益关系与情绪行为，有效化解矛盾与冲突，最终实现公共生活空间社会交往合作，保障公共生活的稳定性。因此，基于公共理性的社会心态之实践层面，主要表现在以下两方面内容。

第一，公共生活空间"理性平和、积极向上"的社会情绪。社会情绪生成于实践活动中，是社会心态的外在态度表征。"每个社会都有一系列的情绪表达规则，规定着各类场合下哪些情绪可以表达而哪些不可以表达。"① 这些表达规则是情绪的社会化，也强调了情绪是有力量的。它融入我们的思维之中，表达并调节自我情绪，甚而影响行为。在公共生活空间，"理性平和、积极向上"的社会情绪就是社会交往合作必须遵循的态度表达规则，很大程度上反映着行为主体为维持社会和谐发展所做出的情绪努力。这一情绪规则因其所具有的公共性与理性特征而带有了公共情绪的色彩，成为公共生活空间社会情绪的统领者和表达规则。"认为自己能在公共场合较好地控制自己的表

---

① SHAFFER D R，KIPP K. 发展心理学［M］. 邹泓，等译. 北京：中国轻工业出版社，2011：391.

情和情绪的青少年更亲社会，更容易抵制同伴压力，对友伴也更有同情心。"① 掌握"理性平和、积极向上"的情绪表达规则，有助于有效调节社会情绪，使我们在公共生活空间应对各种矛盾与冲突时，表现出亲社会、和谐发展合作的情绪与行为。因此，通过遵循公共生活空间情绪表达规则，我们以公共理性规约并引导社会情绪，对行为主体多种多样的社会情绪加以调节与控制，最终完成公共情绪的表达，公共理性规约下社会心态应然状态在实践层面的社会情绪表现得以实现。

第二，公共生活空间"积极向上"的社会行为。"生命的意义在于奉献与合作。"② 行为是人们为适应外在环境所做出的反应。社会行为"主要着眼于社会，以及社会中个人与个人之间，群体与群体之间的共同行为和关系"③。因此，社会行为与社会情绪一样，都具有社会化的一面。作为社会心态实践行为的外在指向，"积极向上"的社会行为是行为主体在公共生活空间实践活动中公共理性规约下的主观规范和行为控制，也是公共理性规约下社会心态应然状态在实践层面的表现内容之一。社会角色规定的行为不仅铸造了角色扮演者的态度，也影响我们的道德态度。④ 公共生活空间"积极向上"的社会行为对于健康社会心态的养成的意义具体表现为：行为主体在公共生活空间自身所具有的有序实践行为，赋予了参与者的合作规范性意蕴和行为控制目标，凸显了健康社会心态"积极向上"的行为要求。

（三）基于公共理性的社会心态之制度层面

社会心态与人的内心世界有着密切联系。不论是作为普遍性的心理状态，还是一种社会心理资源，社会心态始终反映着行为主体的社会认知、社会情绪、社会价值观与社会行为。在公共生活空间，公共理性之于社会心态的规约，需要通过制度的规范化，给人们一定认知、情绪、价值观和行为的合理

---

① SHAFFER D R，KIPP K. 发展心理学 ［M］. 邹泓，等译. 北京：中国轻工业出版社，2011：394.

② 阿德勒. 自卑与超越 ［M］. 李章勇，译. 北京：中国华侨出版社，2015：6.

③ 罗国杰. 中国伦理学百科全书：伦理学原理卷 ［M］. 长春：吉林人民出版社，1993：314.

④ 迈尔斯. 社会心理学 ［M］. 侯玉波，乐国安，张智勇，等译. 北京：人民邮电出版社，2006：110.

期待与引导，形成制度层面的基于公共理性的社会心态。

制度层面的基于公共理性的社会心态包括了两部分内容：一是公平正义的社会制度。这是公共理性视域下引导社会心态的制度基础，也是将纷繁复杂的社会心态引向健康社会心态、规范与约束行为主体的必要保障。二是科学理性的引导机制。这是公共理性视域下引导社会心态的具体制度，也是将社会心态内部各要素之间有序运行转化为内在机制的具体规范，是对人们内在的社会认知、情绪和行为等加以调控与约束的机制。

第一，公平正义的社会制度。制度作为一种载体，体现着基于公共理性的社会心态的价值诉求，同时保障着基于公共理性的社会心态理念层面的实现。根据公共理性的"公共善"目的与社会心态应然状态内容，社会主义制度作为社会心态存在的制度基础，充分体现了公共理性"公共善"的根本目的（公平正义），是公共理性规约社会心态形成健康社会心态的制度保障。

第二，科学理性的引导机制。机制是广义上的制度，具有动态性，"泛指引起、制约事物运动、转化、发展的内在结构和作用方式，包括事物内部因素的耦合关系，各因素相互作用的形式，功能作用的程序以及转变的契机等"①。基于公共理性的社会心态引导机制，强调从行为主体自身出发，以社会心态内在生成角度，指导与规范社会心态，保障健康社会心态的运行。它主要包含获取社会心态、研判社会心态和引导社会心态三部分内容。

制度层面的基于公共理性的社会心态，是公共理性规约社会心态之下，以制度的形式将行为主体所具有的公共理性素质加以展现并予以保障，是基于公共理性的社会心态从理念层面走向实践层面的必不可少的一环。理念层面的基于公共理性的社会心态是制度与实践层面的前提与基础。实践层面与制度层面则是行为主体将基于公共理性的社会心态的理念贯穿于公共生活空间，寻求社会交往合作的实践活动的外在表现与必要保障。基于公共理性的社会心态，在三个结构和内容层面上具有内在的一致性。从结构上看，三者相互影响、相互制约；从内容上来看，三者有着内在的关联性，却并不是完全互相依存的关系。例如，实践活动有利于基于公共理性的社会心态理念进一步形成，但并不具有必然性。

因此，在社会心态引导过程中，以公共理性规约社会心态，我们要使基

---

① 刘建明. 宣传舆论学大辞典 [M]. 北京：经济日报出版社，1993：525.

于公共理性的社会心态之理念层面、基于公共理性的社会心态之实践层面、基于公共理性的社会心态之制度层面三者有机结合、协同并进，促使公共生活空间表现出"自尊自信、理性平和、积极向上"的社会心态，使行为主体展现出有利于社会和谐发展的情绪与行为。

第二章

公共理性视域下引导社会心态的价值之维与理论之维

价值主要从主体的需要和客体能否满足主体的需要以及如何满足主体需要的角度予以考察；某种事物或现象具有价值，就是该事物和现象成为人们的需要、兴趣、目的所追求的对象。①"公共理性视域下社会心态的引导"是事关公民个人、社会和国家不同层面追求的价值所在，体现出作为客体的"社会心态的引导"，对于作为主体的人、社会和国家所具有的积极意义，是"社会心态引导"这一思想政治教育行为具有满足公民、社会和国家发展需要的价值。同时，深入研究公共理性视域下社会心态及其引导问题，必须在一定的理论维度之上进行思索与探讨，从而获得解决现实问题的理论根基和现实路径，实现思想政治教育的目标。

第一节　公共理性视域下引导社会心态的价值之维

价值指能带给人们实际的功效或利益。② 讨论价值，不能离开社会发展的现实，也不能离开社会关系来空谈价值。根据社会心态发生作用的范围，从公民、社会和国家三个维度阐释公共理性视域下引导社会心态的价值，是本研究的落脚点。对于公民个人而言，引导社会心态有助于提升思想道德素质，形成健康社会心态；对于社会而言，有助于协调社会关系维持良序社会；对于国家而言，有助于促进国家和谐发展，赋能中华民族复兴伟业。

---

① 冯契，徐孝通. 外国哲学大辞典［M］. 上海：上海辞书出版社，2000：288.
② 金炳华，等. 哲学大辞典［M］. 修订本. 上海：上海辞书出版社，2001：619.

一、公民层面：提升思想道德素质形成健康社会心态

人的发展是社会发展的根本要义。引导行为主体形成符合社会发展要求的思想道德素质是思想政治教育的重要任务。作为一种教育实践活动，社会心态的引导实践直接作用于人，适应与促进人的发展需要。提升人的思想道德素质，促使其形成健康社会心态，成为引导社会心态的一个重要价值。

从人的素质结构来看，德、智、体是人的素质的主要结构内容，而思想道德素质是核心内容。"人的发展不仅包括体力和智力的发展，而且包含社会化所必需的思想道德品质的发展。人的发展是德、智、体全面发展的过程。"① 人的发展的主要内容则是人的素质发展。人的素质主要指在自然生理基础上，通过后天学习和实践而养成的为人的品质。② 思想道德素质是人的素质统帅，对其他素质"具有很强的渗透力和很大的影响力"③。

从人的素质的结构系统看，基于人的本性、人的本质与人的素质之间的关系分析，人的素质可以分为一般素质与职业素质。其中，一般素质包括生理素质、心理素质、思想道德素质和科学文化素质。④ 基于主体条件角度，人的素质结构分为三个层次：自然素质、社会素质和职业素质。⑤ 与社会心态相关的主要是人后天所形成的一系列素质。根据人的素质的结构层次⑥，从人性层次上看，人的素质隶属于社会素质，包括科学文化素质和思想道德素质两个最为重要的层次结构；从本性层次上看，隶属于思想道德素质；在本质层次上，则隶属于劳动素质或职业素质，是公共生活空间人们合作发展的内在素质。概而括之，人的素质，本质上是公共生活空间行为主体所具有的交往合作品质。其中，思想道德素质是行为主体交往合作具有核心地位的品质，也是人的发展的最主要内容。提升思想道德素质能有效推动人的发展。

---

① 张耀灿，郑永廷，吴潜涛，等. 现代思想政治教育学 [M]. 北京：人民出版社，2006：252.
② 陈志尚，陈金芳. 关于人的素质的两个理论问题 [J]. 北京大学学报（哲学社会科学版），2000（4）：48-54.
③ 陈金芳. 素质教育基本理论研究 [M]. 北京：中国科学技术出版社，2011：54.
④ 袁贵仁. 论人的素质 [J]. 社会科学辑刊. 1993（5）：21-30.
⑤ 陈志尚，陈金芳. 关于人的素质的两个理论问题 [J]. 北京大学学报（哲学社会科学版），2000（4）：48-54.
⑥ 袁贵仁. 论人的素质 [J]. 社会科学辑刊，1993（5）：21-30.

从社会心态的诸要素内容看，社会价值观在社会心态中的地位，决定了提升思想道德素质成为引导社会心态的一个重要价值。价值观涉及人们对于价值问题的根本看法，也是"思想政治教育的根本"①。社会价值观在社会心态诸要素中居于核心地位。"一个健康的社会不能没有带有普遍适用性的积极向上的价值观。"② 而这样的价值观本身就是一种德，决定并有力推动思想道德素质的发展。换言之，社会心态涉及了人的文化结构，社会心态的引导本身就是一种教育实践活动，根本性地就是要提升人的思想道德素质，以此来促进行为主体在公共生活空间交往合作的内在品质发展诉求，形成健康社会心态。因此，人的发展，尤其是人的思想道德素质的发展需要及其健康社会心态，成为引导社会心态的一个重要价值。

提升思想道德素质形成健康社会心态，关键在于提高引导对象的马克思主义理论素质、道德认知能力和思想修养，使之树立科学的世界观，掌握科学的方法论和道德规范；培养其运用马克思主义的立场、观点、方法分析和解决问题的能力，健康的道德情感，以及持续的道德践履能力。最终，形成时代需要的思维方式和价值观念，形成社会需要的社会主义道德品质。③ 公共生活空间公民的思想道德素质，在于内化于心后形成符合社会发展和人的发展的政治品质、道德品质和思想品质，外化为自身的行为，并自觉践行进而成为一种行为习惯。只有这样，才能在社会心态引导过程中不断提升行为主体的思想道德素质，形成健康社会心态。

同时，人在社会化过程中，其社会心态的形成是一个动态的过程，在引导过程中，还必须考虑引导对象实际的社会心态状况、引导对象接受的可能性和现有思想道德品质现状等。在人的社会化过程和实践中，思想道德素质的发展有着自身的规律，且其形成发展过程是外化与内化统一的过程，并随着社会发展而不断发展变化着。引导过程中引导者必须考虑引导对象思想道德素质的实际发展需求，才能恰当地引导社会心态，提升人的思想道德素质。只有这样，引导社会心态的教育实践活动才能被行为主体真正接受，使之成为行为主体内在的个人发展目标，促使社会心态朝着积极健康的方向发展。

---

① 金炳华，等. 哲学大辞典 [M]. 修订本. 上海：上海辞书出版社，2001：692.
② 金炳华，等. 哲学大辞典 [M]. 修订本. 上海：上海辞书出版社，2001：692.
③ 张耀灿，郑永廷，吴潜涛，等. 现代思想政治教育学 [M]. 北京：人民出版社，2006：254-255.

二、社会层面：协调社会关系维持良序社会

社会关系是人与人之间的关系①，"指人们在社会生活中从事共同活动建立的相互关系的总称"②。人的本质"是一切社会关系的总和"③。公共理性视域下引导社会心态，意味着要协调行为主体之间的社会关系，维持良好社会秩序。社会心态作为社会人的普遍心理状态，其本质上反映了人们在经济、政治和文化等社会生活中的社会关系，包括利益关系与人际关系两个主要内容。而利益关系与人际关系深刻地展现于人们的经济、政治和文化的发展活动中。经济、政治和文化领域构成了人们社会生活的主要领域。人的社会属性也使得利益关系与人际关系的协调发展成为一种必然与可能。经济、政治和文化发展过程中的社会关系协调发展也必然伴随着利益关系与人际关系的协调发展，而社会关系的协调发展也必然会助力于良序社会发展。

协调社会关系维持良序社会，必须大力发展经济，为社会关系协调发展打下坚持基础。经济发展的根本是生产力发展。正是在生产活动中，人们结成相互关系，④ 经济发展促进了物质的极大丰富，满足了人的基本生存需求，这也是协调社会关系的基本条件，决定着其他的社会关系发展。因为生产力"是决定人们的生产关系和一切社会关系发展变化的决定性力量"⑤。生产力的巨大增长和高速发展是绝对必需的实际前提，"只有随着生产力的这种普遍发展，人们的普遍交往才能建立起来"⑥。同时，经济发展也是质的发展，意味着要将经济发展放眼于整个社会发展过程中，协调经济发展与社会发展的关系，使二者在共同追求的目标前提下整合各自要素与结合，最终实现社会发展的根本目标——人的发展。引导社会心态优化经济环境的意义便在于此，其本质是对社会关系的协调。

---

① 中共中央马克思恩格斯列宁斯大林著作编译局．马克思恩格斯文集：第 1 卷［M］．北京：人民出版社，2009：200.
② 时蓉华．社会心理学词典［M］．成都：四川人民出版社，1988：22.
③ 中共中央马克思恩格斯列宁斯大林著作编译局．马克思恩格斯文集：第 1 卷［M］．北京：人民出版社，2009：504.
④ 刘炳瑛．马克思主义原理辞典［M］．杭州：浙江人民出版社，1988：168.
⑤ 卢之超．马克思主义大辞典［M］．北京：中国和平出版社，1993：730-731.
⑥ 中共中央马克思恩格斯列宁斯大林著作编译局．马克思恩格斯文集：第 1 卷［M］．北京：人民出版社，2009：538.

协调社会关系维持良序社会，必须促进政治发展，改善行为主体之间的政治关系。如果说经济发展是社会关系协调的根本所在，那么，政治发展是社会关系得以和谐发展的内在原因。促进政治发展，需要健全社会主义民主，保障人民当家作主的地位。"民主政治追求的是一种有活力的政治秩序，它是用来解决实际问题的。"① 民主政治能够有效协调人们之间的关系，使之因共同目标而凝聚力量形成一种合力，有序调动和激发人民群众广泛参与社会管理与国家治理。促进政治发展，还需要改善民生，协调社会关系。就业、医疗、教育、社会保障等民生问题是与人们利益相关的直接问题，关乎人的基本生存需求与精神发展需求，贯穿一个人的一生。民生问题解决得好与坏，直接影响社会关系的和谐。

协调社会关系维持良序社会，必须促进文化发展，建设与经济、政治发展相适应的精神文明，推动物质文明与精神文明的协调发展。文化是人的发展的内在因素。促进文化发展，意味着在多元价值基础上以文化来凝聚人心，协调社会关系促进社会发展。社会心态的引导，是在坚持社会主义先进文化的基础上，以人民为中心，通过培育核心价值观，坚定文化自信，增强文化自觉，构建理性平和的文化氛围，增强凝聚力，从而为社会关系的发展穿针引线。

三、国家层面：促进国家和谐发展赋能中华民族复兴伟业

《中庸》道："和也者，天下之达道也。"促进国家和谐发展是国家富强、民族振兴、人民幸福的重要保证，是赋能中华民族复兴伟业的基本前提。在社会主义国家，和谐发展是对中国特色社会主义社会本质属性的深刻理解和探索，也是对中华民族关于"和谐"的民族记忆的回应。国家和谐发展，是社会发展的客观要求和未来发展趋势，指导个人发展和社会发展，贯穿引导活动的全过程，具有根本性、长期性、全局性，是对社会认知、社会情绪、社会价值观和社会行为的认同与达成共识的过程。

只有汇聚了共识，才能统一行动为国家和谐发展、中华民族伟大复兴提供强有力的动力基础。国家和谐发展的基础是人心的和谐。引导社会心态是

---

① 保证和支持人民当家作主：关于社会主义民主政治建设的对话 [N]. 人民日报，2016-08-30（7）.

抑制消极社会心态的生成与发展，促进健康社会心态形成与发展的过程，重视人的发展对于社会发展的重要作用。通过社会心态的引导，希冀避免恶性状态影响社会稳定与合作，促进健康状态维持社会良性发展，最终促进国家和谐发展，为中华民族伟大复兴提供和谐环境。而思想道德素质是人的发展的核心。提升公民个人的思想道德素质形成健康的社会心态，不仅是对"理性平和"情绪与"积极向上"的态度、行为的提倡与规定，也是在不断增强"五个认同""四个自信"和对自我素质能力的认同与自信，更是对社会发展与人的发展双重需要的适应。人的思想道德素质得以提升，能形成弥漫于社会的健康的普遍心理状态，从而为国家和谐发展和中华民族伟大复兴提供内生动力。

只有形成了和谐的社会关系，才能为国家和谐发展、中华民族伟大复兴提供强有力的社会基础。社会心态作为一种社会意识，是社会发展的反映，折射出社会关系的状态，也是国家发展状态的反映。政治、经济和文化的发展不仅是社会生活的主要领域，也是充分体现国家组织与伦理道德的领域。协调社会关系维护良序社会的过程，是在促进经济、政治和文化健康发展过程中，国家权力有序组织并积极发挥作用的过程，也是维系底线伦理维护公共利益的过程，呈现出国家和谐发展的态势。同时，经济发展是国家和谐发展的基础。社会主义的本质是解放生产力、发展生产力、消灭剥削、消除两极分化，最终实现共同富裕。马克思认为，贫穷会导致"全部陈腐污浊的东西又要死灰复燃"①；邓小平则直接断言，"搞社会主义，一定要使生产力发达，贫穷不是社会主义"②。他们敏锐地捕捉到，贫穷不利于和谐发展。社会主义发展的过程就是不断消灭剥削、消除两极分化，逐步走向共同富裕的过程，也是不断消灭不和谐因素，进而促进国家和谐发展、赋能中华民族复兴伟业的过程。

---

① 中共中央马克思恩格斯列宁斯大林著作编译局. 马克思恩格斯文集：第 1 卷 [M]. 北京：人民出版社，2009：538.
② 邓小平文选：第三卷 [M]. 北京：人民出版社，1993：225.

第二节　公共理性视域下引导社会心态的理论之维

社会心态隶属于行为主体。公共理性视域下社会心态及其引导问题正是人们在实践活动中对人的发展的高度关注。将社会心态纳入公共理性视域，是人们对成熟社会的社会心态应然状态的希冀，更是人们对和谐社会持续发展的期待。而在公共理性视域下引导社会心态，承接了思想政治教育的导向功能，是思想政治教育意识形态性的体现。马克思主义"人的全面发展"学说、社会心态与思想政治教育相关理论、中国传统"和而不同"思想、罗尔斯公共理性思想，组成了公共理性视域下引导社会心态的理论之维。

一、理论指导：马克思主义"人的全面发展"学说

人的全面发展是"人以一种全面的方式，就是说，作为一个完整的人，占有自己的全面的本质"①。马克思在《共产党宣言》中，深刻而客观地剖析了人类社会的发展历程，特别是资本主义社会雇用劳动、生产关系、所有制关系，断定未来"代替那存在着阶级和阶级对立的资产阶级旧社会的，将是这样一个联合体，在那里，每个人的自由发展是一切人的自由发展的条件"②。这就是马克思究其一生寻求的人类解放的根本目的所在，也是本书的理论指导。

"人的全面发展表现为人的劳动及其能力的全面发展、人的社会关系的全面丰富和人的个性的自由发展。"③ 而这一切均发生于人所生存与发展的社会关系之中，是人适应社会发展而应具有的素质，包含了德智体诸要素的全面协调发展。"根据这种完整人的理论，人虽然要经历由低级到高级若干发展阶段，但是在任何一个发展阶段上，人都应该完整地均衡地全面地发展而不能

① 中共中央马克思恩格斯列宁斯大林著作编译局. 马克思恩格斯文集：第 1 卷 ［M］. 北京：人民出版社，2009：217.
② 中共中央马克思恩格斯列宁斯大林著作编译局. 马克思恩格斯文集：第 1 卷 ［M］. 北京：人民出版社，2009：53.
③ 袁贵仁. 马克思主义人学理论研究 ［M］. 北京：北京师范大学出版社，2012：270.

畸形发展。"① 由于"社会关系实际上决定着一个人能够发展到什么程度"②，马克思将人的全面发展放入社会关系中进行整体考察。

同时，实践作为现实的人的基本存在方式，既是社会关系发展的活动场域，也是以调整社会关系为目的的活动。人的全面发展就主要体现于实践活动之中。通过实践活动，人们改造客观世界，推动生产力与生产关系的发展，保障并促进人的生存与发展。因为只有生产力得到充分发展，人才能摆脱物质的束缚，实现基本生存满足下的自我发展。"当人们还不能使自己的吃喝住穿在质和量方面得到充分供应的时候，人们就根本不能获得解放。"③ 在改造客观世界的过程中，实践也影响着人的主观世界。"人的发展就是在社会实践基础上人的自然素质、社会素质和心理素质的发展。"④ 主要表现在将教育所带来的知识和技能，在实践中切实地转化为自身拥有的真正的能力。起源于生产劳动的教育⑤，"不仅是提高社会生产的一种方法，而且是造就全面发展的人的唯一方法"⑥。因为"教育会生产劳动能力"⑦，家庭、学校和社会以教育的方式，传授人类文明知识，使处于劳动活动中的人们不断获得新的知识和技能，拥有新的促进生产力发展的能力。教育正是通过实践作用于人的内心，使"生产者也改变着，炼出新的品质，通过生产而发展和改造着自身，造成新的力量和新的观念，造成新的交往方式，新的需要和新的语言"⑧。人的新的素质，反过来又促使人类社会不断进步和发展。因此，马克思说，"要改变一般的人的本性，使它获得一定劳动部门的技能和技巧，成为发达的和

---

① 陈秉公. 思想政治教育学 [M]. 长春：吉林大学出版社，1992：93-94.
② 中共中央马克思恩格斯列宁斯大林著作编译局. 马克思恩格斯全集：第 3 卷 [M]. 北京：人民出版社，1960：295.
③ 中共中央马克思恩格斯列宁斯大林著作编译局. 马克思恩格斯全集：第 42 卷 [M]. 北京：人民出版社，1979：368.
④ 袁贵仁. 马克思主义人学理论研究 [M]. 北京：北京师范大学出版社，2012：266.
⑤ 陈国强. 简明文化人类学词典 [M]. 杭州：浙江人民出版社，1990：433.
⑥ 中共中央马克思恩格斯列宁斯大林著作编译局. 马克思恩格斯全集：第 23 卷 [M]. 北京：人民出版社，1972：530.
⑦ 中共中央马克思恩格斯列宁斯大林著作编译局. 马克思恩格斯全集：第 26 卷 I [M]. 北京：人民出版社，1972：210.
⑧ 中共中央马克思恩格斯列宁斯大林著作编译局. 马克思恩格斯全集：第 46 卷上 [M]. 北京：人民出版社，1979：494.

专门的劳动力，就要有一定的教育或训练"①。

二、理论基础：社会心态与思想政治教育学相关理论

公共理性视域下社会心态及其引导研究的理论基础是社会心态与思想政治教育的相关理论。

（一）社会心态理论

现有的社会心态的理论研究大部分是在社会心理学范畴内进行的。杨宜音和王俊秀是国内系统研究社会心态的先导者。与本书相关的社会心态理论的主要内容是社会心态的结构。

杨宜音认为，社会心态由社会共识、社会情绪和社会价值观构成。而社会共识属于相对变动的表层部分，社会情绪属于深层的相对稳定内容，社会价值观是群体深层的稳定内容。② 马广海则提出，社会心态的基本维度是社会情绪、社会认知、社会价值观和社会行为意向。王俊秀根据他们的观点提出，"社会心态的结构是由社会心态的核心要素为结构的框架与社会心态的边缘元素结合构成的"，"社会心态核心是社会心态中最主要的构成，影响着社会心态的变化，但社会心态核心也受到其边缘因素的影响，心理学、社会心理学的许多概念属于这样的边缘元素"。③ 社会需要、社会认知、社会情绪、社会行为倾向和社会价值观，构成了社会心态的核心要素。

与此同时，王俊秀依照稳定性和变动性的特点，将社会心态的核心要素做了结构区分。他认为，社会心态的表层和深层结构"分为超稳定的社会心态、稳定的社会心态、阶段性社会心态和变动性社会心态四个层次"④。其中，国民性和民族性是超稳定社会心态，社会心态中最为核心的深层次的部分即社会性格。社会价值观是稳定性社会心态，是较长时间之内变化非常缓

---

① 中共中央马克思恩格斯列宁斯大林著作编译局. 马克思恩格斯全集：第23卷 ［M］. 北京：人民出版社，1972：195.
② 杨宜音. 社会心态研究的理论框架 ［M］//杨宜音，王俊秀，等. 当代中国社会心态研究. 北京：社会科学文献出版社，2013：15-17.
③ 王俊秀. 社会心态理论：一种宏观社会心理学范式 ［M］. 北京：社会科学文献出版社，2014：33.
④ 王俊秀. 社会心态理论：一种宏观社会心理学范式 ［M］. 北京：社会科学文献出版社，2014：31.

慢表现稳定的部分。社会情绪、社会行为倾向等属于阶段性社会心态，是一个时期内较为稳定的、表现为阶段性变化的内容。社会认知属于变动性社会心态，是随着社会环境的变化而迅速发生变动。"社会心态的四个层次是一个相互影响的过程。"① 从超稳定社会心态到稳定性社会心态、阶段性社会心态、变动性社会心态，最终再到社会环境，这是社会心态的外向影响过程。从内到外，每个层次的社会心态的支配作用和影响力是逐步减弱的。反过来，从最初的社会环境开始，由外到内，这是社会心态内在化的过程。"社会心态的一些相对稳定的成分，逐渐积淀为下一层的社会心态，但进入最内层的超稳定社会心态，成为民族性格，成为文化层面的东西一般要经历漫长的过程。"② 这种由外到内的过程也是由快到慢的过程。"社会心态并非作为一个独立体，被动受社会环境的影响，社会心态本身就是社会环境的一部分"③，它"随着社会转型和变迁而变化，既是社会转型和变迁的推动者，同时也以其变化构成了社会转型和变迁的特征"④。

很明显，三位学者从社会心态的心理层次角度对社会心态的结构做出了理性的分析。从社会心理学角度来看，社会需要更注重的是行为主体的主观意识，归属于行为主体，是主体之于客体的主观需要。但是，从客体之于主体的作用来看，社会需要则并不仅局限于主观层面，还包含环境之于行为主体的影响力。基于此，从辩证唯物主义的角度看，社会需要是一个既具有主观性又具有客观性的词汇。而社会行为倾向也只是社会行为的前奏，是行为主体的行为动机，且可以通过行为被人们所感知。作为社会心态的外在显现表征，社会行为被人们认识并通过引导来调节社会心态。行为倾向、行为等均受社会认知、社会情绪和社会价值观影响。因此，为了更好地全面了解和把握社会心态，不同于社会心态心理层次的结构，本书将社会心态的结构内容界定为社会认知、社会情绪、社会价值观和社会行为。它们运动的过程带

---

① 王俊秀. 社会心态理论：一种宏观社会心理学范式 ［M］. 北京：社会科学文献出版社，2014：32.

② 王俊秀. 社会心态理论：一种宏观社会心理学范式 ［M］. 北京：社会科学文献出版社，2014：32.

③ 王俊秀. 社会心态理论：一种宏观社会心理学范式 ［M］. 北京：社会科学文献出版社，2014：32.

④ 王俊秀. 社会心态理论：一种宏观社会心理学范式 ［M］. 北京：社会科学文献出版社，2014：32.

来了社会心态的生成。故而，它们也相应地成为社会心态生成的内在要素。社会行为倾向存在于社会心态心理层次结构中，外在表现于社会行为。同样地，与社会心态相关的社会心理学范围内的社会认知、社会情绪和行为等理论，在一般意义上研究人的心理活动的本质和规律，将认知、情绪、行为相结合完善人的心理或品质，也构成了社会心态研究的理论基础。

（二）思想政治教育学相关理论

伴随着社会转型和急速发展，社会心态日新月异，牵动着人们的精神力量，影响着个人、社会和国家发展。以公共理性为视域探究当下社会心态并加以引导，是思想政治教育学的学术责任和社会责任。马克思主义指导下的思想政治教育学理论是社会心态及其引导诸问题的理论根据和指导思想。社会心态的主体是发展的社会人。思想政治教育的对象是人，它的目的和任务必然是要解决人的思想问题，促进人的自由而全面的发展。围绕人的发展，不外乎人自身与其所处的环境两条主线。故而，与本书相关的思想政治教育学的主要的理论基础有思想政治教育过程论和思想政治教育环境论。

第一，思想政治教育过程论。思想政治教育过程的实质是把一定社会的思想观念、价值观点、道德规范转化为社会所希冀的思想道德素质的过程。这个过程中，教育者根据一定社会的思想道德和政治要求，遵循社会发展与思想道德素质形成发展的规律，"解决一定社会条件下人们思想政治素质的应然要求与实际状况之间的矛盾"①，"对受教育者施加有目的、有计划、有组织的教育影响，促使受教育者产生内在的思想矛盾运动"②。从思想政治教育的过程来看，必须深刻了解思想道德素质形成发展的过程（包括施教和受教过程），准确把握思想政治教育过程中的主要矛盾，"要遵循思想政治工作规律，遵循教书育人规律，遵循学生成长规律"③，具体开展施教过程。这一过程主要包括收集、分析思想信息，指定思想政治教育的方案，并实施和评估。其根本任务是在思想政治教育过程中促使受教育者将教育者传授的教育内容内化于心、外化于行，使自己的思想道德素质不断符合社会要求。

---

① 沈壮海. 新编思想政治教育学原理［M］. 北京：中国人民大学出版社，2022：158.
② 张耀灿，郑永廷，吴潜涛，等. 现代思想政治教育学［M］. 北京：人民出版社，2006：324.
③ 习近平. 习近平谈治国理政：第二卷［M］. 北京：外文出版社，2017：378.

第二，思想政治教育环境论。思想政治教育环境论回答了教育与环境之间的关系。思想政治教育环境"是思想政治教育系统的外部条件，是人的思想品德形成和发展的客观基础"①。思想政治教育环境的类型因角度不同而有所不同。按照影响范围划分，可分为宏观和微观环境。二者互相结合，共同影响着人的思想与行为。宏观环境主要指占统治地位的经济、政治、文化和大众传播媒介；微观环境主要指家庭环境、学校环境、社会工作组织环境等。按照内容划分，可分为社会物质环境和精神环境。"社会物质环境是指在人类社会生活中影响思想政治教育的各种物质因素的总和，包括自然界中的属人环境、社会中的经济环境等。精神环境是指影响思想政治教育各种精神因素的总和。"② 按照形态划分，思想政治教育环境可以分为现实环境与虚拟环境；根据性质可划分为积极环境与消极环境。围绕思想政治教育，环境的发展状况对于人的思想政治素质具有一定的导向性，也可以直接作用于人的感官加以情绪、形象和群体感染，约束规范人的行为，并通过环境刺激来强化人们的主观认识。思想政治教育环境的重要意义在于其所具有的导向、感染和强化的功能。而且这些功能是相互作用和表现的。同时，思想政治教育环境也是思想政治教育的重要内容，具有复杂、多维和开放的特点，必须用系统的眼光来提高思想政治教育的效果。思想政治教育环境的系统性决定了思想政治教育建设的系统性。只有实现思想政治教育内部各要素之间的最佳组合，多管齐下，才能提高教育的效果。因此，思想政治教育环境不仅仅是教育活动的条件，也是进行思想政治教育的内容。优化环境必然成为思想政治教育的一项重要工作。

三、理论传承：中国传统"和而不同"思想

"和而不同"语出《论语》"君子和而不同，小人同而不和"。千百年来，这一思想深深地渗入中国人的文化心理结构之中，一直被奉为中国传统的君子处世之道。

在中国儒学中，"和，谐也"（《广雅·释诂》）。它之所以成为中国传统

---

① 张耀灿，郑永廷，吴潜涛，等. 现代思想政治教育学［M］. 北京：人民出版社，2006：294.

② 张耀灿，郑永廷，吴潜涛，等. 现代思想政治教育学［M］. 北京：人民出版社，2006：297.

文化的核心理念，正在于传统儒学所信奉的"和为贵"理念。从字面上看，"和"就是和谐、协调。《说文解字》对其解释为："和，相应也。从口，禾声。"① 意指对众声的应和。"和"表现为人与自然、人与社会、人与人之间的和谐及人的身心和谐。例如，《荀子·天论》"万物各得其和以生，各得其养以成"，此处的"和"强调万物之间的和谐。《荀子·王制》"故义以分则和，和则一，一则多力，多力则强，强则胜物"，这里的"和"强调人与人之间多样化矛盾发生之后所达成的一致并形成和谐的状态。《礼记·中庸》"喜怒哀乐之未发谓之中，发而皆中节谓之和"，其中的"和"注重人的自我情绪的协调。《管子·内业》"彼心之情，利以安宁，勿烦勿乱，和乃自成"，则强调人所具有的和谐的心理。"和"也透露出古人对声乐和谐的要求。《礼记·乐记》曾提及，"乐者天地之和也"。北宋周敦颐也说，"乐，和也。阴阳理而后和，君君、臣臣、父父、子子、兄兄、弟弟、夫夫、妇妇，万物各得其理然后和，故礼先而乐后"②，他强调"和"的含义不仅仅在于乐的和谐，更在于人与人、人与万物的和谐。由此可知，"和"本身蕴含着的"和谐"是不同要素彼此之间的协调，即它承认万物的多样性，同时又力图通过协调实现和谐统一。

"同"与"和"相对。所谓"道不同，不相为谋"（《论语·卫灵公》）。《国语·郑语》中，史伯说"夫和实生物"；"和"能使万物生成，而"以同裨同，尽乃弃矣"，导致"同则不继"。意即相同事物之间无法产生新的事物，只会让事物无法存续，不同之物和合才会产生新的事物。晏婴则以汤为喻形象地说明了"和而不同"思想。《左传·昭公二十年》中记载，晏婴认为，如果汤只需增加相同的成分，则无法食用，"若以水济水，谁能食之？同之不可也如是"；而美羹则在于"济其不及，以泄其过"，"五味"相和之故。所以，"和而不同"承认人与人之间的不同、承认冲突与矛盾，同时又强调在多样性之中寻求一种和谐之美，"也体现了中国古代的民主精神，以及互相尊重的平等精神"③。所以说，传统的中国儒家思想并不排斥不同思想存在。"和而不同"，承认彼此的差异性，寻求"兼容并包"之势，这也是中国古代

① 汤可敬. 说文解字：一 [M]. 北京：中华书局，2018：276.
② [清] 方宗诚. 周子通书讲义 1 卷·礼乐第十三.
③ 周桂钿. 君子和而不同 [N]. 光明日报，2016-01-21（3）.

"独尊"儒家以后，其他不同学说依然可以保留并传承的原因。而这样一种传统的思想在悠悠的历史长河中也逐渐内化为中国人的文化心理结构，成为人们为人处世的原则，构成了健康社会心态的平和之源。也正因此，在历史的传承发展中，中华民族形成了多元一体，兼顾不同民族、文化与宗教的共同体。而"只有在共同体中，个人才能获得其全面发展其才能的手段"①。

到了今天，随着现代社会的发展，"和而不同"的思想依然发挥着重要而积极的作用。它既是现代社会公共生活空间中行为主体应有的品质，也是不同行为主体包括个人与不同集团组织应秉承的处事原则。也就是说，同处于公共生活空间的行为主体，尽管拥有不同价值观念和利益要求，但是，他们都同属于命运共同体，都应该坚持"和而不同"的思想理念，在尊重彼此自由平等的基础上，来解决行为主体之间的矛盾与冲突，实现公共利益基础上的和谐发展和人的全面发展。

四、理论借鉴：罗尔斯公共理性思想

罗尔斯是公共理性思想的集大成者。面临现代多元化的社会，罗尔斯意识到，理性多元论的事实对所谓实践上的可能性构成了限制②，现代民主社会"具有一种互不相容然而却又合乎理性的诸整全性学说之多元化特征。这些学说中的任何一种都不能得到公民的普遍认肯。任何人也不应期待在可预见的将来，它们中的某一种学说，或某些其他合乎理性的学说，将会得到全体公民或几乎所有公民的认肯"③。罗尔斯希冀在独立于各种整全性学说之外，建构公共理性使其成为公平合作系统的社会理念；作为秩序良好的社会理念，公共理性寻求一种理性的共识，即重叠共识，来引导公民在公共生活中交往和交流，完成社会合作，实现公平和正义之行动。

尽管罗尔斯的公共理性目标指向社会基本结构的正义问题，主要关涉政治观念，但是，早期罗尔斯也给出了公共理性在道德上的意义。他认为，公共理性"是一种植根于其成员能力的理智能力和道德能力"④，目标是公共

---

① 中共中央马克思恩格斯列宁斯大林著作编译局．马克思恩格斯文集：第1卷［M］．北京：人民出版社，2009：601．
② 罗尔斯．作为公平的正义［M］．姚大志，译．北京：中国社会科学出版社，2011：11．
③ 罗尔斯．政治自由主义［M］．万俊人，译．南京：译林出版社，2011：4．
④ 罗尔斯．政治自由主义［M］．万俊人，译．南京：译林出版社，2011：196．

善，规定了公共生活空间基本的道德和政治价值。因其根本目的在于构建秩序良好的社会合作系统，罗尔斯的公共理性思想在多元化社会给了我们可供借鉴的空间。

第一，以行为主体之间平等而自由的相互性准则为前提。罗尔斯认为，相互性准则指的是，"当那些条件被当做最合乎情理的公平合作条件而提出之后，提出这些条件的人必须也认为其他人——他们也是自由而平等的，而不是被支配或被操控的，或处于面对更低的政治或社会地位的压力之下的公民——接受这些条件至少是合乎情理的"①。这是行为主体在社会合作中的地位要求。它不是哲学本体论的阐释，而是从公民相互合作时所具有的共同视角出发，本着尊重彼此的平等而自由的地位的原则，践行公共理性思想，实现社会交往合作。

第二，将"公共善"作为目标，提供了一种合作的方式。"只要是涉及民主社会中公共善问题的讨论，都必须受到公共理性的引导和限制。"② 公共理性思想超越个人狭隘的主见，从公共生活空间的公共价值出发，承载正义问题的公共善，打开公众公共性的视野，为多元价值学说的公民与社会团体提供了合作的方式。否则，没有公共善的讨论和社会合作的追寻，公共生活空间是不可能真正建构公共理性的。在社会主义社会，公共善的根本出发点便是人民的根本利益，是我们在公共生活空间所应具有的精神气质与合作方式。

第三，注重公民参与社会合作的理性能力。理性能力是理性地判断、思索与推理的能力。"理性乃是作为公平合作系统之社会理念的一个要素。"③参与社会合作的公民必然是具有理性的人。"通过理性，我们才作为平等的人进入了他人的公共世界，并准备对他们提出或接受各种公平的合作条款。"④与之相对，"当人们打算介入合作图式却又不愿意尊重，甚至不愿意提出任何具体规定公平合作条款的普遍原则或标准（一种必要的公共托词除外）时，他们在同一方面就是不理性的"⑤。同时，公民也具有合理性。合理"适用于

---

① 罗尔斯. 公共理性理念新探 [M]. 谭安奎，译//谭安奎. 公共理性. 杭州：浙江大学出版社，2011：124-125.
② 钟英法. 罗尔斯公共理性思想研究 [M]. 成都：巴蜀书社，2012，40.
③ 罗尔斯. 政治自由主义 [M]. 万俊人，译. 南京：译林出版社，2011：45.
④ 罗尔斯. 政治自由主义 [M]. 万俊人，译. 南京：译林出版社，2011：49.
⑤ 罗尔斯. 政治自由主义 [M]. 万俊人，译. 南京：译林出版社，2011：46.

单个的主体和联合的行为主体，该主体在追求目的时具有其判断能力和慎思能力，也具有他自己特殊的利益所在"①。这是无法否认的事实。合理的行为主体所缺乏的是道德敏感性，而这种道德敏感性与正义感相连。"当合理的行为主体只对他们自己的利益感兴趣时，他们便临近精神病态了。"② 因此，理性能力的拥有者是因其所具有的公共性而得以约束合理性的行为主体，不以自我为中心、按照公平合作项目采取行动的力量。

第四，公民参与社会合作的道德能力。道德能力包括正义感能力和善观念的能力。正义感能力是"理解、运用和践行代表社会公平合作条款之特征的公共正义观念的能力"③，它是在社会合作体系中被人们认可与信赖的一种能力，是良序社会公民的基础。善观念的能力，是"形成、修正和合理追求一种人的合理利益或善观念的能力"④，是对自我道德价值的反思。两种能力"表达了两种不同的认同方向。正义感表达了政治认同或公共认同，善观念表达了道德认同或非制度认同"⑤。"作为自由个人的公共认同，也不会受到他们的决定性善观念变化的影响。"⑥ 而"这两种承诺和依恋情感——政治的与非政治——具体规定了道德认同，并塑造着一个的生活方式，即塑造着一个人看待他自身在社会世界做什么和努力实现什么的方式"⑦，为我们指明方向。亦即正义感是在善观念的基础上独立于善观念之外的观念。故而，正义感所表达的公共认同基于善观念，同时又优先于善观念所表达的道德认同，确保行为主体能有效充分地公开运用公共理性。在罗尔斯看来，认同的目标是重叠共识。共识的目标即政治的正义观念，它本身就是一个道德观念。⑧"它即包含着社会的观念和作为个人的公民观念，也包括正义的关注和对政治美德的解释，通过这种解释，那些正义的原则便具体体现在人的品格之中，表现在人们的公共生活中。"⑨

① 罗尔斯. 政治自由主义 [M]. 万俊人，译. 南京：译林出版社，2011：46.
② 罗尔斯. 政治自由主义 [M]. 万俊人，译. 南京：译林出版社，2011：47.
③ 罗尔斯. 政治自由主义 [M]. 万俊人，译. 南京：译林出版社，2011：17.
④ 罗尔斯. 政治自由主义 [M]. 万俊人，译. 南京：译林出版社，2011：17.
⑤ 唐克军. 比较思想政治教育学 [M]. 武汉：华中师范大学出版社，2010：26.
⑥ 罗尔斯. 政治自由主义 [M]. 万俊人，译. 南京：译林出版社，2011：27.
⑦ 罗尔斯. 政治自由主义 [M]. 万俊人，译. 南京：译林出版社，2011：28.
⑧ 罗尔斯. 政治自由主义 [M]. 万俊人，译. 南京：译林出版社，2011：136.
⑨ 罗尔斯. 政治自由主义 [M]. 万俊人，译. 南京：译林出版社，2011：136.

第三章

基本遵循：公共理性视域下引导社会心态的主要目标与原则方法

"教育的方法和目的是与环境相适应的。"① 作为一种教育活动，社会心态的引导目标与方法相应地同社会与人的发展相适应。我们不仅要提出引导社会心态的目标任务，而且必须"要解决完成任务的方法问题"②。公共理性视域下引导社会心态的目标，为引导活动指明方向，是明确引导任务的工具和手段，规定着一定时期主要的引导内容。引导社会心态的原则和方法则在社会心态引导目标的规定下，对引导内容的有效实施起着一定的指导与促进作用。因此，研究公共理性视域下社会心态及其引导问题，必须深入分析和研究其目标、原则和方法，这是做好引导工作的一个基本前提。本章从目标确立、原则遵从和方法运用三方面探讨了公共理性视域下引导社会心态的基本遵循问题。

第一节 公共理性视域下引导社会心态的主要目标

社会心态的引导，实质上是一种教育实践活动。"人类的实践活动是在自觉的有目的的思想指导下进行的，不管是群体还是个体，在做某件事以前，一般都要先确立自己的奋斗目标。"③ 确立社会心态的引导目标是保证引导教育活动有的放矢、顺利进行并卓有成效的必备条件。事先没有确立明确的目标，引导活动就会陷入盲目的旋涡之中，而无法采取有效措施加以实施，反而起不到良好的引导效果。只有确立了明确的目标才能激起斗志，凝聚力量，

---

① 赵祥麟，王承旭. 杜威教育论著选 [M]. 上海：华东师范大学出版社，1981：378.
② 毛泽东选集：第一卷 [M]. 北京：人民出版社，1991：139.
③ 苏振芳. 思想政治教育学 [M]. 北京：社会科学文献出版社，2006：178.

引导行为主体朝着共同的目标努力，提高引导活动的自觉性与有效性。因此，公共理性视域下引导社会心态的目标是人们在引导活动之前就确立的希望达到的教育结果，是开展引导活动必不可少的一个环节，是引导活动的出发点与落脚点。

一、统一认知

自我的知识与他人（与自我相关）的知识相连，每一个连接点都体现了自我—他人关系①，这意味着统一认知具有可能性。认知多元化是社会化过程的一个基本事实。社会化过程伴随着人的社会认知的发展。受不同价值观、不同情境的影响，人们在公共生活空间具有不同的社会认知，代表了人们在不同情境中对他人或团体等客观事物具有的不同的价值认识和判断。很明显，多元认知是多元价值社会的产物，并不利于社会合作与社会关系发展。在公共生活空间，多元价值观并存的事实无法统一人们的认知。当公共生活空间没有明确的共享的价值理念标准时，处于深刻社会变化中的行为主体往往"会通过与他人分享社会标准形成的过程，从而创造和保持对意义或现实的体验，增加稳定感"②。而相对一致的认知则容易汇聚成一定群体性的共同认知，有利于人们达成一定共识。当人们对某一事件或现实认知度不断提升，并达到一定高度时，就很容易产生高度一致的社会价值观和相应的社会行为。社会价值观和社会行为又反过来对社会认知和社会情绪产生重要影响。

公共生活空间"自尊自信"是统一认知的基础。我们对自我的评价是认知的关键，因为我们如何思考自己很大程度上受到他人如何谈论我们和对待我们的影响。③ 高自尊的人充分信任自己的能力，表现出自信。相反，低自尊的人则怀疑自己的能力，表现出不自信。而人们总是想认同或从属于一个高自尊的社会或群体。公共理性将"自尊"作为调整公共生活空间行为主体之间关系的标准，强调对自我善和自我能力的"自信"。这是公共生活空间行为主体普遍应具有的品质基础。而一旦公共生活空间共同的评价标准得以明确，

① ANDERSEN S M, CHEN S. The Relational Self: An Interpersonal Social-Cognitive Theory [J]. Psychological Review, 2002, 109 (4): 619-645.

② 杨宜音，王俊秀，等. 当代中国社会心态研究 [M]. 北京：社会科学文献出版社，2013：15-17.

③ 郑全全. 社会认知心理学 [M]. 杭州：浙江教育出版社，2008：5.

人们就很容易在认知过程中调动内在的共同性来达成认知的统一。这是统一认知的基础，也是我们必须在社会主义社会不断坚定"四个自信"和"五个认同"的原因。

核心价值观是统一认知的核心。从社会心理学角度，价值观构成了认知的深层结构。多元价值观决定多元认知，使我们的社会不可避免地面临着一定的争执和冲突。公共生活空间呼唤统一的认知。而统一认知的核心便是整个社会普遍认可、共享的核心价值观。核心价值观作为共享的符号系统，是社会认同的重要根据，它必然基于多元价值观基础上行为主体共同认可的价值理念，属于公共价值，决定着人们认知及认知程度。以核心价值观来统领人们的不同认知，能够形成统一判断，对事物做出合理归因与解释，进而凝聚统一力量、促进社会发展。

二、疏导社会情绪

"社会心态理论中的社会情绪是指一定社会环境下某一群体或某些群体或整个社会多数人所共享的情绪体验。"[1] 情绪、情感及其他情绪性事件的核心是感觉到好或坏的过程，影响着认知和行为。[2] 他们之间具有共性，而且是行为主体之间互动的结果，也是社会现实的反映。

情绪的动力功能，决定了我们必须疏导社会情绪使之走向理性。正向的社会情绪激励行为主体释放出积极情感体验，推动人们对他人或社会做出积极反应和互动。这种积极反应和互动，释放出一种理性、和谐的人际交往信号，使人们通过追求积极行为获得愉悦的情绪体验来回避某些导致消极情绪体验的行为。从行为主体内部角度来看，消极、愤怒等非理性情绪带来表情和身体上的反应，使人们根据情绪体验的愉悦与否来辨别自己和他人情绪，获知认知信息，进而调整自我行为的配合度。从行为主体之间的互动来看，消极、愤怒等非理性情绪容易导致攻击行为，社会负向情绪的积累可能对社会产生破坏性影响[3]。这也意味着我们需要时刻把握情绪所释放出的信号，特

---

① 王俊秀. 社会心态理论：一种宏观社会心理学范式 [M]. 北京：社会科学文献出版社，2014：147.

② RUSSEL J A. Core affect and the psychological construction of emotion [J]. Psychological Review, 2003, 110 (1)：145-172.

③ 王俊秀. 当前社会心态的新变化 [N]. 北京日报，2015-11-30 (19).

别是防止负性情绪频频爆发积累成一定范围内的社会情绪，这种社会情绪往往容易引发非理性行为。故而，情绪的动力功能决定了我们必须回避消极情绪带来的消极影响，在公共生活空间积极疏导社会情绪，使情绪走向理性。

情绪的团结功能，意味着情绪是一种黏合剂，同样决定了我们必须疏导社会情绪使之走向理性。社会情绪可以将一定社会范围内一定群体或整个社会团结起来。正向的、理性的社会情绪是一种公共文化的承诺。团结功能的发挥有助于凝聚前进力量。但是，情绪作为黏合剂，也有消极的一面，也可能会因为其黏合作用而导致人与人之间、群体与群体之间的疏离。无论是社会性的焦虑，还是社会性的怨恨、冷漠等情绪，都是弥漫在公共生活空间的非理性情绪氛围，遇到某一事件激发或者成为导火索，就极有可能引发非理性社会公共事件。换言之，正向的、理性的情绪能提高人们的团结感，并增加行为主体之间的奖励。反之，负向的、消极的情绪则抑制群体之间或社会之间的合作，增加疏离感，也降低了公共生活空间彼此的承诺，不利于公共生活空间合作发展。

三、避免冲突行为

群体极化效应决定了公共生活空间必须避免冲突行为，走向平和的社会心态。社会心态中的社会行为注重的是大多数行为主体的行为。"许多时候，一群人最终考虑和做的事情是群体成员在单独的情况下本来绝不会考虑和做的。"[1] 当人们决策或采取行动时，相比个人行为，群体往往更冒险或更保守，呈现群体极化效应。从积极效应来看，"群体极化能促进群体意见统一，增强群体内聚力并形成群体较为一致的行为"[2]，而且这种意见统一不是偏激或者极端的，应该是具有公共生活空间合作性质的意见统一。因为公共生活空间提倡具有合作性的社会行为。很显然，冲突行为走向社会合作的反面。从消极方面来看，群体极化"能使错误的判断和决定更趋极端。群体极化更

---

[1] 桑斯坦. 极端的人群：群体行为的心理学 [M]. 尹宏毅，郭彬彬，译. 北京：新华出版社，2010：2-3.

[2] 杨宜音，王俊秀，等. 当代中国社会心态研究 [M]. 北京：社会科学文献出版社，2013：57.

容易在一个具有强烈群体意识的群体内发生"①。因此，群体极化可能带来的消极后果，使得我们必须避免行为层面的冲突，使社会心态走向平和。

从事物内部来看，避免冲突行为，走向平和社会心态，不是消极地应对冲突，而是主动出击予以化解。"社会冲突是社会主体之间由于需要、利益、价值观念的差别和对立而引起的相互反对的社会互动行为，是社会运行中的普遍现象。"② 冲突作为事物之间相互作用的结果，意味着其本身是万事万物发展的内驱力。避免冲突行为不是堵塞式的避免，而是疏导式的避免行为。通过对社会认知、社会情绪、社会价值观、社会行为等关涉社会心态因素的深入把握，分析可能发生的冲突行为，或通过冲突行为本身探究行为背后的需求、利益与价值观念，以促进根本矛盾的解决来避免冲突的发生或再发生。由于社会处于发展变化之中，主动地避免冲突行为的方式也必须处于不断发展变化中。这是一种理性平和的解决方式。

从事物外部来看，避免冲突行为，走向平和社会心态，是行为主体之间在处理矛盾冲突时的积极应对策略。冲突是事物之间发生的抵触或矛盾，具有一定的对立性。社会冲突因其处于群体之中，相比个人，群体更容易在聚众中相信谣言，一旦不安情绪增强，群体内部或群体之间开始互相感染，反而产生比个体更大能量的极端的非理性行为，给社会带来一定破坏力。而一旦矛盾一方消失，或者说矛盾一方采取了积极向上的行为来积极应对矛盾，冲突便会暂时性地避免。而根本的避免必须基于双方积极的态度与化解矛盾的主动策略。

四、共享公共理性理念

公共理性理念是多元价值社会的需求，其在公共生活空间具有强大的生命力，决定了行为主体必须共享公共理性理念。多元价值社会，在相互冲突的整全性学说之间需要共同认可的价值理念来予以整合多元价值观、凝聚公共生活空间的共识，实现社会合作维护社会秩序。公共理性适应这一需求，

---

① 杨宜音，王俊秀，等. 当代中国社会心态研究［M］. 北京：社会科学文献出版社，2013：57.

② 王文晶，高洋. 社会冲突的根源与功能探讨［J］. 长春理工大学学报（社会科学版），2006（3）：12-15.

在公共生活空间架构起共同遵守的规范。它不仅是秩序良好社会的期盼，为公共生活空间行为主体合作提供了普遍的价值理念，也是多元社会的理想。它构成了公共生活空间所必需的人的品质。同时，社会主义本质理论决定了公共理性的理论品格。社会主义本质理论是对于"什么是社会主义，怎样建设社会主义"的解答，并在社会主义发展实践中，决定着在社会主义的公共生活空间内，公共理性应具有的独特品格。而"社会主义核心价值观阐明社会主义本质理论的价值要求"①，回答了国家、社会和公民三个层面应具有的价值观理想，在全社会居于主导地位，必然地决定了我国的公共理性是核心价值观影响下的公共理性。

公共理性在公共生活空间的共识作用，决定了必须共享公共理性理念。"一种合乎理性的完备性学说无法确保社会统一的基础。"② 在公共生活空间，公共理性力图搭建确保社会统一的基础。因为"如果不是通过信念和价值观将人们凝聚在一起，生活将分崩离析"③。公共理性视域下引导社会心态，是在公共生活空间背景下，以公共理性规约社会心态。而公共理性的吸引力在于承认行为主体多元整全性学说、在平等自由基础上追求公共利益，而这恰恰是作为社会性的人对社会合作与公共利益的必然追求。同时，"公民对公共理性之理想的认肯，不是把它作为一种政治妥协的结果，也不是把它作为临时协定，而是从他们自己合乎理性的学说内部出发的"④。这种认肯，源于公共理性所具有的共识作用。它督促行为主体相互解释他们的行为，并在公共利益之下做出判断与行动。其共识作用的发挥在于，通过提升人们的公共生活空间素质，生成内在动力凝聚公共生活空间的共识，从而形成人们共同遵循的规范。其最终目的是，希冀公共生活空间行为主体同向发力，汇聚起"自尊自信、理性平和、积极向上"的健康社会心态，实现其在公民、社会和国家层面的价值意义。

---

① 柳礼泉，汤素娥. 社会主义核心价值观生命力的内构特征与外部呈现 [J]. 伦理学研究，2016 (6)：1-5.
② 罗尔斯. 政治自由主义 [M]. 万俊人，译. 南京：译林出版社，2011：123.
③ 王俊秀. 社会心态理论：一种宏观社会心理学范式 [M]. 北京：社会科学文献出版社，2014：81.
④ 罗尔斯. 政治自由主义 [M]. 万俊人，译. 南京：译林出版社，2011：201.

第二节　公共理性视域下引导社会心态的基本原则

原则是指导人们的认识、思想、言论和行为的规定或准则，是在对客观事物及其规律正确认识的基础上，把这种认识与人的进一步的认识活动、实践活动联系起来，使其成为人们认识和实践的指导性准则和方法。① "一种原则一旦被运用，它就会自行地贯穿在它的一切结果中。"② 同时，"不是自然界和人类去适应原则，而是原则只有在适合自然界和历史的情况下才是正确的"③。社会心态的引导问题是思想政治教育的一个重要问题。公共理性视域下引导社会心态的原则是在正确认识社会心态的基础上，适应社会发展并对社会心态的引导活动发挥指导作用的准则；各种原则彼此之间相互联系、相互作用，是贯穿引导活动全过程并始终必须遵循的基本准则。引导过程必须坚持方向性原则、主体性原则、求实性原则。

一、坚持方向性原则

方向是前进的目标与道路选择。方向性原则，指引导活动始终要与社会发展方向相一致，坚持正确的政治方向。它是一切思想政治教育的根本原则，起着明显的统领作用。我国社会主义国家的性质，决定了公共理性视域下引导社会心态的方向性原则，就是坚持社会主义和共产主义方向，坚持与党的中心任务、宗旨保持一致。党的远大理想是共产主义，近期的目标则是习近平总书记在党的二十大报告中指出的，"从现在起，中国共产党的中心任务就是团结带领全国各族人民全面建成社会主义现代化强国、实现第二个百年奋斗目标，以中国式现代化全面推进中华民族伟大复兴"④。党的宗旨是全心全

---

① 刘建明. 宣传舆论学大辞典 [M]. 北京：经济日报出版社，1993：555.
② 中共中央马克思恩格斯列宁斯大林著作编译局. 马克思恩格斯文集：第 1 卷 [M]. 北京：人民出版社，2009：63.
③ 中共中央马克思恩格斯列宁斯大林著作编译局. 马克思恩格斯文集：第 9 卷 [M]. 北京：人民出版社，2009：38.
④ 习近平. 高举中国特色社会主义伟大旗帜　为全面建设社会主义现代化国家而团结奋斗：在中国共产党第二十次全国代表大会上的报告 [M]. 北京：人民出版社，2022：21.

意为人民服务。这些目标和宗旨充分反映了我国社会发展的方向。引导教育活动的方向性原则必须以我国社会发展的根本要求为准则，引导人们在公共生活空间的情绪和行为表达与社会发展目标相联系，不断调整社会心态，形成健康社会心态，为社会发展凝聚共识，促进社会发展目标的实现。这是由公共理性视域下引导社会心态的根本任务和党的纲领宗旨所决定的。

首先，方向性原则是由公共理性视域下引导社会心态的根本任务所决定的。社会心态的引导工作是建立在生产资料公有制和人民民主专政基础上的教育活动，其根本任务是服务于社会主义的经济基础和上层建筑，并具有一定的反作用。"教育在它最广的意义上就是这种生活的社会延续。"① 作为一项教育活动，公共理性视域下引导社会心态的根本任务，决定了在引导过程中必须坚持社会主义方向。

其次，方向性原则是由中国共产党的纲领与宗旨所决定的。"理论在一个国家实现的程度，总是决定于理论满足这个国家的需要的程度。"② 我们党是社会主义事业的领导核心，其最高理想和最终目标是实现共产主义，根本宗旨是全心全意为人民服务。无论是党的纲领还是宗旨，人民的立场和人的全面发展都始终是其关注的焦点。正是这样的坚守和初心，决定了公共理性视域下引导社会心态必须坚持共产主义方向，坚持为人民服务的方向。

"方向决定道路，道路决定命运。"③ 只有坚持方向性原则，才能牢牢把握社会主义和共产主义方向，为实现中华民族伟大复兴保驾护航。邓小平强调，不讲社会主义，这就忘记了事物的本质，也就离开了中国的发展道路，这样，关系就大了，在这个问题上不能让步。④ 只有坚持方向性原则，才能在引导过程中真正以马克思主义的科学世界观作为指导，站稳立场不动摇，减少盲目性，将代表人民群众根本利益的马克思主义理论运用于实践之中，增强引导者的自觉性与政治性，使其真正沿着社会主义方向前进。只有坚持方

① 杜威. 民主主义与教育 [M]. 王承绪，译. 北京：人民教育出版社，2001：7.

② 中共中央马克思恩格斯列宁斯大林著作编译局. 马克思恩格斯文集：第1卷 [M]. 北京：人民出版社，2009：12.

③ 习近平总书记在十八届中共中央政治局第二次集体学习时的讲话（2012年12月31日）[M] //中共中央文献研究室. 习近平关于全面深化改革论述摘编. 北京：中央文献出版社，2014：14.

④ 邓小平文选：第三卷 [M]. 北京：人民出版社，1993：204.

向性原则，才能更好地将人们的思想和行动统一于社会共同发展的目标中，形成方向一致、协同着力的合力，最终促进人的全面发展。

二、坚持主体性原则

综合思想政治教育全过程涉及的层次内容和社会心态内部要素之间的关系，主体性原则构成了公共理性视域下引导社会心态的基本原则。坚持主体性原则是指在引导实践中，充分尊重引导对象的主体地位，充分发挥引导者的主体性、充分发展引导对象的自我教育能力。

首先，从人的主体存在理解主体性原则。在人和世界关系中，人是活动的主体，具有主观能动性，起着主导的作用。同时，人也是自然界和社会活动的一部分，属于客体，具有受动性。但是，"主体也始终是意识或自我意识"①，表现为，人尽管是客体，但在适应自然界和社会生活的过程中，"目的仍然是提高人的主体能力，巩固人的主体地位和增强人的主体性"②。即人的客体属性始终伴随着自我意识的主体性觉醒，具有自我教育倾向。因此，人是集于主体与客体于一身的主体所在。

其次，从人在实践中的地位理解主体性原则。马克思坦言，"从前的一切唯物主义（包括费尔巴哈的唯物主义）的主要缺点是：对对象、现实、感性，只是从客体的或者直观的形式去理解，而不是把它们当作感性的人的活动，当作实践去理解，不是从主体方面去理解"③。由此可知，感性的人的活动是对象性的实践活动，人是实践的主体，具有主观能动性，在实践活动中处于主导地位。同时，"人也应该在实践中证明自己思维的真理性"④，而思维的真理性本身就是一个实践问题，是在实践中生成的人自我生存与发展的需要，由实践决定和制约，实践也因此拥有了一定的目的性。因此，人作为实践的主体，本身的发展构成了实践目的所在，也成为实践的客体。

---

① 中共中央马克思恩格斯列宁斯大林著作编译局. 马克思恩格斯文集：第 1 卷 [M]. 北京：人民出版社，2009：204.
② 袁贵仁. 马克思主义人学理论研究 [M]. 北京：北京师范大学出版社，2012：294.
③ 中共中央马克思恩格斯列宁斯大林著作编译局. 马克思恩格斯文集：第 1 卷 [M]. 北京：人民出版社，2009：499.
④ 中共中央马克思恩格斯列宁斯大林著作编译局. 马克思恩格斯文集：第 1 卷 [M]. 北京：人民出版社，2009：500.

最后，从主客体之间的内在关系理解主体性原则。引导的过程是引导者与引导对象之间相互交流与沟通的活动。引导目标的实现得益于引导者的主导作用和引导对象的能动作用之间相辅相成，最终通过引导对象自我内部思想矛盾运动得以达成。而值得注意的是，主客体之间在某种条件之下也会身份互换，相互联系、相互影响，构成主体间性。

这些都要求我们，在公共理性视域下引导社会心态必须始终坚持主体性原则，把握好这一基本原则，保证社会心态引导工作的科学性与有效性的统一。应努力做到以下三方面的内容。

第一，坚持自由而平等基础上的相互性标准，在包容、尊重、开放中实现有效引导。无论是引导者还是引导对象，在引导实践中都充分发挥自己的主观能动性，促成了引导目标的实现。因为无论是引导者主导作用发挥，还是引导对象自我内在思想矛盾运动过程，都是双方发挥主观能动性的结果。拥有整全性学说的人们在公共生活空间"频频干涉，强制推行自己的'观点'"①，谁也说服不了谁。在这样的情境下，以粗暴简单的方式拒绝或压制他者都不利于情绪表达和矛盾解决。在包容、尊重和开放之中，行为主体相互之间必须承认并尊重彼此自由而平等的身份。特别是引导者必须充分尊重人民群众的主体地位，保障人民群众的民主权利，使得引导对象的个性得到充分自由的发展。也就是说，教育的过程是相互尊重的过程，只有当彼此之间真诚地尊重彼此的自由和平等地位，引导者才可以充分理解并接受引导对象的需求满足、认知、情绪和行为等内在思想矛盾运动过程，才能正确地制定引导策略，发挥主导作用，从而积极而有效地引导社会心态；引导对象才可以积极接纳引导者提供的引导内容与实践活动，充分理解并接受引导策略，形成共同的策略基础，促成自我内在思想发展，最终实现引导目标。

第二，明确引导者的主体性，积极发挥其主导作用，实现善的德性与能力的统一。引导者是整个引导活动的组织者与实施者，其主导作用力量的发挥，在于引导者的主体性。这是引导活动主导作用有效发挥的基本条件。"思想政治教育者的本质力量，也就是思想政治教育者的主体性。"② 明确引导者的主体性便是对思想政治教育者本质力量的深刻认识。引导者主体力量的充

---

① 加塞特. 大众的反叛 [M]. 刘训练，佟德志，译. 广州：广东人民出版社，2012：86.
② 沈壮海. 思想政治教育有效性研究 [M]. 2版. 武汉：武汉大学出版社，2008：63.

分发挥，决定了引导对象能否被充分认识和引导，也决定了教育内容是否合乎引导对象的规律、引导教育过程能否有效推进。而这样一种主体性的核心在于促使引导者成为"真正的教育者"。即引导者有效开展引导活动"必须具备的特定意识和素质"①，包括主体意识和主体素质。其中，主体意识是引导者对于自我身份与责任、使命等主体地位和主导作用的清醒认识和自觉驱动力。主体素质是引导者为实现自身主体性功能发挥而必须具备的一系列综合素质，包括政治、人格、理论与能力素质。引导者所具有的主体意识和主体素质，是引导者善的德性与能力的统一。这是取信于引导对象，产生正面的引导作用的重要保证。在实践活动中，引导者在引导过程中主导作用发挥得越好，就越能够充分调动引导对象的主体能动性；引导者也在引导实践过程中提高了自我主体意识和主体素质。

第三，提高引导对象的自我教育主动性与自我教育能力，发挥主体作用，为引导目标的认同奠定恰当的基础。虽然引导者的主体地位和主导作用不容忽视，但是，引导目标的最终完成，需要引导对象内在的思想矛盾运动才能实现。即引导者的主导作用要不断地转化为引导对象的主体作用，引导过程才得以完成。"人的教育就是激发和教导作为一种自我觉醒中的、具有思想和理智的生物的人有意识地和自觉地、完美无缺地表现内在的法则，即上帝精神，并指明达到这一目的的途径和手段。"② 故而，在教育引导过程中，"授人以鱼不如授人以渔"，不断增强引导对象的自我教育自觉性和积极性，并在实践中提高知识储备，不断提高他们的自我教育能力；引导客体不断正确地认识自我、合理地评价自我、提升自我克制和自我监督的能力，达到自觉规范自我言行、协调自我的目的，促使社会心态内部核心要素平衡发展。这是主体性原则的核心部分。

三、坚持求实性原则

列宁曾概括，事实是我们政策的基础。③ 求实性原则必须以客观事实为依据，尊重客观规律，探究客观规律。毛泽东谈及："我们要从国内外、省内

---

① 沈壮海. 思想政治教育有效性研究［M］. 2版. 武汉：武汉大学出版社，2008：64.
② 福禄培尔. 人的教育［M］//单中惠，朱镜人. 外国教育经典解读. 上海：上海教育出版社，2004：156.
③ 中共中央马克思恩格斯列宁斯大林著作编译局. 列宁全集：第25卷［M］. 北京：人民出版社，1958：266.

外、县内外、区内外的实际情况出发，从其中引出其固有的而不是臆造的规律性，即找出周围事物的内部联系，作为我们行动的向导。"① 坚持求实性原则，就是一切从实际出发，使引导目标及相关要求与社会发展的客观规律相适应，做到理论联系实际。这是马克思主义的精髓。在引导教育过程中，求实性原则是马克思主义现实性原则和实践性原则的具体体现。

首先，求实性原则是马克思主义现实性原则在引导过程中的具体体现。马克思不仅强调一切从客观实际出发，也强调了"人是特殊的个体"，是"现实的、单个的社会存在物，同样，人也是总体，是观念的总体，被思考和被感知的社会的自为的主体存在"②，"是处在一定条件下进行的、现实的、可以通过经验观察到的发展过程中的人"③。既然社会心态的主体是人，那么，引导社会心态必须从主体的人的现实性出发，以从事实际活动的人、处于社会关系中的人为出发点。一是充分尊重行为主体的个体理性的同时，必须以"源于个体理性与超越个体理性的统一"为标准。因为"理性并不导致共识和确定的真理，而是把人们引向充满分歧和不确定的世界"④，理性分歧是多元社会行为主体充分运用个体理性之后的事实。尊重个体理性这一现实的同时也必须充分尊重行为主体之间交流交往及合作的事实。超越个体理性就成为行为主体选择的必然。"源于个体理性与超越个体理性的统一"是基于公共生活空间的现实选择。二是深入了解和调查公共生活空间社会心态现状，并"按照事物的本来面目及其产生根源来理解事物"⑤。同时，根据不同的引导对象实际和社会心态进行分类引导，增强引导过程的针对性和有效性。必须遵循社会心态内在的"知情意行"相互影响力和递进规律，以循序渐进、潜移默化的方式进行引导，将社会心态的引导工作纳入经济、文化和政治环境优化之中，融入制度建设中，覆盖到人们生活的方方面面。必须与时俱进，根据现实社会的发展变化状况、引导对象社会心态的发生变化，透过现象抓

① 毛泽东选集：第三卷 [M]. 北京：人民出版社，1991：801.
② 中共中央马克思恩格斯列宁斯大林著作编译局. 马克思恩格斯文集：第 1 卷 [M]. 北京：人民出版社，2009：188.
③ 中共中央马克思恩格斯列宁斯大林著作编译局. 马克思恩格斯全集：第 3 卷 [M]. 北京：人民出版社，1960：30.
④ 谭安奎. 公共理性与民主理想 [M]. 北京：生活·读书·新知三联书店，2016：4.
⑤ 中共中央马克思恩格斯列宁斯大林著作编译局. 马克思恩格斯全集：第 3 卷 [M]. 北京：人民出版社，1960：49.

住本质，探究其运动规律，及时地调整引导内容、引导策略和引导方法，使之不断与现实情况相协调、与社会关系的人相协调。

其次，求实性原则是马克思主义实践性原则在引导过程中的具体体现。"全部社会生活在本质上是实践的。"① 人作为劳动的主体，身处于实践活动之中。要认识和引导社会心态，就必须通过人的实践及其成果来加以认识和引导。因为，"只有通过实践方式，只有借助于人的实践力量，才是可能的"②。而劳动实践"决定人的个人特质、人的思维内容，决定人的生存和发展、人的需要和价值"③。故而，在实际的引导过程中，坚持求实性原则体现在：必须深入人的社会生活的实践当中，动态了解引导对象的社会心态现状与社会生活的关联性，正确观察和处理社会心态出现的各种问题。"思想要得到实现，就要有使用实践力量的人。"④ 高谈阔论或浅尝辄止只能削弱引导工作的实效性。必须理论联系实际，掌握唯物辩证法的方法并将之贯彻到实际的引导工作中，做到主观与客观统一、认识与实践统一。

第三节　公共理性视域下引导社会心态的重要方法

"在哲学里，方法就是根据结果的已知原因来发现结果，或者根据原因的已知结果来发现原因时所采取的最便捷的道路。"⑤ 公共理性视域下引导社会心态的方法，是指导引导者在思想政治教育实践活动中实现引导目标、提高引导实效性的方法。公共生活空间的社会心态，如梦里看花般的纷繁复杂，要正确运用引导社会心态的方法，必须坚持"合情""合理""合法"引导。坚持"合情""合理""合法"引导，便是坚持健康社会心态的旨在，是遵循

① 中共中央马克思恩格斯列宁斯大林著作编译局. 马克思恩格斯文集：第1卷［M］. 北京：人民出版社，2009：505.
② 中共中央马克思恩格斯列宁斯大林著作编译局. 马克思恩格斯文集：第1卷［M］. 北京：人民出版社，2009：192.
③ 袁贵仁. 马克思主义人学理论研究［M］. 北京：北京师范大学出版社，2012：291.
④ 中共中央马克思恩格斯列宁斯大林著作编译局. 马克思恩格斯文集：第1卷［M］. 北京：人民出版社，2009：300.
⑤ 北京大学哲学系外国哲学史教研室. 十六—十八世纪西欧各国哲学［M］. 北京：商务印书馆，1975：65-66.

人的本性和全面发展，遵循社会良序的要求。

一、"合情"引导：寓教于情

"合情"引导是共情的开始。公共理性视域下"合情"引导社会心态，主要是指寓教于情的"合情"引导。具体来说，是以合乎正义的情感和人文情感渗透方式，潜移默化地引导人们的情绪和行为，达到以情动人、以情育人的效果。

"合情"引导，关键在于"情"。作为载体，"情"必然是人们共享的普遍的合乎正义的情感和人文情感，表现为对国家、社会和公民的至真至诚的道德情感、责任情感、民族与国家的认同感等。因此，"合情"引导意味着我们必须坚持做到以下三方面。

首先，必须坚持人文精神培养。这是"合情"引导方法的共情基础。人文精神是"肯定人的价值、尊严、潜力，关注人性全面发展，提升社会文化内涵的思想、精神"①，也是人类千百年来对自我的一种关注。它追问自我价值和意义、有着丰富的文化知识内容，其实质是对人的价值的关注，追求人的全面发展。这更是一个民族、一个国家和一个社会所共同拥有的情感基础。同时，"人文精神是每个人生存与发展的需要"②，是每个人孜孜不倦的追求。正是基于此，人文精神成为人们共有的情感基础。那么，引导过程必须以人为本，将引导内容寓于人们所共有的人文情感之中，才能充分调动人们的情感体验积极性，才能在承认人的价值过程中实现人的价值。只有行为主体普遍拥有共享的情感体验，才能引起情感的共鸣，寓教于情，才能以至真至诚的情感（这种情感因人文精神而拥有了被大家都为之所动的可能性基础）来教育人并引导之，最终使之发挥最大的效用。

其次，必须坚持合乎正义的情感引导。"每个人都拥有一种基于正义的不可侵犯性。"③ 而且，正义是三种善中最好的一种。④ 可以说，公平正义是道德的基础，是道德的底线。⑤ 不论是引导者还是引导对象，不论是公民个人还

---

① 朱立元. 美学大辞典 [M]. 上海：上海辞书出版社，2010：19.
② 郑永廷. 思想政治教育方法论 [M]. 北京：高等教育出版社，2010：182.
③ 罗尔斯. 正义论 [M]. 修订版. 何怀宏，何包钢，廖申白，译. 北京：中国社会科学出版社，2009：3.
④ 柏拉图. 理想国 [M]. 郭斌和，张竹明，译. 北京：商务印书馆，1986：44-45.
⑤ 徐平. 公共文明当以公共理性为内核 [N]. 辽宁日报，2015-03-27 (16).

是集团组织、政府等，只有拥有了合乎正义的情感，才会衍生出众多公共生活空间基本的公民权利与义务、责任等共同的道德人文情感追求。而这是社会中的人相互帮助、合作发展的情感所在。既然合乎正义的情感是每个人拥有的重要的情感，在社会合作与发展中具有重要的作用，那么，在引导社会心态的过程中，我们坚持合乎正义的情感引导，顺乎民情、合乎民意，符合人们基本的情感需要。

最后，我们必须坚持人文关怀的渗透。人文关怀是人文精神基础上对善的追求与情感，是对人的本性的肯定、是"人的全面发展"思想的体现。随着现代社会发展，特别是自媒体的迅猛发展，人们的社会心态日益复杂多样。在引导过程中，要以人为本，渗透人文关怀，关注人们社会心态的生成与变化，使得教育的引导过程更贴近社会实际、贴近群众思想，增强引导工作的亲和力、感染力，也使得引导教育活动更易于被接受、吸收，实现引导目标。同时，在引导过程中，引导者对引导对象的尊重、理解与关心等友好态度，成为人文关怀的体现，是转化为引导内容的催化剂。而这样一种催化剂有助于引导者与引导对象在引导过程中始终保持一种良好的关系，帮助引导对象实现引导内容的积极情感体验而产生移情效果，增强公共理性视域下引导社会心态的实效性。

二、"合理"引导：寓教于境

公共理性视域下"合理"引导社会心态，是指寓教于境的"合理"引导。具体来说，是创设"合理"情境和氛围来疏导人们的情绪和行为的一种教育方法，通过营造有利于路径引导和效果呈现的情境和氛围，从而实现"润物细无声"的影响作用。公共理性视域下，"合理"引导社会心态关键在于"理"字。

首先，要用合乎理性的内容创设"合理"情境和氛围。这是"合理"引导的基本前提。合乎理性的内容是形成"合理"引导社会心态情境和氛围的内容保证。社会心态与社会环境的关系决定了创设的"情境和氛围"必然与经济、文化、政治环境等有着密切联系。"合理"情境和氛围的创设必须考虑社会大环境，体现社会需求和人们的生活需求。同时，"合理"情境和氛围的创设，要与引导目标和引导内容相契合。"只有当思想政治教育情境的各个方面都高度一致地涵容着思想政治教育的目的、内容时，其对教育对象的潜移默化的作用力才是同向的，才可以耦合为具有一个共同指向的合力，从而推动思想政治教育目的的实现。"①

其次，要用合乎正确的理论创设"合理"情境和氛围。这是"合理"引导的根本前提，是形成"合理"引导社会心态的情境和氛围的方向保证。"合理"情境作为教育要素，是为引导社会主义社会的社会心态而创设的，是"对思想政治教育活动发生作用的精神氛围与物质条件的统一体"②。因此，"合理"情境和氛围的创设，必须与社会性质相吻合，必须以马克思主义理论为指导，也就是用马克思主义的方法论和科学的世界观、价值观对社会心态的"合理"情境和氛围进行指导，倡导主流意识形态，并将之寓于文化载体之中，寓教于境，从而为引导教育过程创造有利的民主条件，保证引导工作的健康顺利运行。

最后，要用合乎理性的方法创设"合理"情境和氛围。这是"合理"引导的具体方式，是形成"合理"引导社会心态的情境和氛围的方法保证。方法作为一种工具，"实际运用成效，与运用这一方法的主体所实际具有的素质的类型、程度关系密切"③。故而，不同的引导者要根据自身素质和岗位职责选择不同的合乎理性的方法，将主体与客体、实体等关系因素联系起来创设情境和氛围，防止千篇一律达不到应有的效果。方法运用也不是随心所欲，而是合乎理性的方法运用。它来自对引导对象的教育内容和运动规律的清晰认知与把握，是激发引导对象将引导目标自觉转变为自身目标的努力。同时，方法运用要针对不同的引导对象、心态特点和引导任务，或分而导之，或因势利导，或启发诱导，合乎理性地创设情境和氛围。

三、"合法"引导：寓教于法

公共理性视域下"合法"引导社会心态，是指寓教于法的"合法"引导，是依据法律进行引导，以实现公共理性视域下"合法"引导社会心态的目的。具体来说，"合法"引导是以"合法"性来规范人们言行举止的一种引导方法。因此，公共理性视域下"合法"引导社会心态，必须做到"合法"认同、"合法"判断标准、"合法"办事处事。

---

① 沈壮海. 思想政治教育有效性研究 [M]. 2版. 武汉：武汉大学出版社，2008：97.
② 沈壮海. 思想政治教育有效性研究 [M]. 2版. 武汉：武汉大学出版社，2008：95.
③ 沈壮海. 思想政治教育有效性研究 [M]. 2版. 武汉：武汉大学出版社，2008：93.

首先，"合法"认同。这是"合法"引导的基础。"合法"认同是指通过法治教育增强人们对法律制度和法律精神的认知、接受和认可，进而完成合乎法律的言行举止——尊法、学法、守法、用法。而在认同实现后，"合法"认同在公共生活空间体现出人们对于法治的态度、情绪与行为，是人们处理社会关系的情绪表达和行为显现。那么，"合法"认同的法治教育，就是要在各级各类学校和学习单位，将法治作为教育的重要组成部分，普及法律知识、弘扬法治精神、培养法治思维。其目标是：引导者和引导对象践行合乎法律规定的言行举止，使宪法法律至上、法律面前人人平等、人民群众主体地位、程序与实体正义、以事实为依据等价值理念、法治秩序、法治思维等成为相对稳定的社会心态一部分，并随之成为行为主体评判是非和处理事务的价值标准。

其次，"合法"判断标准。这是"合法"引导的依据。"合法"判断标准，是指一切引导活动均在法律范围内进行。坚持"合法"引导，就是"坚持在法治轨道上统筹社会力量、平衡社会利益、调节社会关系、规范社会行为，依靠法治解决各种社会矛盾和问题，确保我国社会在深刻变革中既生机勃勃又井然有序"①。在引导社会心态的实践中，判断是否"合法"的依据是：将是否合乎法律作为评判社会心态健康与否的价值标准；将是否合乎法律作为引导内容和引导方法等是否有效的价值标准；将是否合乎法律作为判断引导者和引导对象的言行是否得当的价值标准。

最后，"合法"办事处事。这是"合法"引导的一般方法。"合法"办事处事是指将法治教育融入人们的行为规范中、融入交往合作等处理事务的判断标准中，促使人们的行为规范与处事标准合乎法律规定。而当法治成为一种精神，融入人们的现实生活中，就会散发出无穷的魅力——不同集团组织、团体的组织纪律条文将法治作为行为规范条例加以执行，舆论好恶将合乎法律作为判断是非的标准，司法的公平公正执法，政治、经济和文化合乎法律有序发展，公民合乎法律有序参与社会发展——理性、良好社会秩序、公平正义、积极向上。而这些恰也反映出人们健康的社会心态。

---

① 中共中央宣传部. 习近平总书记系列重要讲话读本［M］. 北京：学习出版社、人民出版社，2014：87.

第四章

素质提升：公共理性视域下引导社会心态的内在基础

广义上的素质"是在人的先天生理基础上，经过后天教育和社会环境的影响，由知识内化及其他实践活动的作用而形成的相对稳定的心理品质"①。狭义上，人的素质主要是后天社会化的产物，是社会对人的品质要求，反映了人与社会的关系。而"教育是培养和提高人的素质的最有效的手段"②。素质提升的过程是教育发挥作用的过程，包含了知识内化与实践作用两个主要阶段，是知行合一的过程，其核心是"成人"，就是学会如何做人和为人之道③。

公共理性视域下引导社会心态，必须提升人的素质。这是行为主体在公共生活空间社会合作的内在基础。孔子说"君子不器"，强调教育培养的是君子。肇始于宋代的岳麓书院，坚持"博于问学，明于睿思，笃于务实，志于成人"。蔡元培先生亦认为，人的修为之方法，"如水之就下，寻其性而存之、养之、扩充之，则自达于圣人之域"④。公共理性视域下引导社会心态所必需的素质提升要求，就是要加强公共理性知识教育以存之，树立公共理性理念以养之，付诸公共理性的实践自觉以扩充之。从而，基于对知识的掌握，行为主体形成公共生活空间正确的理念思维和行为实践的素质。即形成公共生活空间的公共认知、公共情绪、公共价值和公共行为，这些相对稳定的内在心理品质最终达到提升行为主体素质的目标，完成社会心态的公共理性诉求，为公共理性视域下引导社会心态打下牢固的内在基础。

---

① 胡深. 素质论［M］. 北京：华艺出版社，2000：39.
② 陈金芳. 素质教育基本理论研究［M］. 北京：中国科学技术出版社，2011：68.
③ 周远清. 素质 素质教育 文化素质教育：关于高等教育思想观念改革的再思考［J］. 中国高等教育，2000（8）：3-5.
④ 蔡元培. 中国伦理学史：外一种［M］. 北京：商务印书馆，2012：23.

第一节 加强公共理性知识教育是素质提升的逻辑前提

"知识是意识的唯一的行动。因此，只要意识知道某个东西，那么这个东西对意识来说就生成了。知识是意识的唯一的对象性的关系。"① 从社会心态作为一种社会意识的视角来看，加强公共理性知识教育确实是公共理性视域下引导社会心态的重要行为。

《说文解字》中对于"教""育"进行了解释：教，上所施下所效也②；育，养子使作善也③。其点出了教育的核心"善"，目标则指向人自身。"人与人之所以千差万别，均仰仗教育之功。"④ "从词源学上来说，教育乃是引导或教养的过程"⑤，是人类特有的一种社会活动，是通过传递知识和技能，影响人们的思想品德来达到培养人的目的。"教育的目的是使人凭借理性领悟理念，实现心灵的和谐，达到人性完善的境界。"⑥ 其根本性功能是"提高全民族人口的素质"⑦，特别是在现代社会信息技术的发展下，教育对提高人的素质发挥着越来越重要的作用。故而，教育对人的素质功能的发挥体现在，教育不仅是人汲取知识并将知识内化为理念的有效途径，也是提升人的思想道德的重要渠道。知识教育构成了人的素质提升的逻辑起点，是"思想政治教育不可缺少的环节与载体"⑧，其目的是使知识内化于人的心灵之中，成为个人理念和思想道德的一部分。只有将知识作为教育基本形式和载体，社会心态的引导教育活动才获得丰富而深刻的实践形态。这正是知识教育之于引导教育活动的意义所在。因此，提升公共生活空间人的素质，有效引导社会

---

① 中共中央马克思恩格斯列宁斯大林著作编译局. 马克思恩格斯文集：第 1 卷 [M]. 北京：人民出版社，2009：212.

② 汤可敬. 说文解字：一 [M]. 北京：中华书局，2018：672.

③ 汤可敬. 说文解字：五 [M]. 北京：中华书局，2018：3200.

④ 洛克. 教育漫话 [M]. 傅任敢，译. 北京：人民教育出版社，2006：7.

⑤ 杜威. 民主主义与教育 [M]. 王承绪，译. 北京：人民教育出版社，2001：16.

⑥ 舒志定. 人的存在与教育：马克思教育思想的当代价值 [M]. 上海：学林出版社，2004：4.

⑦ 胡德海. 教育学原理 [M]. 兰州：甘肃教育出版社，2006：297.

⑧ 沈壮海. 把知识教育与思想政治教育结合起来 [N]. 中国教育报，2004-10-19.

心态，离不开有效的公共理性知识教育这一逻辑前提。加强公共理性教育，从"重要性""教什么""怎么教"三方面来理解，就是要传导公共理性知识、建构中国公共理性内容、构建"三位一体"教育模式，它们分别是素质提升的教育原点、知识回应与合力之道。

一、教育原点：传导公共理性知识

"知识是人的素质的必要内涵和重要载体。"① 教育实施的过程是知识传递的过程，更是人的素质不断提升的过程。习近平总书记在考察北京八一学校时指出："时代越是向前，知识和人才的重要性就愈发突出，教育的地位和作用就愈发凸显。"② 公共理性知识构成了行为主体在公共生活空间素质提升的基础知识。而知识在教育中的基础地位及其对人的素质的重要作用都表明：传导公共理性知识是素质提升的教育原点。

第一，知识是教育活动的基础。

知识是教育对象与教育者在教育活动中的基本材料。在社会心理学中，运用概念、图式等可以解释知识在行为主体认识世界、理解世界并参与社会性活动中所具有的重要作用。作为社会知识的表征，概念是在进入头脑后，人们"依靠各种不同的概念来理解我们这个世界"③ 的知识。它帮助我们快速地识别与判断身边的客体、人物，促进我们与他人有效地交流。而图式则"包括我们对许多事情的知识"④，"包含我们用来组织我们社会性世界的知识以及解释新情况的基本知识和印象"⑤。作为知识，图式经过体验和学习形成，对信息进行关注、选择、编码并加工，最后加以提取，"可以帮助我们组织和理解世界，并填补我们知识的欠缺"⑥。无论是概念还是图式，知识都构

---

① 龚克. 素质教育知与行 [J]. 中国高教研究，2015（5）：7-8.
② 努力培养出更多更好的人才：习近平总书记在北京市八一学校考察时的讲话引起热烈反响 [N]. 人民日报，2016-09-11（1）.
③ 孔达. 社会认知：洞悉人心的科学 [M]. 周治金，朱新秤，等译. 北京：人民邮电出版社，2013：11.
④ 阿伦森，威尔逊，埃克特. 社会心理学 [M]. 侯玉波，朱颖，等译. 北京：机械工业出版社，2014：4.
⑤ 阿伦森，威尔逊，埃克特. 社会心理学 [M]. 侯玉波，朱颖，等译. 北京：机械工业出版社，2014：43.
⑥ 阿伦森，威尔逊，埃克特. 社会心理学 [M]. 侯玉波，朱颖，等译. 北京：机械工业出版社，2014：43.

成了人们认知社会的基础。从知识论的角度来看，知识是人们认识所得的原初处所，是人类认识成果的表征，以领会和直觉的方式存在于生命和实践中①，是在社会实践中产生的对客观现实的主观反映，本身具有社会性②，包括经验知识和理论知识，通常以概念、判断、推理、假说预见等思维形式和范畴体系表现自身的存在③，属于人的认知范畴。教育者通过知识指导教育对象认识客观世界，并以体验与理解的方式重建客观世界。而重建客观世界得以实现则在于教育对象对知识的运用必须符合社会发展实际。知识成为联系教育者与教育对象之间的纽带，构成了教育者与教育对象在教育活动中的基本材料。"教育本质上是人类认识世代连续的纽带，这就决定了它与人类的所有认识领域相联系。"④ 知识所具有的认知功能，意味着知识在教育活动中居于首席地位，是教育活动的基础。

　　知识是教育活动的基本前提。知识从外到内是"由符号、结构、意义交织组成的立体结构"⑤。承载知识的各种符号组成了知识的最表层，并代表着指称事物或意义的概念；这些概念之间存在着的各种逻辑关系构成了知识的内在结构；知识的解释和描述性意义交织于知识结构内部，最终目的是知识对存在的意义，解释人及人所在的世界。⑥ 知识的立体结构决定了教育活动的生活世界取向，教育对象的认知体验取向、理解与表达意向取向，最后指向教育"成人"效用。知识关系到教育活动的场域、教育者施于教育对象而希冀获得的认知捷径、对客观世界的理解与表达、对人的发展的目标。而这些是教育活动顺利开展的基本前提。传导知识则是教育传递性属性的体现，是教育活动迈出的第一步。教育过程离不开知识搭建的基础；教育的实施也离不开知识传导这个首要环节。

---

① 朱新卓. 知识与生存：教育认识论新论 [J]. 高等教育研究，2015，36（9）：26-35.
② 康奈尔. 教育、社会公正与知识 [J]. 华东师范大学学报（教育科学版），1997（2）：62-71.
③ 金炳华，等. 哲学大辞典 [M]. 修订本. 上海：上海辞书出版社，2001：1966.
④ 胡德海. 教育学原理 [M]. 兰州：甘肃教育出版社，2006：225.
⑤ 孙彩平. 知识·道德·生活：道德教育的知识论基础 [J]. 教育研究与实验，2012（3）：17-21.
⑥ 孙彩平. 知识·道德·生活：道德教育的知识论基础 [J]. 教育研究与实验，2012（3）：17-21.

第二，传导公共理性知识是提升素质的教育活动。

公共生活空间需要传导公共理性知识。这是社会交往合作的选择。教育"同社会的发展和人的发展有着密切的联系"①。"它们是共同生活的产物，表达了共同生活的需求。"② 多元化的社会中，整全性学说的自由选择容易使行为主体各执一词，难以达成社会合作。而追求美好生活与社会福祉是人类社会生活的幸福目的。在这个意义上，寻求合作并实现和谐发展是行为主体的必然行为。整全性学说的自由与社会共同生活的努力，也使得人们在公共生活中有着协调一致的可能。公共理性知识在这样特定的社会背景中得以获得和运用。③ 传导公共理性知识成为公共生活空间的迫切行为。行为主体要拥有公共生活空间普遍认可的价值标准、适应社会合作的素质，必须借用教育这一方式和手段，将公共理性知识传递给教育对象，发展公共生活所必需的公共理性知识，完成公共理性教育的第一步。而传导公共理性知识的过程，是通过对公共理性知识的宣传、讲解，增强公共理性知识和理念的可接受度，使人们成为内在性觉醒的识别主体和外在公共理性行为的自觉性主体。教育者与教育对象因知识的存在，获得相同知识的类似认知，有助于形成统一的价值取向，达成共识凝聚力量，减少因多元价值观的分歧而带来的公共生活的冲突，保证社会合作。这一过程反映了公共生活空间对传导公共理性知识的必然要求，也指出了因公共理性知识的传导可能带来的人的素质的形成与提升，而这一素质形成与提升则对公共生活空间的和谐发展起着重要的作用。

传导公共理性知识是教育发挥作用的过程，最终指向人的素质提升。传导知识是教育活动的首要环节。知识是素质形成和提高的基础。④ "素质是知识内化和升华的结果。"⑤ "提高劳动者的知识水平"⑥ 是教育提高人的素质

---

① 周德昌. 简明教育辞典 [M]. 广州：广东高等教育出版社，1992：10.

② 涂尔干. 道德教育 [M]. 陈光金，沈杰，朱谐汉，译. 上海：上海人民出版社，2006：232.

③ 康奈尔. 教育、社会公正与知识 [J]. 华东师范大学学报（教育科学版），1997（2）：62-71.

④ 周远清. 素质 素质教育 文化素质教育：关于高等教育思想观念改革的再思考 [J]. 中国高等教育，2000（8）：3-5.

⑤ 周远清. 素质 素质教育 文化素质教育：关于高等教育思想观念改革的再思考 [J]. 中国高等教育，2000（8）：3-5.

⑥ 陈金芳. 素质教育基本理论研究 [M]. 北京：中国科学技术出版社，2011：73.

的一个主要体现内容。借由知识，教育发现了提升人的素质的路径。教育成为连接知识与人的素质的中介与手段。传导知识的过程便是教育发挥作用的过程，其目标必然是公共生活空间必备的公共理性素质。因为教育能把原来没有的知识灌输到灵魂里，帮助灵魂转向。① 公共理性知识正是通过教育手段来实现素质提升的目标。从公共理性知识传导的过程来看，其教育过程由外至内，帮助教育对象学习和储备公共理性知识相关符号意义，获得相应概念；然后不断地识别、理解公共理性知识概念间的内在逻辑关系，阐释人与人之间、人与社会之间的交往合作的意义，协助其提升公共生活空间所必需的人的素质。教育对象从学习知识表征到最终意义掌握，再到将知识内化为人的素质组成部分，完成传导公共理性知识的根本目标。至此，从知识的讲解、传授，到内化于心、外化于行，传导公共理性知识的意义才真正得以完整展现。因此，我们要说，传导公共理性知识是素质提升的教育原点。

二、知识回应：建构中国公共理性

"思想政治教育的内容即在思想政治教育活动中教育者意欲传递给教育对象的思想政治观念。"② 公共理性的教育内容是教育者在教育过程中对教育对象施与公共理性的观念，而公共理性知识构成观念的实质性内容，"是连接思想政治教育活动中教育者与教育对象的信息纽带"③。在当下，加强公共理性知识教育，必须建构中国公共理性教育内容，这是由公共理性知识教育的必然性决定的。

（一）建构中国公共理性的必然性

第一，公共理性内容的选择具有时代性、民族性和政治性，决定了中国公共理性的独特性，必须建构中国公共理性。站在社会群体角度，"教育的本质属性是它的传递性、工具性、手段性"④。人类正基于教育的传递性，保证了文化的绵延不绝，个体得以依靠教育所传递的文化适应社会生活发展自我，社会整体也因此得以维持社会生活，这是教育的共性。与此同时，从教育的

---

① 柏拉图. 理想国 [M]. 郭斌和, 张竹明, 译. 北京: 商务印书馆, 1986: 277-278.
② 沈壮海. 思想政治教育有效性研究 [M]. 2 版. 武汉: 武汉大学出版社, 2008: 80.
③ 沈壮海. 思想政治教育有效性研究 [M]. 2 版. 武汉: 武汉大学出版社, 2008: 81.
④ 胡德海. 教育学原理 [M]. 兰州: 甘肃教育出版社, 2006: 223.

特性上来看，教育与人类的认知相关，"与社会的关系是多边的，有生产性、阶级性、生活性"①。不同时代、国家和民族的教育发展，是不同时代、国家和民族的认识发展史和文化发展史。从这个角度上来说，教育涉及的知识内容是为国家、时代、民族生存与发展而选择的内容，"总是随着社会的发展而发展的，与社会生产的发展水平，社会政治、经济制度的发展变化，有着密切的联系"②。人类社会化过程中，公共理性是人类不断寻求共同生活的共同意愿的传递，具有普遍性。同时，作为公共生活空间的价值规导、良好社会秩序的理念，公共理性这一概念最先在西方被明确提出，有着自己的民族和时代特点，完全照搬西方的公共理性知识并不适用于中国国情和社情，必须不断拓展公共理性教育内容，建构中国公共理性。

　　第二，公共理性的开放性决定了建构中国公共理性内容的必然。罗尔斯承认，公共理性是一个开放的理论建构范畴，不是一成不变的，"找到一种适当的公共理性理念却是所有民主国家都面对的关切"③。因为公共理性是每个国家面临的课题。随着现代社会的发展，各种整全性学说深刻分化，各持己见互不相让，带来了公民的价值观的深刻分化。殊不知，社会本就具有公共性和特性，交往合作是社会性的人面临的一个基本事实。"只有投身公共生活空间，一个公民才能超越狭隘的秘密体验而打开一道公共性视界，进而以其睿智的见解和果敢的行动，在开放透明的政治舞台上展示作为大写的人的德行辉光。"④ 公共理性试图在多元整全性学说之上，架构一种共识共享的公共的理性，来整合多元整全性学说，促成社会合作。整全性学说在不同的国家和民族之中内容又有所不同。因此，这些也注定了公共理性自身是一个开放性的系统，也注定了建构中国公共理性的必然。

　　由此可知，建构中国公共理性有着社会与自身的必然性。在这样一种必然之下，对公共理性进行加工而成的教育内容的轮廓也展现出来。根据社会心态核心要素在公共生活空间的应然状态及公共理性四个内容特征，公共理

---

① 胡德海. 教育学原理［M］. 兰州：甘肃教育出版社，2006：223.
② 华东六省一市教育学院. 教育学［M］. 杭州：浙江教育出版社，1984：18.
③ 罗尔斯. 公共理性理念新探［M］. 谭安奎，译//谭安奎. 公共理性. 杭州：浙江大学出版社，2011：121.
④ 张凤阳. 公共性的理念与现实：以古典共和治国纲领为中心的政治文化分析［J］. 武汉大学学报（哲学社会科学版），2016，69（2）：5-13.

性教育的中心内容是公共认知、公共情绪、公共价值和公共行为。公共理性的教育内容是社会心态引导活动的重要组成部分，是引导者向引导对象实施教育的具体因素。从整体性来看，"教育内容系统必须是涵盖各种内容要素的一个整体，不能有要素缺失"①。其结构越合理，教育内容产生的作用就越大。从相关性来看，教育内容决定素质提升的方向与质量。于是，在当下中国背景下，建构中国公共理性，拓展公共理性内容对于素质提升的质量有着深刻的影响，推动行为主体的素质朝着纵深方向发展。

（二）建构中国公共理性的努力

第一，拓展中国公共理性的中心内容：公共理性四个内容特征的具体化。广义上讲，"具体化"是抽象概念或事项的具体化。心理学角度的"具体化"是心理咨询的技术，强调咨询者要澄清来访者的观念和目的。美学角度的"具体化"，强调读者对作品意义的重建。不同角度的"具体化"目的均在于增强教育内容的理解力、吸引力、影响力。公共理性四个内容特征的具体化是指公共认知、公共情绪、公共价值和公共行为的具体化。它们构成了公共理性的中心内容部分，也是社会心态应然状态或者说健康社会心态在公共生活空间的具体表现。站在社会发展角度，"具体化"是要与中国社会政治、经济和文化等社会环境相适应，将公共认知、公共情绪、公共价值和公共行为的内容具体化至人们的日常生活和实践中，起到渗透和指导作用，保证公共理性内容的说服力；或经过引导，升华为教育对象应具有的价值观，保证健康社会心态的培育。站在教育者角度，"具体化"是要求教育者必须深刻领会公共认知、公共情绪、公共价值和公共行为的内容，明确内涵，准确表述，保证公共理性中心内容被科学精确地理解和实践。站在教育对象角度，教育对象也是教育活动的主体，其对教育内容的接受程度影响着社会心态的生成，且教育对象的社会化成长也是不断发展的一个过程，在不同的阶段其对公共理性内容的具体化含义会有所不同，也处于发展之中。因此，"具体化"也是相对的。其"具体化"是要求教育对象忠诚地理解公共认知、公共情绪、公共价值和公共行为的内容，在恰当地重建意义的过程中，做出符合教育者意

---

① 陈万柏，张耀灿. 思想政治教育学原理 [M]. 2 版. 北京：高等教育出版社，2007：176.

图的具体化，保证教育对象的理解次序与公共理性中心内容内涵的一致性。其中，公共价值的具体化显得尤为重要，它是公共理性的核心组成部分，深刻影响着公共认知、公共情绪和公共行为。当下中国公共理性的本质内容特征便是社会主义核心价值观。构建以社会主义核心价值观为内核的中国公共理性，是拓展公共理性内容的必然。

第二，明晰中国公共理性的本质内容：社会主义核心价值观。公共价值是公共理性的内在要求，在公共理性的四维结构中居于主导性地位，其包含公共价值观。而公共价值观的核心便是核心价值观，它是公共生活空间核心层面的价值共识。故而，核心价值观在公共价值中的地位决定了其在公共理性中具有中心地位，也决定了当下中国公共理性的本质内容是社会主义核心价值观。"社会主义核心价值观把涉及国家、社会、公民三个层面的价值要求融为一体，深入回答了我们要建设什么样的国家、建设什么样的社会、培育什么样的公民的重大问题。"① 它充分反映了行为主体的根本利益与价值诉求，为引导社会心态提供共享的公共价值供给。培育社会主义核心价值观，有利于形成公共认知、公共情绪、公共价值和公共行为，其所具有的公共性，有利于核心价值观凝聚共识、统一行为。具体而言，社会主义核心价值观能够"有效整合社会意识，是社会系统得以正常运转、社会秩序得以有效维护的重要途径，也是国家治理体系和治理能力的重要方面"②。故而，必须以社会主义核心价值观为本质内容建构中国公共理性。

第三，完善中国公共理性内容的思想资源：中华优秀传统文化和社会主义文化的养料给予。作为一种内在的心理结构，文化是一定社会、民族、团体成员所共同拥有的价值观念、生活态度及行为规范等；作为一种生活方式，文化是一定社会范围内一个或多个群体共享的行为模式；作为一种象征符号体系，文化是"知识和智能、物质产品、用以沟通的语言及生存背景"等结构特征共同编织的符号体系；作为一种制度化体系，文化"是道德、社会伦理、习俗、制度规范及法律"等组成的"外在社会角色及其期望的制度化体系"。③ 因此，文化集公共性与特殊性于一身。其公共性在于，文化是社会成

---

① 中共中央宣传部. 习近平总书记系列重要讲话读本［M］. 北京：学习出版社、人民出版社，2014：189-190.
② 习近平. 习近平谈治国理政［M］. 北京：外文出版社，2014：163.
③ 周怡. 解读社会：文化与结构的路径［M］. 北京：社会科学文献出版社，2004：序言3.

员共同建构的产物；其特殊性则在于，文化体现了一定历史时期、各民族和社会内部或一定范围的文化公共性。可见，文化是一定社会和群体共享的价值规范和行为规范，作用于一定社会的个体主观经验和价值观念，塑造人的所言所行，调控人们的行为。中华优秀传统文化和中国特色社会主义文化便是当下中国人共享的价值规范和行为规范，具有公共性与特殊性，正是中国公共理性内容的思想资源。"不忘历史才能开辟未来，善于继承才能善于创新"，"只有坚持从历史走向未来，从延续民族文化血脉中开拓前进，我们才能做好今天的事业"①。中华优秀传统文化是中华民族经过历史的积淀而形成的价值规范和行为规范，是中华民族内在的心理结构，长期以来支撑和推动着中华民族前行发展，自然地成为凝练公共理性内容的思想资源。从民族心理情感和价值观的连续性上寻找公共理性知识，才能更好地促进行为主体公共理性的吸收与应用。"中国特色社会主义文化，源自于中华民族五千多年文明历史所孕育的中华优秀传统文化，熔铸于党领导人民在革命、建设、改革中创造的革命文化和社会主义先进文化，植根于中国特色社会主义伟大实践。"② 它反映了当下中国人共同的思维、态度和行为倾向等，塑造了实现伟大复兴中国梦的接班人。完善公共理性知识，必然离不开当下文化现实，必须牢牢地抓住当下中国人所共享的价值规范和行为规范，才能更好地挖掘公共理性内容的思想资源，完善符合当下中国心理结构和符号体系的公共理性知识。于是，我们发现，无论是中国"天下为公"的传统治国理念、儒家入世的社会责任感，还是我们党"立党为公""全心全意为人民服务的宗旨"，自古以来的爱国主义、集体主义等，均与公共理性有着一定价值相通之处，从某种程度上体现了中国丰富的公共理性思想，成为中国公共理性知识的思想源泉。

第四，拓展中国公共理性内容的素质标准：有效社会合作的公民素质。"教育的本体功能即在传递社会文化、信息，把社会文化传递给人，其结果也就必然会使人得到培养和造就，以致使个人得以在社会上生存和健康发展，在此基础上，社会当然也就得到了绵延和发展。"③ 公共理性教育就是期待将

---

① 习近平. 在纪念孔子诞辰 2565 周年国际学术研讨会暨国际儒学联合会第五届会员大会开幕会上的讲话 [N]. 人民日报，2014-09-25 (2).
② 习近平. 决胜全面建成小康社会　夺取新时代中国特色社会主义伟大胜利：在中国共产党第十九次全国代表大会上的报告 [M]. 北京：人民出版社，2017：41.
③ 胡德海. 教育学原理 [M]. 兰州：甘肃教育出版社，2006：257.

公共理性内容传递给公民，使得公民以及以公民为单位的不同集团组织拥有社会合作的素质。"有效的社会合作和秩序良好的社会还必须以理性的社会公民为前提条件。"① 故而，公共理性内容的建构必须充分考虑有效社会合作的公民素质提升，而对公民这些素质的建构自然便成为公共理性教育的重要内容。有效社会合作的公民素质包括社会合作所必需的公民美德和最基本的道德能力和理智能力。公共理性的素质标准，主要是行为主体进入社会合作系统中所必须遵循的美德。"社会合作的理念要求有一种各参与者合理得利的理念或善的理念。这种善的理念规定了介入合作的那些人（无论是个体、家庭，还是联合体，甚或是民族政府）想要获得什么——当他们从他们自己的立场来看这种［合作］图式时。"② 也就是说，公共理性作为社会合作的理念，要求参与者具有"善"。苏格拉底认为，正义是德性和智慧。③ 从社会合作的道德发展第一个阶段——权威道德，到第二个阶段——基于社会团体共同体的社团道德，公民、不同团体之间必须遵循尊重、自制、宽容、理性和公平正义等社会合作的美德，是"包含着合乎理性、心态公平的美德"④。正义优先于普通的善。而道德由经济基础决定，是一定社会关系的反映，集普遍性与特殊性于一身。那么，人类普遍具有的美德是公共理性的基础，社会主义道德则是中国公共理性的内容之一。同时，拓展公共理性内容的素质标准规定着行为主体必须具备基本的道德能力和理智能力。道德能力包括正义感和善观念能力，其中，正义感能力以对个人与共同体的情感依恋为纽带，尊重公平，实践正义观念并保证社会合作。这是公共生活空间行为主体之间相互信任的基础。善观念能力组成了价值判断和生活方式的基础。行为主体正是通过这两种道德能力与一般意义上的个人思想相联系，促成自我在社会共同体中不断调整和修正某种特定的道德生活观念，来理解、遵循正义原则和达成道德认同，以便能有效参与社会合作并调整自我行为。理智能力则是以理性对社会关系和周围世界做出判断和思考的一种能力。美德、道德能力和理智

① 万俊人. 政治自由主义的现代建构：罗尔斯《政治自由主义》读解［M］//罗尔斯. 政治自由主义. 万俊人，译. 南京：译林出版社，2011：571.
② 罗尔斯. 政治自由主义［M］. 万俊人，译. 南京：译林出版社，2011：15.
③ 程志敏. 古典正义论：柏拉图《王制》讲疏［M］. 上海：华东师范大学出版社，2015：161.
④ 罗尔斯. 政治自由主义［M］. 万俊人，译. 南京：译林出版社，2011：129.

能力，这些组合构成了公共理性知识的素质标准。

三、合力之道：构建"三位一体"教育模式

"广义的教育指，凡是增进人们的知识、技能，影响人们思想道德的活动都是教育。"①根据教育场所的不同，教育可以分为家庭教育、学校教育、社会教育。适用于公共理性的家庭教育、学校教育、社会教育，都有着各自社会生活的基础和作用范围，对不同的人群有着不同的影响力。它们综合并超越单项教育方式，能产生综合的教育效果，形成"三位一体"相互作用、相互联系的合力之势，这是任何一个单项教育所无法比拟的。

（一）家庭教育

家庭是"以婚姻、血缘或收养关系为基础的一种社会生活和人类自身再生产的社会组织形式"②。由家庭始，人类开始了多种关系的人类生活。"家庭构成了最基本的社会合作单位，在此单元中，父母需要共同努力来孕育子女，并教育和帮助他们适应社会。"③ 家庭是个人走向社会的第一步，也是公共理性教育的第一个环节。罗尔斯甚至将家庭教育视为权威道德的形成阶段，是一个人成长过程中正义感道德发展系列的第一个阶段。④ "世代的接继和传授道德态度（无论多么简单）的必要性是人类生活的条件之一。"⑤

"家庭的核心作用就是以合乎情理而又有效的方式安排对儿童的养育，确保他们在更广的文化中推进道德发展并接受教育。"⑥ 作为家庭的重要成员，

---

① 中国大百科全书：教育卷 [M]. 北京：中国大百科全书出版社，1985：1.
② 宋希仁，陈劳志，赵仁光. 伦理学大辞典 [M]. 长春：吉林人民出版社，1989：873-874.
③ 福山. 大断裂：人类本性与社会秩序的重建 [M]. 唐磊，译. 桂林：广西师范大学出版社，2015：40.
④ 此处家庭教育的说法，引自：罗尔斯. 正义论 [M]. 修订版. 何怀宏，何包钢，廖申白，译. 北京：中国社会科学出版社，2009：366. 罗尔斯认为，道德发展系列中的第一个阶段是权威的道德，孩子们一开始就处于他们父母的合法权威下，秩序良好家庭的孩子在成长中逐渐获得正义感，家庭中的父母告诉儿童那些准则和命令的正当性。
⑤ 罗尔斯. 正义论 [M]. 修订版. 何怀宏，何包钢，廖申白，译. 北京：中国社会科学出版社，2009：366.
⑥ 罗尔斯. 公共理性理念新探 [M]. 谭安奎，译// 谭安奎. 公共理性. 杭州：浙江大学出版社，2011：139.

父母在塑造孩子们的人格方面具有发人深省的力量。他们灵活的教育方法、对教育的高度关注与承诺是孩子发展和进步最重要的因素。① 父亲"对社会有培养合群的人的义务；他对国家有造就公民的义务"②。孩子从出生开始最先对父母有着情感的依附。安全感、信任感和自尊的获得均来自父母。"母亲一直是主要调节儿童内部情感风暴以及调整外部现实要求的人。"③ 而且，"安全感最初的工作模型给我们的人格留下永久的印记"④。孩子也从最初对父母的依恋开始，学习社会性的合作所需要遵从的道德行为、价值观及规则、准则等。他们由自我中心阶段逐渐转为社会性合作，并在社会化的过程中逐步习得社会合作美德。与公共理性相关的行为分别显现在以下几个年龄层次："社会互动""分享""信任"与"体谅他人""同情心"在 0~3 岁时第一次显现；"在某领域有抱负、生活中有能量"第一次显现是 4~6 岁；"对人优雅得体"第一次显现是 7~9 岁；"正派、道德感"第一次显现是 10~18 岁；"关心自己、他人和社会"第一次显现是 13~18 岁。⑤ 社会合作美德出现的关键点，正是孩子依赖父母教育的重要时期。抓住这些重要的关键点，必然有利于公共理性教育的开展。

通过家庭教育加强公共理性知识教育，必须把握以下两个主要内容。第一，营造充满爱的家庭氛围。父母相亲相爱、和谐相处是孩子对情感体验的第一步，也是日后社交活动的镜子。在营造家庭爱的氛围过程中，父母也向孩子传递了理性、友爱相处、交流合作的规则。对父母的依恋增强了彼此之间的亲密感，家庭成员之间因爱的情感而唤起了安全感和信任感，这些情感使得孩子更易于接受父母的命令。他们会更愿意接受父母对自己的判断，并努力使自己成为父母希望的那样的人，不断获取自我的自尊感。如果没有遵

---

① ROTHERMEL. Home-Education：Comparison of Home-and School-Educated Children on PIPS Baseline Assessments [J]. Journal of Early Childhood Research, 2004, 2 (3)：273-299.

② 卢梭. 爱弥儿：上卷 [M]. 李平沤, 译. 北京：商务印书馆, 2015：30.

③ 马西, 塞恩伯格. 情感依附：为何家会影响我的一生 [M]. 武怡堃, 陈昉, 韩丹, 译. 北京：世界图书出版公司, 2013：210.

④ 马西, 塞恩伯格. 情感依附：为何家会影响我的一生 [M]. 武怡堃, 陈昉, 韩丹, 译. 北京：世界图书出版公司, 2013：206.

⑤ 成人个人魅力在童年期第一次出现时的年龄, 参见：马西, 塞恩伯格. 情感依附：为何家会影响我的一生 [M]. 武怡堃, 陈昉, 韩丹, 译. 北京：世界图书出版公司, 2013：224.

循这些原则，孩子就会产生负罪感，以父母的判断标准来评判自己，责备自己。反之，"如果不存在这些负罪感也就表明缺乏爱与信任"①，家庭教育的作用将大大削弱。因此，家庭和睦的相处之道具有非凡意义。第二，提高父母的公共理性美德与能力。孩子生而处于父母的合法权威下，其所拥有的公共理性美德和能力成为孩子为人处世的第一标准，对孩子未来参与社会合作具有重要的影响。父母所具有的美德、道德能力和理智能力，能够在对孩子下禁令或鼓励积极行为时，为孩子合理解释可供理解的道德规则及背后的公共理性精神。"对于要求于孩子的道德，父母们应当以身示范，并慢慢地说清这些准则所依据的那些根本原则。这样做不仅是为了唤起儿童以后按照这些原则去做的倾向，而且是为了让他懂得在具体的例子中应当怎样解释这些原则。如果不具备这些条件，尤其是，如果父母的命令不仅粗暴、没有道理而且通过惩罚甚至肉体惩罚来强制，道德的发展就可能不发生。"②

（二）学校教育

学校是教育的主体。"受社会的委托，培养一定社会所需要的人才。它与家庭教育、社会教育相比较，是一种有目的、有计划、有组织的教育。具有明确的目的性，严密的计划性和组织性，因此，对人的个性发展起着极为重要的作用。"③ "一个学生或少年儿童，一旦进入学校，便会越出对事物的外部观察而进入对事物更高深的精神的理解。"④ 因此，学校对学生的全面成长有着得天独厚的优势。加强公共理性知识教育就是要在学校教育中做到以下三点。

第一，加强理论灌输。理论灌输是知识教育的传统，也是学校教育的一个重要途径。理论灌输重在内容。学校的教育内容遵循一定的教书育人规律和学生成长规律，通过对社会文化的筛选寻求对自我发展与社会发展有价值的教育内容，具有统一性、系统性和科学性。其教育内容有利于调动学校教

---

① 罗尔斯. 正义论［M］. 修订版. 何怀宏，何包钢，廖申白，译. 北京：中国社会科学出版社，2009：368.
② 罗尔斯. 正义论［M］. 修订版. 何怀宏，何包钢，廖申白，译. 北京：中国社会科学出版社，2009：368-369.
③ 甘葆露. 中国伦理学百科全书：德育伦理学卷［M］. 长春：吉林人民出版社，1993：45-146.
④ 禄培尔. 人的教育［M］//单中惠，朱镜人. 外国教育经典解读. 上海：上海教育出版社，2004：165-166.

育的各种因素和资源共同发力，帮助学生准确完整地理解理论的内容，并将之内化为自我精神力量，从而实现教育内容所赋予的行为自觉。公共价值是公共生活空间遵循的价值准则，深刻地影响并一定程度上决定着行为主体在公共生活空间交往合作中的情绪和行为倾向。在学校的理论灌输中，注重对公共价值的理论教育，往往可以起到事半功倍的效果。同时，理论灌输反对强迫手段，重视方法运用，提倡"循循善诱"启发式引导、理论联系实际。而伴随着经济全球化，人们交往合作范围更为广泛，信息日益发达。理论灌输的环境已经不同于以前，其载体和工具也要与时俱进，要充分运用高科技的技术成果，特别是网络技术，将学校教育与网络技术相结合，持续发挥作用，满足学生的成长发展需求。

第二，形成良好的学校秩序。良好的学校秩序包含学生个人期待、学校和社会需求、教师素质水平要求等。学校生活和学习空间建构起教师与学生之间、学生之间、教师之间不同的交往合作关系，体现了教育活动的复杂性。作为公民在公共生活空间社会交往合作所必须遵循的道德原则与行为准则，公共理性的教育路径，要将个人发展需求与学校教育、社会发展需求相结合，更贴合于人的社会化过程的需求，具体至学校，便是贴合良好学校秩序的要求；要提高教师的公共理性素养，强化教师在教学活动中的尊重、理性、自制等合作美德，起到良好的示范作用；要在学校具体的教学实践和生活实践中，培育学生以公共利益为先，理性平和的有序参与意识、合作意识与协商意识。从而，形成良好的学校秩序。

第三，构建和谐、积极向上的校风班风。为了保证学校正常的教学秩序，学校制定了一整套预定设定行为的规则，班级内部和班级之间也预定了合乎班级全体成员发展的班规和道德约束。这些都包括了大量的适合于社会角色与合作的理想设定。而每一个理想都通过学校规章制度所设定的交往合作目标和标准而得到解释。这有赖于学生理智能力的发展和道德精神的发展。同时，学生在学校学习和生活中，为着相互之间的交往合作，通过理论学习和实践，逐步习得学校相关思想品德、行为的规章制度精神，完成学校对其社会合作的理想期待。从而，在一系列行为之中，学校、教师与学生之间构建起优良的校风与班风。反过来，和谐、积极向上的校风与班风作为一种精神力量，给所有人一种理想期待的形象，又规约着学生社会交往合作的方式方法。故而，优良的班风校风的构建显得很重要。

（三）社会教育

每个人都无法将自我与客观的世界分离，除了家庭和学校两个生活场所，社会是一个人重要的活动场域。那么，社会教育必然涉及了除家庭和学校以外的一项广泛而有影响力的教育，"是人们通过社会舆论、社会交往、社会活动等途径接受的教育"①。对于公共理性知识教育来说，社会教育的作用在于，人们通过社会实践形成相互合作的规范，促进社会合作美德形成，解决矛盾与冲突，促进社会和谐发展。因此，加强公共理性知识教育就是要在社会教育中做到以下两方面的主要内容。

第一，以社会主义核心价值观引领社会教育。社会主义核心价值观包括了公民、社会和国家层面的理想。每个层面的理想都可以由不同层面角色的交往合作目标而规定和解释，都导向相应的道德要求，是基于交往合作的范围广泛的道德标准。"在一定阶段上，一个人会得出一个关于整个合作系统的观念，这个观念规定着交往和它为之服务的那些目的。"②行为主体获得这些观念并在实践中获得合作系统的理性、道德等交往合作的能力，这个过程是一个复杂的过程。以社会主义核心价值观指引社会教育，帮助行为主体在社会生活过程中理解交往合作不同场所的道德要求，将之培养为具有公共理性的人，使之倾向于在公共生活空间遵循被社会赞许的道德标准，其实是明确教育目标、根据社会交往合作标准调整教育方案与教育行为的努力。

第二，"化民为俗"。意为促使人们养成良好的道德习惯，自觉地接受公共理性并体现在日常社会合作的规范之中，进而形成良好的社会风气。在习惯的养成中，"社会教育重在培养一种共同维持社会稳定的责任"③，塑造人们的社会合作美德和能力，推动自我发展和社会发展。而国家在推动社会教育方面的政治措施有利于良好道德习惯的养成。可以通过政策制定、宣传教育、舆论引导等方式，将社会合作美德、能力等赋予人们在社会的行为规范和道德规范中，

---

① 郑永廷. 思想政治教育方法论［M］. 2 版. 北京：高等教育出版社，2010：236.

② 罗尔斯. 正义论［M］. 修订版. 何怀宏，何包钢，廖申白，译. 北京：中国社会科学出版社，2009：370.

③ 朱新光，苏萍. 西方国家公民廉洁教育比较研究［M］. 北京：北京大学出版社，2014：164.

形成普遍认可的理想社会的设定，帮助人们养成社会生活中的良好道德习惯，从而达到调节社会关系、实现社会合作的目的，最终促进自我发展和社会发展。

　　总之，教育是一个综合而系统的工程。家庭、学校和社会构成了人们实际生活不同的教育渠道，形成了人的社会生活"三位一体"教育路径，覆盖了人生不同场合的不同教育内容和教育方法，能产生巨大的影响力。三者之间相互联系、相互作用。家庭是基本的社会结构，本身属于社会教育一部分。"学校教育离不开社会教育的支持和配合，否则，学校教育就会失去它对社会的积极作用，成为一种学究式教育而没有生命力。"① 家庭和学校也是社会的组成部分，不可能脱离社会而独立存在。家庭教育和学校教育的教育内容和教育方式等来自社会，又为一定社会服务。要形成家庭教育、学校教育和社会教育的"三位一体"教育路径，首先，三者的目标要一致。因为只有目标一致、与公共理性教育的方向一致，才会形成一致的教育内容，三个教育途径的教育方向和要求才会相同，才有助于发挥一致的合力作用，实现公共理性教育有效性。其次，三者之间的联系与交流要加强。"教育即指导。"② 只有家庭、学校和社会的教育者拥有共同的思想，在教育内容、教育方式方法、教育效果上达成共识，他们才能具有共同的意愿，才能"劲儿往一处使"，以共同的理解和意愿来控制社会希望实现的行为。

第二节　树立公共理性理念是素质提升的主线脉络

　　"与持有同样原则的人一起生活。"③ 公共理性理念是公共生活空间的一种基本信念，也是一种价值理念。公共理性知识的传导，实质是激活与播种公共理性理念。经由公共理性知识的传导，教育对象才能掌握教育内容、教育目的，实现从对知识的理解、积累到对知识的掌握这一转化。与此同时，教育对象还需将掌握的知识内化于心，上升到理念的层面，使公共理性理念体现于行为主体的具体实践中。公共理性指引着公共生活空间行为主体的行

　　① 郑永廷.思想政治教育方法论［M］.2版.北京：高等教育出版社，2010：237.
　　② 杜威.民主主义与教育［M］.王承绪，译.北京：人民教育出版社，2001：30.
　　③ 奥勒留.沉思录［M］.何怀宏，译.北京：中央编译出版社，2012：146.

为举止，并指导素质提升的全过程。树立公共理性理念必须以"和谐共生"为根本要求、以"理性平和"为评价标准、以"共建共享"为目标指向，才有利于实现公共理性视域下引导社会心态的主要目标。

一、以"和谐共生"为根本要求

作为公共理性理念的根本要求，"和谐共生"贯穿于公共理性的教育和实践之中。"和谐共生"是教育者在公共理性教育实践中对公共理性的教育手段、教育目的、教育内容等方面做出的选择。

首先，多元性与普遍性协调发展，是确立公共理性理念的前提。随着不同整全性学说的发展，现今社会进入多元化的时代。多元化的实质是价值观的多元差异性。每一个整全性的学说都是人类理性力量的结果，都作用于人们的价值观，人们的价值观也因各种合乎理性的整全性学说而产生深刻的分化。多元性成为我们这个时代无法回避的事实。同时，社会又有着普遍性的要求。"人的本质并不是单个人所固有的抽象物，实际上，它是一切社会关系的总和"①，决定了人始终处于社会生活中，处于人与人之间、人与社会之间相互关系的共同体之中。处理人与人之间、人与社会之间的关系，首要的是对共同体的普遍性的认同。即寻求同处一个群体、世界或同处一个利益关系、人际关系、社会关系的共同体之间交往合作的普遍性认同。在这样一个事实的基础上，建立人们社会交往合作中普遍认同的理念根基，促进社会发展，就成为必然。公共理性恰恰就是包容差异化和多元性、产生普遍性的理性。它以一种包容多元化、承认彼此学说之间差异性的姿态，协调行为主体的独立多元与普遍性，诉诸人类共同体的具有普遍性的理性，整合多元的整全性学说带来的价值矛盾甚至行为冲突。故而，树立公共理性的前提，是承认价值的多元性与社会的普遍性，使公共生活空间行为主体之间结成共生互动的状态，表现为利益关系、人际关系和社会关系的和谐共生。

其次，个人发展与社会发展统一共生，是确立公共理性理念的目标。从人的本质属性看，作为社会关系的产物和主体，个人发展是个人社会关系的发展。公共理性理念则是在公共生活空间为满足自我生存和发展而不断调整

---

① 中共中央马克思恩格斯列宁斯大林著作编译局. 马克思恩格斯全集：第 3 卷 [M]. 北京：人民出版社，1960：5.

社会关系、适应社会发展的观念或思想。公共生活空间，个人发展与社会发展统一于公共理性理念之中。从个人发展与社会发展相互关系来看，公共理性理念构成了个人发展与社会发展的统一体。即公共理性理念不仅是对自我发展的追求，也是处于社会关系网络中的行为主体对社会发展的承诺。因为公共理性理念首先是社会发展对个人素质的要求。这一要求是对处于社会关系中的社会人的必然要求。我们需要按照社会关系呈现出的社会需求来培养人的素质，以达到社会交往合作目的；同时，人的素质的发展，也保证了社会关系的和谐发展，从而实现了个人发展与社会发展的统一。从个人发展与社会发展的过程来看，树立公共理性理念的过程就是个人发展与社会发展统一共生的过程。只有在社会广泛认同的公共利益等公共价值之下，个人发展才能与社会发展相统一，才能在满足个人需求基础上，促进社会发展，实现个人与社会相互依赖、共同发展的理想。因此，我们要说，树立公共理性理念的目标是个人发展与社会发展的统一共生。

　　最后，道德主体性与实体性融合发展，是确立公共理性理念的必然结果。道德主体不仅指个体，也指向社会群体、组织等，其中个体是基本的主体单位。道德主体性是指个人或群体在道德活动上的主动性，表现为道德意识中的判断力和意志力，以及道德行为中的积极行为选择。道德主体性还指道德原则"成为行为主体的内心信念"，"推动人按照合乎他的道德本性的方式去行动"①。此时，道德是行为主体道德本性的表现，具有自律性。同时，道德也是社会意识的一部分，集中反映了人们所处的社会关系，在本质上是实践性的。道德主体性的含义和道德的本质，使得道德主体性无一例外地指向了道德的实体性。公共理性本身也是社会合作美德。公共理性理念的主体自然也是道德主体，指向道德实体性。公共理性道德的实体性是普遍存在的社会关系，广泛地存在于社会的政治、经济、文化、制度之中。公共理性道德主体性在人们的社会关系之中形成，并融入具体的实体环境和制度之中；以公共理性来关照社会关系之环境，促成了主体性的圆满，也创造了实体性的公共理性理念的集合，实现了道德主体性与实体性的融合发展。这是确立公共理性理念的必然结果。

---

　　① 廖盖隆，孙连成，陈有进，等. 马克思主义百科要览：下卷［M］. 北京：人民日报出版社，1993：2104-2105.

二、以"理性平和"为评价标准

"理性平和"是公共理性理念在公共生活空间思维与行为的映射，具体表现为理性的思维方式及温和平静的态度。它体现了行为主体对自我的正确认识、公共生活空间主客体之间应有的特定关系，以及人们处理主客体之间关系的范式。公共理性理念以"理性平和"为评价标准，意味着要以"理性平和"为评价尺度，获得对自我思维方式和态度、社会关系的正确认识，并使这一评价尺度贯穿于行为主体的意识活动和实践活动的始终，对行为主体从事实践活动起着指导作用。

在意识活动过程中，始终将"理性平和"作为判断行为主体是否具有公共理性理念的标准。首先，要深化行为主体对"理性平和"的认识。在社会合作过程，通过行为主体的行为及其社会关系状态来判断行为主体对"理性平和"理解的准确性、深刻性和认同度；在合作中，行为主体深化自己对"理性平和"的认识、调整自我实践活动。其次，要在认识活动中以"理性平和"为基本指征。人们对于客观世界的认识，是从对周围社会关系与自我的认识开始的。社会关系具有不以人的意志为转移的客观性、实践性和人本性。在认识社会关系和自我的过程中，始终坚持"理性平和"的判断标准，能减少意识活动过程中非理性思维带来的认知偏差，也有利于我们准确、深刻地认识社会关系与自我存在，从而使我们对自我和社会关系进行科学定位，努力获得符合社会发展与自我发展的意识活动。最后，要在情感活动中以"理性平和"为基本指征。情感活动是人们在认识客观世界过程中产生的情感体验。这种情感体验对行为主体认识客观世界、参与社会活动具有重要的感染和推动作用。积极、理性与平和的情感体验能产生尊重、信任、平等的内容，使人们更容易和谐相处与合作交往。因此，行为主体的认识活动和情感活动构成了其意识活动的过程，在整个意识活动过程中，坚持"理性平和"作为判断标准，能有效促使公共理性的教育内容转化为信念或观念，从而为下一步实践活动打下牢固的理念基础。

在实践活动过程中，始终将"理性平和"作为衡量行为主体公共理性理念的评价尺度。在公共生活空间，行为主体的实践活动过程就是社会合作过程。首先，以"理性平和"为参照物，审视自我实践活动是否符合"理性平和"的评价尺度，是否有利于社会合作与发展，逐步明确"现实的我"与"应然的我"之间的差距，对自我的言行进行评判并做出调整。通过缩小差距，展示新的自我，并推动实践活动循环往复地朝着"理性平和"的方向发展。其次，以"理性平和"为参照物，审视社会关系。公共理性理念作为一种实践总结的观念，在实践中产生又对实践有着指导作用。"理性平和"是人们长久以来在处理社会关系中所形成的思维方式，对行为主体之间的有效交往合作起着重要的作用。社会关系本身就是矛盾和谐的统一体，"理性平和"的思维方式更有利于促成有效交往合作。只有在社会关系的互动中，坚持以"理性平和"为评价尺度，才能严格坚守公共理性理念，形成理性平和的氛围，有效疏导社会关系的冲突与矛盾。

三、以"共建共享"为目标指向

"共建共享"是公共理性理念的目标指向，主要指全体行为主体在社会合作中共同努力，共同建设丰富的物质和文化财富；同时，人们从社会合作带来的发展成果中得到实惠，共同享有社会建设的成果，并以之为人们进一步开展社会合作的动力。

"共建共享"的目标有三层含义：一是对人民主体地位的充分肯定。"共建"是尊重人民的主体地位和主观能动性，充分发挥广大人民群众的作用，并汇聚一切可以合作的力量，增强发展动力，共同建设我们的社会，为共享发展成果打下良好的基础。"共享"是坚持以人为本，尊重并保障人民的主体地位，维护人民的根本利益，保障人民共享发展成果，并为下一步的共同建设提供动力与支持。二者是有机统一和良性互动的过程。在"实现共建共享"目标的整个过程中，人民主体地位得到了充分肯定。二是体现出行为主体社会关系的同向性。社会关系的"同向性"意指和谐的社会关系，最终指向对人的关怀。人总是生存和发展于一定的社会关系之中。"共建"是集聚行为主体所有的社会关系，这些社会关系必须是和谐统一的，行为主体才能实现"共建"的目标；杂乱无章、矛盾的社会关系无法形成合力，并不能实现"共建"。于是，"共建"直接指向行为主体的和谐社会关系，其目的性在于实现人们对发展成果的共享，最终将和谐社会关系指向为人的关怀。"共享发展注重的是解决社会公平正义问题。"① "共享"就是维护人民的根本利益，使人民共同享有和谐社会发展的成果。因此，社会关系的同向性最终指向对人的关怀。三是凸显社会合作的必然性。"共建共享"为我们提供了合作的必然性。人始终处于社会化过程中，决定了其本身具有从众性与利他性，也决定了行为主体之间的合作的本性。正是通过人与人、人与群体、人与社会的沟通协调，行为主体趋向社会合作。假如合作缺失，社会建设将无法汇聚群体力量实现共同建设，更无法共同享用成果。鉴于此，树立公共理性理念，必须坚持"共建共享"的目标。

以"共建共享"为目标指向，有助于行为主体正确理解和运用公平正义原则。"共建共享"的公共理性理念目标蕴含了公平正义原则。"正义否认为了一些人分享更大利益而剥夺另一些人的自由是正当的，不承认许多人享受的较大利益能绰绰有余地补偿强加于少数人的牺牲。"② 只有在"共建"中坚持公平正义原则，才能保障为人民根本利益服务的社会建设方向性，才能凝聚力量、保障社会合作的有效性。只有在"共享"中坚持公平正义原则，才能激发共识、促进合作，保障人民参与社会建设的热情与动力，才能保障人民享有的权利、机会和分配公平、保障人民共同享有改革的成果，才能加紧建设、保障公平正义制度的完善。因此，当行为主体将"共建共享"作为公共理性理念的目标时，首要的便是对公平正义原则的理解与运用。而这恰也是公共理性理念的要求。

以"共建共享"为目标指向，有助于行为主体理性判断其所处的社会关系，进而促进社会合作。"共建共享"强调社会关系的和谐与彼此之间权利与义务的平等，重视人与人之间利益分配的平等。其所隐含的含义使我们清晰地认识到人的本质力量。社会关系产生于人的实践活动中，一旦生成，就具有了客观性，"反映的是人们之间内在的、本质的、必然的联系"③。同时，社会关系渗透于各种生产形式和人际关系之中，具有抽象性。人所生存与发展的历史或生活场域，构成了社会关系的场景。而行为主体正是通过这样一种社会关系的场景，以其"共建共享"的目标来统摄社会关系的合作走向，

---

① 习近平. 习近平谈治国理政：第四卷［M］. 北京：外文出版社，2022：169.
② 罗尔斯. 正义论［M］. 修订版. 何怀宏，何包钢，廖申白，译. 北京：中国社会科学出版社，2009：3.
③ 周志山. 社会关系与和谐社会［M］. 北京：中国书籍出版社，2013：72.

形成"人人有责、人人尽责、人人享有"的共同体，促使行为主体在公共生活空间始终理性地判断场景中的社会关系，做出合乎理性的行为，为取得更多共享的成果而努力。行为主体也正以社会关系的同向性指向促进彼此之间的社会合作与社会发展，理性地判断发展成果的合理分配问题，为实现公平正义基础上的社会合作而不断地调整自我行为。

以"共建共享"为目标指向，有助于行为主体不断调整自我价值和道德观念。"共建共享"的目标为我们提供了一个社会合作的标准，即和谐的社会关系与对人的关怀。社会关系的和谐是人的社会关系之间良性互动与协调发展的结果。现实生活中，人总是处于不同的社会关系中，复杂而立体交错。"整个社会就是由各种社会关系交织而成的、纵横交错的关系复合体，其中每一个人、每一个群体都被嵌入在由各种社会关系网络构成的社会境况之中。"① 在公共生活空间，行为主体坚持以"共建共享"为目标，协调不同的社会关系，并依据所处的社会关系而对自我价值和道德观念进行有利于和谐社会关系构建的调整。对人的关怀是基于以人为本而设定的合作标准，"共建共享"的目标关注人的权利和义务、人的平等及其发展、人的公平正义原则等。这些都是关乎人们生存与发展所必需的要素，与人的发展休戚相关。行为主体以公共理性理念的"共建共享"目标指向中，不断调整自我价值和道德观念，做出有利于社会合作的积极努力，朝着共同富裕方向稳步前进。

第三节　付诸公共理性的实践自觉是素质提升的价值实现

"全部社会生活在本质上是实践的。"② 公共理性理念一旦树立，就会成为人们公共生活实践所遵循的原则。而将公共理性理念付诸实践，则是践行公共理性理念的自觉，是素质提升的必然选择和目的所在。

公共生活是人与人之间、群体与群体之间、人与群体之间相互交往合作的实践。公共生活中的理性情绪表达和有序参与行为构成了公共理性理念在

---

① 周志山. 社会关系与和谐社会［M］. 北京：中国书籍出版社，2013：227.
② 中共中央马克思恩格斯列宁斯大林著作编译局. 马克思恩格斯文集：第 1 卷［M］. 北京：人民出版社，2009：503.

公共生活空间的实践。行为主体的理性情绪表达，因其呈现的自我评价和社会评价活动而成为公共理性教育的实践之路。行为主体有序参与公共生活的行为，被赋予了参与者的合作规范性意蕴和行为控制目标，凸显了健康社会心态的行为实践要求。

一、公共生活中的理性情绪表达

个体情绪和社会情绪因自我评价和社会评价而被我们所体验。个体在社会生活中通过体验到的个体情绪，不断地自我监控产生自我评价。"社会情绪是人们对社会关注进行社会评价而体验到的情绪状态。""社会评价是对这些客体或事件与社会关注的内隐与外显的理解，是诱发或形成社会情绪的重要来源，是社会情绪的基本特征。"① 情绪表达是指通过一定客体或语言等载体，传达主体对某件事或行为的看法或行动意向。由此，我们可以理解为，情绪表达是通过自我评价和社会评价活动所展现出的对客体的看法或行为，而对客体的评价过程与结果则构成了情绪的完整表达。根据实践活动的四种基本形式划分，评价活动是实践活动的一种基本形式，是"评价者主体和被评价对象客体发生相互作用的基本形式"②。因此，情绪表达也是实践活动的评价活动范畴。理性情绪表达，是依据情绪社会化过程中公共生活的情绪表达规则，对公共生活的实践活动进行自我与社会评价的一种实践活动。

情绪表达包括两方面内容：一是主体评价活动，指在公共生活空间，占有主导性地位的权威机构、权威人物或公众舆论的社会评价活动；二是内容的评价活动，指对个人、某个专题或综合事件所进行的评价活动。正确而积极的情绪表达对社会性发展具有重要的作用。意蕴公共理性理念的理性情绪表达，在公共生活中发挥着重要作用。首先，权威与舆论评价对情绪表达起主导作用。"在现实中，名望是某个人、某本著作或某种观念对我们头脑的支配力。这种支配会完全麻痹我们的批判能力，让我们心中充满惊奇和敬畏。"③ 掌握舆论主导权的公众媒体，掌握某一领域话语权的权威组织机构、

---

① 杨宜音，王俊秀，等. 当代中国社会心态研究［M］. 北京：社会科学文献出版社，2013：92.

② 子明. 实践基本形式划分新论［J］. 郑州大学学报（哲学社会科学版），1995（1）：46-49.

③ 勒庞. 乌合之众［M］. 冯克利，译. 北京：中央编译出版社，2005：107.

权威人物，由于其在公共生活空间所具有的主导性地位，他们对公共事件的情绪表达，影响着人们对评价对象的态度、看法和行为倾向。当他们做出有利于社会发展的情绪表达时，很容易被公众接纳。其背后展现的情绪表达规则、判断，使情绪表达生效并发挥作用。其次，情绪表达影响人们对社会关系的管理。理性的情绪表达透露出平静相处、积极交往合作的友好态度，是人们发出的和谐相处、和谐发展的信号，促使行为主体不断地依据社会的期待来调整和发展利益关系、人际关系等社会关系。相反，同一主体的情绪表达冲突则会降低社会关系清晰度，不利于社会关系的管理。一般来说，普通个体的情绪表达对群体影响力较小。但是，有时某一个体情绪表达产生的共情作用，会引起社会范围内普遍的共鸣，起到广泛的影响力。而这样的共鸣，如果是理性情绪表达，就会对和谐社会关系形成、社会发展起到积极作用；如果是非理性具有攻击性的情绪表达，就会对社会关系和社会发展起到消极作用；人们也正因没有很好地自我管理和控制群体情绪表达，而很容易导致公共生活的情绪甚至是行为的蔓延之势。

作为素质提升的实现路径之一，公共生活中的理性情绪表达，要求我们必须做到以下三方面。

第一，建立公共生活的情绪表达规则。"每个社会都有一系列的情绪表达规则，规定着各类场合下哪些情绪可以表达而哪些不可以表达。"[1] 理性情绪表达的规则，不是某个人或某一群体制定的，而是人们在社会化的过程中逐步形成的。这些情绪表达规则不但要求我们必须抑制那些我们自己感受到的，但又不被公共生活所接受的情感体验，而且要求我们必须在某些特定的情境下才可以表达。随着社会对有利于公共生活、促进社会合作的情绪表达规则的鼓励和支持，社会认可的情绪表达规则会越来越清晰，其地位也会越来越牢固。它们是公共生活空间社会关系之间相互交往合作的情绪表达规则，是为了维持和谐的社会关系与良好的社会秩序必须遵循的情绪表达规则。人们按照社会所期待的情绪表达规则，本着公共理性理念，对自我情绪进行控制或调整，以满足和谐社会关系和社会合作发展的要求。

第二，加强对权威机构、人物和主导媒体的正向影响力的管理。由于地

---

[1]　SHAFFER D R, KIPP K. 发展心理学 [M]. 8版. 邹泓，等译. 北京：中国轻工业出版社，2011：391.

位和话语的权威性或主导性，权威机构、人物和主导媒体在公共生活空间的情绪表达中拥有不可替代的重要地位。他们具有较广泛的覆盖面和较强的感染力，容易引起公众的反馈和相应的情绪体验。故而，必须加强管理，保证他们在理性情绪表达方面的影响力。而权威机构、权威人物和主导媒体持续发挥正向影响力的作用，在于其自我的功能发挥。首先，增强社会责任感，形成情绪表达方面一致的品质。当权威机构、权威人物和媒体在公共生活空间的自我呈现符合公共生活中人们交往合作的社会期望时，公众会对他们产生尊重和信赖感，并且愿意接受其所传达的公共理性之下的看法和观点等。因此，社会责任感是保证其自我功能发挥的重要部分。其次，形成理性情绪表达。权威机构、权威人物和主导媒体肩负着更多的社会角色期望。特别是在网络信息和自媒体日益发达的今天，权威机构、人物和媒体必须表现出高自我监控倾向，控制自己在公共生活空间的情绪表达或社会评价的观点、行为倾向等，不仅要保持自己的印象行为与公共生活中社会交往合作的情境一致性，也要不断调整与规范自己的情绪表达，形成理性情绪表达，最大限度地发挥自我功能。

第三，促进理性情绪表达实践。公共生活不会因为行为主体文化的不同而停止前进的步伐。每个人和群体，由于所处文化环境、种族、民族、家庭、社会等各不相同，其对公共生活的社会评价内容自然有所不同，情绪表达也必然多种多样。要选择适当的时机和对象，促进理性情绪表达实践。时机是否得当，影响着情绪表达的效果。在公共生活中，面临公共生活中出现的问题和看法、解决路径等，处于社会关系中的社会关系体，需要寻找合适的时机，本着公共理性理念而理性地表达自己的情绪，力求达到相互沟通理解，以便更好地促进社会合作与发展。

二、公共生活中的有序参与行为

"使你的生活井然有序是你的义务。"① 公共理性理念强调公共生活的有序性，被认为是秩序良好的社会理念。行为主体对自我行为的表现，"包含着对公共理性之理想的理解"②。促进行为主体有序参与公共生活的实践，是行

---

① 奥勒留. 沉思录 [M]. 何怀宏，译. 北京：中央编译出版社，2012：126.
② 罗尔斯. 政治自由主义 [M]. 万俊人，译. 南京：译林出版社，2011：201.

为主体的公共理性理念在公共生活中行为的实践要求。

人的本质是社会关系的总和，决定了人的生存与生活离不开公共生活空间。而公共生活空间生活所具有的公共性，使得良好社会秩序成为社会和谐发展的必然需求，成为参与实践活动的行为主体的必然素质要求。埃尔斯特提出，"讨论社会秩序有两类概念，一类是稳定的、规则的和具有预测模式的行为，另一类是合作行为"①。二者均促成了有序社会的形成。因此，有序参与被赋予了规范性诉求。

同时，人们参与实践生活也是一种必然。从人类的生存和人的本质看，人类在参与实践中创造自我生存和发展条件，并生成物质生产条件和社会关系，反过来，这些物质生产条件和社会关系又影响着人所参与的实践活动，使人类成为社会存在物。人不同于动物之处在于，人是有意识的存在物，具有能动性，并发挥主观能动性积极参与公共生活。人类所表现出来的人性决定了其参与公共生活的必然性。而在劳动和社会关系中，现实的人形成了主体性，体现了人的最为本质的属性。"人从根本上说，是劳动主体，是历史主体，人的本质属性从根本上说是人的主体性。"② 也就是说，人的主体性来源于社会性，只有通过实践活动，才能形成其主体性；而社会关系也在一定程度上限制和影响着人的主体性。只有在主客体的相互作用之下，公共生活空间的实践活动才得以完成。

因此，我们要说，行为主体有序参与公共生活，是一部行为主体共同有序参与建设共同体的历史，与一定社会发展水平相关，并影响着行为主体参与的广度和深度。在外部条件制约和行为主体主观意识的共同作用下，行为主体有序参与实践活动得以实现。行为主体在公共生活空间所具有的公共认知、公共情绪、公共价值和公共行为，是对公共生活空间基于公共理性应具有的社会认知、社会情绪、社会价值观和社会行为的感知和认同，也是对公共利益、自由平等、公平正义等价值观念的认同与认可。在实践中生成的主观意识对公共生活有着能动的反作用。正因为如此，行为主体有序参与公共生活才具有了实践的意义，公共生活空间行为主体的主观意识也具有了一种

---

① 王俊秀. 社会心态理论：一种宏观社会心理学范式 [M]. 北京：社会科学文献出版社，2014：147.

② 袁贵仁. 马克思主义人学理论研究 [M]. 北京：北京师范大学出版社，2012：114.

公共理性规约下的价值观念意义。公共理性成为行为主体有序参与公共生活的实践前提、行为主体的合作美德、公共生活空间人的素质基础。

　　由此，行为主体有序参与公共生活的重要意义不言而喻。在公共生活空间，行为主体的有序参与对于政治、经济和文化领域的有序和谐发展、公共利益的维护、公共权力的监督、自尊自信的增强、社会现实的理性感悟等方面有着重要的作用。然而，在公共事件中，我们发现公众的冷漠感和怨恨情绪制约着自己的主动参与度和秩序性，限制了公共生活空间行为主体参与的积极性。而有效提升行为主体的自我参与满足感、价值感等主体性主观意识的强调，对于行为主体有序参与起着重要的心理推动作用。同时，有序参与也促成了行为主体的自我成长。一方面，有序参与使得行为主体之间沟通交流更为广泛，增进了彼此间的信任感和认同感，培养了公共理性精神，特别是对公共利益和公共价值观的认同、社会责任感的认同、宽容与克制及正义的美德培养等。另一方面，行为主体在有序参与中提高了运用公共理性的能力。行为主体通过反思自我与社会在公共生活空间的行为，做出社会期待的有序参与的公共理性行为，并随着社会发展不断予以调适与纠正。

　　从总体上看，行为主体有序参与的公共生活空间的实践是中国社会转型与现代化进程的实践。在实践中，充分发挥行为主体的主体性作用，即主观能动性作用，在中国这样一个现实语境中加以体现，必须符合以下三个原则。一是维护社会秩序的原则。"一个现代化的社会，应该既充满活力又拥有良好秩序，呈现出活力和秩序有机统一。"① 人是社会关系的总和，而社会关系必须在一定的社会秩序中才能保持和谐稳定的状态。作为意识的产物，人在实践活动中就必须以主观能动性维护社会秩序，保证个人利益的实现。二是合理参与的原则。行为主体有序参与公共生活空间的实践，并不是说行为主体无限发挥其能动性，而是其必须受到一定社会发展水平的限制、受到行为主体的主观能动性的制约。从历史发展的垂直角度，行为主体必须根据所处的政治、经济和文化发展水平合理地采取不同的参与策略。从水平角度，行为主体必须根据职责、身份及客观认识水平进行合理参与。同时，行为主体介入公共生活，面临公共事务，其主观认识水平和价值遵循等方面还有一个渐进的过程。因此，合理参与不仅意味着保持有序的社会语境和主观条件，也意味着逐步发展、有

---

① 习近平. 习近平谈治国理政：第四卷［M］. 北京：外文出版社，2022：338.

序深入目标的方式方法。三是遵守公共利益等正义的原则。"一个良序社会是一个由它的公共的正义观念来调节的社会。这个事实意味着它的成员们有一种按照正义原则的要求行动的强烈的、通常有效的欲望。"① 这是公共生活空间，行为主体有序参与的前提，也是共识基础。在相互承认基础上，行为主体在公共生活空间达成公共利益共识，实现社会合作发展。

同时，公共理性对行为主体的价值规导，也影响着行为主体公共生活空间的有序参与行为。其表现在：第一，行为主体有序参与的理性化与自觉化，是有序参与的主观条件。行为主体包括公民、不同集团组织、政府部门等。行为主体自身拥有的素质高低直接关系到其有序参与公共生活的程度。有序参与也就意味着合作美德、正义感、公共利益的追求等公共理性理念的养成，这是有序参与的素质前提。而行为主体对自身的共同体身份、责任的充分认识，是公共理性理念对行为主体的必然要求，是公共理性的内化自觉。没有这些主观意识的自觉性与理性，就无法发挥有序参与公共生活空间实践的积极性与有效性。第二，政府拓展其他行为主体有效参与渠道的努力。行为主体参与渠道是人们利益诉求的聚集平台，也是有序参与的客观前提。政府职能部门不仅是公共理性的主体之一，也是公共理性的客体组成部分，其自身必须拥有公共理性理念，在职能发挥中不断建设并发展有序参与的渠道，促进政府与公民、社会组织的交往合作。

而有序参与政治生活和社会组织则是行为主体介入公共生活空间的主要途径。第一，有序参与政治生活。参与组织决策是一项基本需求，为人们提供更多民主进程中有意义的体验能有效加强社会的稳定性。② 具体来说，主要指行为主体在法律法规范围内根据法定的权利和义务，理性、合法地参与政治生活。政治生活的有序参与，是遵从宪法、法律的规程。行为主体的有序参与，不仅包含了自我共同体意识、资格、责任、权利与义务的自觉与积极程度，也包含了行为主体以理性、合法的程序和途径等方式参与政治公共事务的讨论与管理。第二，有序参与社会组织。随着我国物质和精神财富的日益丰厚，人们参与社会实践的意愿也变得更加强烈。2016 年 8 月，中共中央

① 罗尔斯. 正义论 [M]. 修订版. 何怀宏，何包钢，廖申白，译. 北京：中国社会科学出版社，2009：359.
② CHILD J. Participation, Organization, and Social Cohesion [J]. Human Relations, 1976, 29 (5)：429-451.

办公厅、国务院办公厅印发了《关于改革社会组织管理制度促进社会组织健康有序发展的意见》。多元价值主体的公民参与社会组织，将自己的利益诉求加以表达，真正参与建设和谐社会的过程，使社会矛盾在有序参与中得以疏导与表达。同时，从众行为意味着人类作为社会性动物需要遵守团体社会规范，"也就是关于可接受的行为、价值观和信念的内隐（有时也可能是明确规定的）规则和信念"①，来促进有序参与的行为。"当我们为了得到他人的接纳和喜爱而顺从他人的影响时，规范性社会影响就发生了。"② 基层组织作为与人民群众联系最为紧密的社会组织，很容易成为人们参与的起点，也会导致人们公开顺从团体的信念和行为，在凝聚力量、增强信任感方面有着一定的优势。因此，必须推动基层自治有序发展，积极鼓励行为主体有序参与基层自治。同时，情感是团体的黏合剂。"情感像经济资源和权力一样分布于社会结构。"③ 当个体在从事志愿服务、公益、救助等活动时，能觉察到他者或团体获得的能量符合公共生活中公共理性理念的期待，会产生尊重、敬佩的情感，这样的情感能加强行为主体之间的联系，完成对社会组织的私下接纳，促进彼此之间的合作。故而，也要积极鼓励人们有序参与到公益活动等公共生活之中。

①　阿伦森，威尔逊，埃克特，等. 社会心理学［M］. 侯玉波，朱颖，等译. 北京：机械工业出版社，2014：183.

②　阿伦森，威尔逊，埃克特，等. 社会心理学［M］. 侯玉波，朱颖，等译. 北京：机械工业出版社，2014：183.

③　王俊秀. 社会心态理论：一种宏观社会心理学范式［M］. 北京：社会科学文献出版社，2014：117.

第五章

环境优化：公共理性视域下引导社会心态的
有效力量

　　"一个健康的社会心态，一定离不开一个健康的社会心态土壤和环境，而败坏的社会心态环境，通常是各种的病态社会心态滋生的温床。"① 经济、政治、文化和舆论环境是社会心态生成与发展的宏观的社会环境，这些社会环境中积极健康的内容也直接性地构成了引导社会心态的环境系统。

　　"物质生活的生产方式制约着整个社会生活、政治生活和精神生活的过程。"② 伴随经济发展而带来的政治、文化、舆论环境的变化，社会心态也因环境而发生一系列变化。环境的优劣深刻影响着健康社会心态的生成与发展。"既然人的性格是由环境造成的，那就必须使环境成为合乎人性的环境。"③ 环境造就了人，也造就了人的社会心态。合乎健康社会心态的环境，是根据健康社会心态的需要而特意创造的相应的客观条件，是环境优化的结果。优化环境的过程是"充分利用环境中的积极因素并将环境中的消极因素转化为积极因素，使环境成为思想政治教育的自觉手段，充分发挥其促进人的发展的作用"④。促进社会环境整体协同发展，可使优化的环境成为引导社会心态的有效力量。

　　优化的环境，不仅是社会心态引导活动的条件，也是进行引导教育的内容，"比抽象的文字表述更富有感染力和教育性"⑤。原因在于："社会的良性

---

① 胡红生. 社会心态论 [M]. 北京：中国社会科学出版社，2011：286.
② 中共中央马克思恩格斯列宁斯大林著作编译局. 马克思恩格斯文集：第2卷 [M]. 北京：人民出版社，2009：591.
③ 中共中央马克思恩格斯列宁斯大林著作编译局. 马克思恩格斯全集：第2卷 [M]. 北京：人民出版社，1957：167.
④ 陈万柏，张耀灿. 思想政治教育学原理 [M]. 2版. 北京：高等教育出版社，2007：111.
⑤ 张耀灿，郑永廷，吴潜涛，等. 现代思想政治教育学 [M]. 北京：人民出版社，2006：317.

发展会使得社会共识更容易达成，社会倾向于出现共享的情绪，这些构成了社会的核心价值观形成的基础。不断形成的社会核心价值观又会推动社会需求的满足、社会共识的达成和社会共享情绪的形成，促进社会核心价值观念的不断稳定和成型。当然，这是一个非常漫长的过程。"① 优化社会环境，使全体生活成员共同享有政治、经济、文化和舆论环境优化后的建设成果，有利于改善人们的社会认知、社会情绪与社会行为，不断内化社会核心价值观。而人们与他者共同体验的内在的共同性，包括社会情绪、社会价值观、社会规范或秩序等，一旦被调动起来，就会在政治、经济、文化和舆论环境中积极促成公共认知、公共情绪、公共价值和公共行为，意味着同时也有利于达成"自尊自信、理性平和、积极向上"社会心态在公共生活空间的社会认知、社会情绪、社会价值观与社会行为方面的共识。

社会心态应然状态在公共生活空间所表现出的"理性平和、积极向上"社会情绪与"积极向上"社会行为，积极意义存在于行为主体对共同生活的社会环境的优化之中。优化经济、政治、文化和舆论环境，为有效引导社会心态提供了支撑力、向心力、凝聚力和导向力。它们构成了公共理性视域下引导社会心态的有效力量。

第一节　优化经济环境，为有效引导社会心态提供支撑力

"思想、观念、意识的生产最初是直接与人们的物质活动，与人们的物质交往，与现实生活的语言交织在一起。观念、思维、人们的精神交往在这里还是人们物质关系的直接产物。"② 按照辩证唯物主义观点，社会心态建立在一定的物质经济的基础之上。而在影响人们社会心态的环境因素中，起决定作用的是一定的经济环境。合乎健康社会心态的经济环境构成了引导社会心态的支撑力量。引导社会心态要先启动对经济环境的优化。因此，优化经济环境，就是在充分认识社会心态与经济环境的互动关系基础上，使经济环境

---

① 王俊秀. 社会心态理论：一种宏观社会心理学范式 [M]. 北京：社会科学文献出版社，2014：141.
② 中共中央马克思恩格斯列宁斯大林著作编译局. 马克思恩格斯全集：第3卷 [M]. 北京：人民出版社，1960：29.

朝着有利于健康社会心态生成与发展的方向发展，为公共理性视域下引导社会心态提供"支撑力"①。

一、保持经济持续健康发展，夯实支撑力的物质基础

"在每个历史地出现的社会中，产品分配以及和它相伴随的社会之划分为阶级或等级，是由生产什么、怎样生产以及怎样交换产品来决定的。"② 经济发展是影响社会心态的最根本的基础问题。很多社会心态的生成与发展都是发展中的问题。

坚实的物质基础是保持经济持续健康发展的先决条件。"经济工作是当前最大的政治。"③ 提高生产力水平，促进经济增长，是"巩固政权和改善民生的根本基础"④，为健康社会心态奠定坚实的物质基础。人类第一个历史活动是生产满足人们生存所需要的衣、食、住以及其他东西的生产。⑤ 也就是说物质资料生产是人类历史活动的首要前提。社会心态生成发展于人类的历史活动之中。在满足人们生存发展需要的历史过程中，物质资料生产不仅是社会心态生成与发展的先决条件，也是引导社会心态的首要基础。"必须紧紧抓住经济建设这个中心，推动经济持续健康发展，进一步把'蛋糕'做大，为保障社会公平正义奠定更加坚实物质基础。"⑥ 没有坚实的物质基础，就不可能保持经济持续健康发展。

保持经济持续健康发展，就是要"推动经济实现质的有效提升和量的合

---

① 《辞海》对"支撑"的解释为"抵住，使不倒""设置在某些主要承重结构之间的构件"。很明显，"支撑力"自然也就意味着是使客体不倒的力量或者主要的承重力量。参见：夏征农，陈至立.辞海［M］.6版.上海：上海辞书出版社，2009：2931.
② 中共中央马克思恩格斯列宁斯大林著作编译局.马克思恩格斯文集：第3卷［M］.北京：人民出版社，2009：547.
③ 邓小平文选：第二卷［M］.北京：人民出版社，1993：194.
④ 田新文.民生政治：理解政治生活变化的新视角［J］.社会主义研究，2008（8）：106-110.
⑤ 中共中央马克思恩格斯列宁斯大林著作编译局.马克思恩格斯全集：第3卷［M］.北京：人民出版社，1960：31.
⑥ 习近平.切实把思想统一到党的十八届三中全会精神上来［N］.人民日报，2014-01-01（2）.

理增长"①，不断增强优质增量供给，为健康社会心态提供坚实的物质基础。党的十九大报告明确指出，我国社会主要矛盾已经转化为人民日益增长的美好生活需要和不平衡不充分发展之间的矛盾。② 美好生活已经从物质文化需要扩展至政治、安全、健康、公平正义等方面。这说明，人们的需求层次呈现出更高层面的质的要求，也对经济发展的质量提出了更高要求。而"发展经济的根本目的是更好保障和改善民生"③，那么，保持经济持续健康发展便是要围绕人民根本利益，集中解决发展不平衡不充分的问题，使得"协调成为内生特点、绿色成为普遍形态、开放成为必由之路、共享成为根本目的的发展"④，推动经济质的有效提升。进而，满足人们美好生活需要的同时，提升其满意度和幸福感，不断改善公众社会认知，促进社会心态的健康发展，为引导社会心态提供坚实的物质支撑力。

保持经济持续健康发展，必须协调经济发展中的人与人之间的生产关系，促进生产关系与生产力发展相适应，不断夯实引导社会心态的物质基础。生产力是经济发展的决定力量。生产关系作为一种物质利益关系，是物质生产中所结成的人与人之间的社会关系⑤，是一定生产力发展之下的产物，表现于公共生活空间人与人之间的交往合作之中，影响社会心态走向。当生产力发展时，生产关系也随之调整来适应和促进生产力的发展，承载着生产力发展的场所，于是，社会心态在生产力与生产关系的辩证统一中得以被引导。而如果生产关系此时没有及时得到协调发展，必然会阻碍生产力的发展，易产生社会矛盾，影响物质生产过程中的社会关系良性发展，有社会心态出现恶化的危险。当下，赢得人心，引导社会心态，必须协调发展生产关系，全面深化改革，促进生产力的发展，解决发展不平衡不充分问题，不断推动经济高质量发展，满足人民美好生活需要。

① 习近平. 高举中国特色社会主义伟大旗帜　为全面建设社会主义现代化国家而团结奋斗：在中国共产党第二十次全国代表大会上的报告 [M]. 北京：人民出版社，2022：28-29.
② 习近平. 决胜全面建设小康社会　夺取新时代中国特色社会主义伟大胜利：在中国共产党第十九次全国代表大会上的报告 [M]. 北京：人民出版社，2017：11.
③ 习近平. 习近平谈治国理政：第二卷 [M]. 北京：外文出版社，2017：374.
④ 高培勇. 深入理解和把握经济高质量发展 [N]. 人民日报，2020-05-07 (9).
⑤ 夏征农，陈至立. 辞海 [M]. 6 版. 上海：上海辞书出版社，2009：1145.

二、建设理性发展的经济环境，夯实支撑力的承载域

建设理性发展的经济环境，正是"理性平和、积极向上"的社会情绪与"积极向上"的社会行为的写照，是经济理性发展的态度与行为表现的场域，体现了行为主体在经济领域尊重经济规律，理智判断经济形势与现状的能力实践，更是经济发展目标和发展行为背后的理性与清醒。其背后是公共理性理念的表现。

经济的产生、发展是一个不断发展演化的过程，有其自身的发展逻辑。一旦违背了其内在逻辑，就会阻碍经济发展，造成不可估量的损失。在整个经济发展过程中，"经济发展主导要素不断变更和交融，新的生产要素不断涌现和创新"①，推动着经济新格局不断发展。发展着的经济会产生新的要素，新要素作为创新点又不断地促进经济继续朝前发展。经济发展总是经历着"常"新、"新"常的发展过程，这是符合事物发展运动规律的。故而，经济发展新常态就是我国经济发展的逻辑事实，是对我国经济发展逻辑的理性认识。而这样的经济新常态，反映在人们的社会心态中就是社会认知和社会情绪的不断变化。如果不及时地对其进行有效调整和引导，会引起社会心态内在要素之间的失衡，势必导致社会心态的进一步恶化，不利于经济的发展。我们要理性认识我国经济发展逻辑，促成理性的经济合作模式。

第一，理性认识我国经济发展逻辑，就是要尊重经济发展事实，理智地做出有利于经济发展的判断与决策。这是行为主体建设理性发展的经济环境的前提，也是公共理性理智能力的体现，有利于促进公共认知、保持社会心态的平衡。从发展角度来看，我国从农业国家到新中国成立以来开始的工业化建设，再到改革开放以来的社会主义市场经济建设，社会主义经济在不断的探索中发展。特别是改革开放以来，经济高速发展，取得了前所未有的成绩，人们的物质生活水平得到了很大的提高，"为促进公平正义提供了坚实物质基础和有利条件"②。这是我们经济继续发展的基础。与此同时，我们也必须辩证地看待目前我国经济放缓的事实，理性地看待经济发展出现的新问题。

① 何炼成. 中国发展经济学［M］. 西安：陕西人民出版社，1999：414.
② 中共中央宣传部. 习近平总书记系列重要讲话读本［M］. 北京：学习出版社、人民出版社，2014：72.

要意识到经济发展的逻辑事实，阶段性现实不会成为永久性；要意识到经济新常态不存在好与坏，而是经济发展的客观必然。无论是供给侧结构性改革、创新驱动发展战略、乡村振兴还是经济体制改革等，我们党和政府始终坚持实事求是的原则，一切从实际出发，找准问题的关键点和重要环节来解决问题，理智判断经济形势与现状，从而保证"经济实现质的有效提升和量的合理增长"①。在这样理性综合思维中，不断调整自我认知，保持社会心态的平衡。这是我们建设理性发展的经济环境的事实基础，也是理性发展的经济环境的表现场域。

第二，理性的经济合作模式，为行为主体参与经济活动提供了良好的合作模式，有助于协调社会关系，促进健康社会心态的生成。这是公共理性的合作美德与道德能力在经济领域的表现，有利于健康社会心态的生成与发展。按照功利主义的理解，在经济领域，人们是利益的结合体，利益双方均追求自我利益最大化，他们的理性经济合作就是承认自己利益基础上的一种自我利益博弈的过程。虽然功利的理性经济合作确实促进了社会的发展，但是，我们也要看到，这种经济合作模式看重的是自己或某一群体的利益而无视他人或整个社会的利益，其带来的负面作用也是显而易见的。显然，从长远来看，功利角度的理性经济合作是不利于社会发展的。因为和谐稳定才是长治久安之道。短期的经济效益不能否定长期的经济发展。从道义上来看，这也不利于社会心态的引导。所谓的理性，不仅是认识和把握世界的能力，而且是依据人类道德准则而进行判断和推理的能力。理性不能超越人类的道德底线，而且为了适应社会，人的发展也具有利他性行为。因此，理性的经济合作的含义在于，承认利益的多样性基础上，维护公共利益，并以合作美德与公共理性的能力在经济领域不断促进理性合作与社会发展，实现共赢可持续发展。只有保持理性合作，承认利益多元，为了相互利益而进行合作探索，才不会计较短期的得失；重视共同发展，才不至于"郁结于心"，成为情绪爆发的定时炸弹。

---

① 习近平. 高举中国特色社会主义伟大旗帜 为全面建设社会主义现代化国家而团结奋斗：在中国共产党第二十次全国代表大会上的报告［M］. 北京：人民出版社，2022：28-29.

第二节 优化政治环境，为有效引导社会心态提供向心力

向心力是"使物体沿着圆周或其他曲线运动的力，跟速度的方向垂直，向着圆心。比喻人们环绕某一中心的凝聚力量"①，强调的是朝着并接近某一中心运动的力量。政治环境的优化为有效引导社会心态提供了向心力，有利于社会心态朝着引导目标前行。政治生活中，最能触动社会心态心弦的则是民生工程。民生很容易成为公共事件的导火索，是关乎社会心态健康与否的中心所向。因为民生关乎资源或利益分配的公平正义、关乎公众基本权益保障、关乎基本生存与发展能力等，与公众的切身利益休戚相关，直接影响社会认知和社会情绪，进而影响到社会价值观。那么，改善民生的行为必然是集聚向心力的过程。而和谐的政治环境能为引导社会心态产生吸引效应，成为集聚向心力的引力场。

一、改善民生，集聚向心力的持续过程

民生关乎人心向背与社会和谐，"是最大的政治"②。某种程度上，重民生就是合民心，顺民意，是集聚向心力的持续过程。"民生问题是一切社会问题的根源，而社会心态只是民生问题的表现形式之一。"③ 故而，在一定层面上，"民生改善的程度决定了社会心态的好坏"④。改善民生、集聚向心力是引导社会心态的必然。

民生是人的生存与发展的问题。从人类历史发展来看，解决人的衣食住行等民生问题是人类生存与发展的一条主线。随着社会的发展，人们的生存与发展需求的层次也是不断变化发展的，民生的层次与内容也随之发生变化。

---

① 阮智富，郭忠新. 现代汉语大词典：上册 [M]. 上海：上海辞书出版社，2009：1140.
② 坚持全面从严治党依规治党　创新体制机制强化党内坚持 [N]. 人民日报，2016-01-13 (1).
③ 谭日辉，吴祖平. 社会心态与民生建设研究 [M]. 北京：中国社会科学出版社，2015：3.
④ 谭日辉，吴祖平. 社会心态与民生建设研究 [M]. 北京：中国社会科学出版社，2015：1.

"民生视角真正体现人的本质观。"① 民生问题解决得如何，决定了人的生存质量与发展速度、高度，也注定了民生与社会心态密切相关性。与此同时，民生因与人们的生存与发展息息相关，直接影响人们对政治秩序的认同度与信任度，也必然关乎社会和谐，"是人民幸福之基、社会和谐之本"②。而民生状况如何，是一个政党和国家能否获得民心、赢得人们支持的重要依据。故而，改善民生成为建立在经济和社会问题基础上的政治问题，能"从源头上预防和减少社会矛盾的产生"③，影响整个社会情绪走向和行为倾向。因此，改善民生是引导社会心态的必然。

改善民生，集聚向心力，必须以人们的利益诉求为出发点。这是民心所在。民生的内容涵盖了人的生存与发展需求的方方面面，是与人们相关的最直接、最现实的利益问题，包括衣食住行、就业、资源分配、安全医疗等社会保障，教育和文化等自我发展需求。以人们的利益诉求为出发点，就是一切以人民根本利益为先，坚持实事求是，充分尊重群众的意愿，"要从群众反映最强烈最突出最紧迫的问题着手，增强民生工作针对性、实效性、可持续性"④；从实际出发，根据人民群众不断发展的民生期待和需求，完善民生政策，真正满足与实现人们的利益诉求，使民生切实地始终成为民心所向之事，不断提升人们的满意度和信任感。这是促进社会心态健康发展的有效路径。所以说，改善民生的过程，始终是解决人民日益增长的美好生活需要和不平衡不充分的发展之间矛盾的持续过程。而这一过程也正是集聚向心力的过程。因此，改善民生的过程，伴随着人们的社会情绪、社会认知与社会行为的正向积极引导，有助于促进社会心态健康成长。

改善民生，集聚向心力，必须以民主建设为保障。从民主的价值出发，民主是人们根本利益的表达，并由大多数人的意愿控制和决定，对人的自由而全面发展具有积极意义。⑤ 这一点与改善民生的出发点是一致的。以民主建

---

① 肖冬梅，柳礼泉. 民生：邓小平认识社会主义优越性的新视角 [J]. 毛泽东思想研究，2010，27（1）：109-113.

② 中共中央宣传部. 习近平总书记系列重要讲话读本 [M]. 北京：学习出版社、人民出版社，2014：212.

③ 习近平. 习近平谈治国理政 [M]. 北京：外文出版社，2014：204.

④ 习近平. 习近平谈治国理政：第二卷 [M]. 北京：外文出版社，2017：363.

⑤ 欧阳康，陈仕平. 马克思民主思想及对当前中国民主建设的启示 [J]. 马克思主义与现实，2009（4）：28-32.

设作为改善民生的保障，是满足人们根本利益诉求的保证，也是保证公共利益的行为。现阶段，"发展全过程人民民主，维护社会公平正义，着力解决发展不平衡不充分问题和人民群众急难愁盼问题，推动人的全面发展、全体人民共同富裕取得更为明显的实质性进展"①。从民主的作用出发，民主是一种社会治理的方式，以"一定的规则与程序"② 规约或制衡权力凝聚共识，强调公共活动中的有序秩序。通过民主协商、民主决策与民主监督等形式，在重大民生问题上，积极回应人民的合理期待，扩大沟通渠道，共同协商；在民生决策上，征询广大人民群众的意见建议，避免武断而损害公共利益；以民主监督的形式保证人民共享建设成果。保障人民的参与权、决策权和监督权的民主建设，这不仅是政治系统的良性运转，更是不断改善民生的过程。正因为如此，改善民生，必须以民主建设为保障，集聚向心力。

二、巩固和谐的政治环境，集聚向心力的引力场

"人类不和谐的根源产生于利益的差别和不平等，但是通过有效的政治手段抑制这种差别和不平等，就可以建立和谐社会的基础。"③ 政治是经济的集中表现，经济是社会生活的主要内容。故而，和谐的政治环境是整个社会和谐的集中表现，指向公平正义、民主自由、权利义务、平等法治等，也必然地成为影响社会心态生成和发展的重要场域。

巩固和谐的政治环境，实质是保持和谐政治关系的努力。而这样的努力过程和结果呈现，是通过构建政治信任、营造风清气正的政治生态而实现的。无论是巩固和谐政治环境的努力过程，还是最终呈现出的和谐的政治环境，和谐的政治关系延伸到政治环境中都对人们产生吸引效应，表现出集聚向心力的运动状态，加速了人们彼此之间靠近的趋势。

（一）巩固和谐的政治环境，必须构建政治信任

政治信任是集聚向心力的基础，是行为主体通过政治活动而在政治环境中所习得和确定的行为和态度的预期。这种预期是行为主体与政府或政党之

① 习近平. 习近平谈治国理政：第四卷 [M]. 北京：外文出版社，2022：9.
② 欧阳康，陈仕平. 马克思民主思想及对当前中国民主建设的启示 [J]. 马克思主义与现实，2009（4）：28-32.
③ 桑玉成. 论和谐社会的政治基础 [J]. 复旦学报（社会科学版），2005（4）：1-8.

间两者合理预期一致性的表现，更是行为主体对公共权力的认同与服从的心理意识。从信任生成的过程和特征来看，政治环境中的和谐党群关系有助于生成政治信任；从信任生成后的作用来看，政治信任有助于进一步巩固和谐的政治环境。

第一，和谐的党群关系有助于生成政治信任。党群关系是政治环境诸多社会关系中重要的一对关系。对其处理的好坏直接关系到社会心态的走向、社会的和谐稳定。党群关系的和谐，是政党与群众、党员与群众、干部与群众之间的关系和谐。这是由中国共产党"全心全意为人民服务"的根本宗旨所决定的。毛泽东对党群关系做了形象的比喻，强调两者之间是"依存关系、学习关系和服务关系"①。处理党群关系必须处理好这三个关系，坚持以人民为中心，准确把握人民至上的立场观点和方法。和谐的党群关系主要表现为：群众对党员干部的信任与支持；党员干部始终将群众的根本利益作为出发点，正确处理人民内部矛盾，不断增强为人民服务的执政能力建设。人们在经历或者处理日常的政治关系中，如果屡次获得和谐的党群关系，并在彼此的互惠中推动和谐关系逐步走向可靠与稳定，此时双方的信任便得以建立。同时，一个政党强大的领导力、党员干部良好的政治形象、政府的服务型特征等，不仅是构建信任的来源之一，也是人们对和谐党群关系的期待。人们会基于对政党、政府和党员干部的期望特征，生成信任，并在积极互动中实现信任的自我巩固，保持政治信任水平的稳定甚至提升。

第二，政治信任有助于巩固和谐的政治环境。由信任到自觉的态度与行为，构成了社会良性互动的基础，有利于人们在所处的政治环境中获得自我安全感、维护社会秩序、促进政治参与和社会合作，这是从政治认知到政治认同、政治信仰的过程，也是引导过程中逐步生成健康社会心态、集聚向心力的过程。自我安全感是人们在政治活动中对自我认同以及对周遭环境与社会所具有的信心，是自我成长过程中所建立的防护体系，信任则是其中最重要的核心部分。因为"不信任是焦虑和不安全感的最有利的驱动力"②，对环境的不信任会引起不安全感，会让人产生焦虑、恐慌、无望甚至恐惧。而这

---

① 李桂华，高博. 毛泽东党群关系思想的当代启示 [J]. 东北师大学报（哲学社会科学版），2017（6）：107-111.

② 杨宜音，王俊秀，等. 当代中国社会心态研究 [M]. 北京：社会科学文献出版社，2013：115.

些会深深地影响人们的社会心态，对和谐的政治环境产生不利的影响。政治信任提升行为主体对政治环境和关系可靠的期望，降低或者消除不安全的危险，增强自我安全感，实现自我满足，集聚向心力。同时，政治信任是建立政治秩序的重要工具之一，是促进政治环境和谐的整合力量。政治活动中，人们依靠政治信任推动政治关系的协调与发展。政治信任通过规约行为主体的态度与行为形成政治秩序，促成了行为主体之间的合作，避免了风险与冲突。维护社会秩序成为政治信任的一个重要功能。

作为人们政治活动的理性动机，政治信任对公民政治参与具有促进作用，从而也具有了预测公民政治参与的态度与行为的功能。"信任通常足以避免特殊的行动方式所可能遇到的危险，或把这些危险降到最低的程度。"① 构建政治信任，能有效判断公民政治参与的态度和行为。这是化解矛盾、维护社会稳定的重要途径。与此同时，公平正义调整着政治信任对政治参与的影响程度。构建政治信任，必须走向公平正义来影响人们参与政治的态度与行为。这是政治信任的根本所在，决定了和谐政治环境的发展程度与质量水平。

（二）巩固和谐的政治环境，必须营造风清气正的政治生态

政治生态是在全面从严治党和反腐背景下提出的一个概念。"政治生态好，人心就顺、正气就足；政治生态不好，就会人心涣散、弊病丛生。"② 政治生态的优劣直击人心，与社会心态密切相关。风清气正的政治生态是政治主体健康、有序的生存发展状态，而且这种良好的状态是一种相对稳定的和谐状态。执政党作为政治活动的支配者和主动者，在一定政治生态环境中所形成的政治风气、政治品格，影响和制约着社会关系中人们的认知、情感与行为。营造风清气正的政治生态，巩固和谐的政治环境，是引导社会心态的必然要求。营造这一良好的政治生态重点是党员干部养成勇于自我革命的品格，严守党的政治纪律和政治规矩、严格执行组织纪律的行为。

勇于自我革命是营造风清气正的政治生态的品格保证。"勇于自我革命是中国共产党区别于其他政党的显著标志"③，是中国共产党保持自身先进性和

---

① 吉登斯. 现代性的后果 [M]. 田禾，译. 南京：译林出版社，2011：31.
② 习近平. 习近平谈治国理政：第二卷 [M]. 北京：外文出版社，2017：167.
③ 中共中央关于党的百年奋斗重大成就和历史经验的决议 [M]. 北京：人民出版社，2021：70.

纯洁性，确保不变质、不变色、不变味的鲜明品格。这个品格，建立在强大的"自尊自信"基础上，是始终坚持人民至上的政治立场，是理性判断现实世界并直面问题不断修正错误、确保初心使命不变的政治自觉。党员干部勇于自我革命品格的养成过程，也是不断自我完善和自我净化、密切联系群众、不断提升自我执政能力的过程。而"民心是最大的政治，正义是最强的力量"①。很明显，自我革命品格养成，以博大的境界感、浓厚的历史感、强烈的现实感②，凝聚民心，彰显正义，有助于营造风清气正的政治生态。

严守党的政治纪律和政治规矩、严格执行组织纪律，是营造风清气正的政治生态的行为自觉。政治纪律、政治规矩和组织纪律是对党员干部在政治生活中信仰、态度、立场和行为等方面的严格要求，是对政治主张一贯性的坚持，具有鲜明的政治含义，其根本的内容就是坚持人民至上。根本性内容的规定使得这一行为在政治环境中具有了很强的感召力和感染力，也激起了整个环境的自觉行为。严守党的政治纪律和政治规矩、严格执行组织纪律的行为，对外会形成强大的感召力，增强社会信任感，吸引人们以之为行动榜样，有助于风清气正的政治生态的形成；对内会形成感染力，促使每个人明确自己的责任和义务，体会政治纪律、政治规矩和组织纪律的重要性，"增强党内政治生活的政治性、时代性、原则性、战斗型，全面净化党内政治生态"③。

第三节 优化文化环境，为有效引导社会心态提供凝聚力

凝聚，"比喻人的思想、感情、心血等集中地出现在某一事物上"④。凝聚力便是凝聚力量的聚焦点所在。合乎健康社会心态的文化环境为有效引导社会心态提供凝聚力。表面上看，一个社会高水平的凝聚力与城市的各种积

---

① 中共中央关于党的百年奋斗重大成就和历史经验的决议［M］．北京：人民出版社，2021：66．

② 周湘莲，韩风华．中国共产党自我革命精神的品格特征［EB/OL］．光明网，2022-05-03．

③ 习近平．论中国共产党历史［M］．北京：中央文献出版社，2021：134．

④ 夏征农，陈至立．辞海［M］．6版．上海：上海辞书出版社，2009：1671．

极特点有关，如低犯罪率、高经济增长、低失业率和幸福的公民。① 实质上，一个社会的凝聚力则在于文化作用的发挥。文化不仅是一种观念形态，也是一种历史现象。作为观念形态的文化，涵盖了一个国家和民族的价值观念，是"一定社会经济政治的反映并对它们有反作用"；作为一种历史现象的文化，"随人类社会产生而产生、发展而发展"②。合乎健康社会心态的文化环境是把分散的、各不相同甚至排斥的力量以聚合方式统一并集中，凝结了来自不同目的、文化的引导社会心态合力；对行为主体的态度和行为具有重要的推动作用。一国或社会的文化能否有效引导社会心态、是否有利于健康社会心态的生成，取决于以文化作为载体的价值观能否促使行为主体之间达成社会共识，聚合成力；取决于文化作为一种历史现象，能否形成理性平和的文化环境引导社会心态实现其应然状态，促进和谐社会发展。而核心价值观属于公共价值，是公共理性的内核，突出地表现在文化及其环境之中，深刻地影响着公共生活空间的公共认知、公共情绪和公共行为。

培育社会主义核心价值观与构建理性平和文化环境，是人们有意识、有目地地优化文化环境的活动。这种活动突出表现为，人们在多元文化环境中，以健康社会心态为目标，整合各种多元文化所承载的不同价值观、情绪、认知与行为，并将之统一协调起来，形成有利于社会合作的共同的价值观、情绪、认知与行为。这一过程是把多元文化的排斥与无序凝结为文化凝聚力的过程。确切地说，这是文化层面凝聚引导社会心态力量的过程。也正因凝聚力所表现出的协调性、有序性与目标性，优化文化环境才能有效引导社会心态。

因此，公共理性视域下引导社会心态，必须优化文化环境。培育社会主义核心价值观，是提高凝聚力的重要环节，为引导社会心态提供共享的公共价值供给。理性平和的文化环境，是凝心聚力的辐射场，为有效引导社会心态提供凝聚力。

---

① FENGER M. Deconstructing Social Cohesion：Towards an Analytical Framework for Assessing Social Cohesion Policies ［J］. Corvinus Journal of Sociology and Social Policy，2012，23（2）：39-54.

② 康绍邦，胡尔湖. 新编社会主义辞典 ［M］. 北京：中国广播电视出版社，1991：106.

一、培育社会主义核心价值观，提升凝聚力的重要环节

核心价值观是"决定文化性质和方向的最深层次要素"①，是一个社会长期普遍遵循的"居统治地位、起支配作用的核心价值理念"②。抓住核心价值观就抓住了文化的决定力量。与此同时，核心价值观是社会心态的核心要素之一，对于社会心态的引导具有支配作用。而社会主义核心价值观，是中国公共理性的四维结构中最为稳定的内容，"是凝聚人心、汇聚民力的强大力量"③，在文化和社会心态中居于核心地位。这意味着公共理性视域下，培育社会主义核心价值观成为联结文化和社会心态的重要环节。核心价值观在文化和社会心态中的决定和支配作用，证明社会主义核心价值观是提升凝聚力的重要环节。而作为健康社会心态和文化要素的核心组成部分，社会主义核心价值观的培育过程本身也是"自尊自信、理性平和、积极向上"的社会心态形成的过程，为国家、社会和公民凝"心"、聚"气"。

（一）社会主义核心价值观的地位与作用，决定了它是表达凝聚力的重要环节

文化不仅是"人和外部世界的关系"中介，也是"同代人之间的社会联系和不同世代人们之间的历史联系"的中介。④ 它联结的主体是人本身。而社会心态的主体也是人本身。同时，核心价值观在文化和社会心态中具有支配地位。作为"文化软实力的灵魂"⑤，以文化为载体的核心价值观在文化中居于中轴地位，决定着文化的性质与方向。众所周知，持久和深层的健康社会心态取决于全民共识的核心价值观。核心价值观在社会心态中同样居于核

---

① 习近平. 习近平谈治国理政［M］. 北京：外文出版社，2014：163.

② 王泽应. 核心价值与民族魂魄：从中国传统价值观到中国特色社会主义核心价值观［J］. 湖南师范大学社会科学学报，2015，44（6）：9-16.

③ 习近平. 高举中国特色社会主义伟大旗帜为全面建设社会主义现代化国家而团结奋斗：在中国共产党第二十次全国代表大会上的报告［M］. 北京：人民出版社，2022：44.

④ 黎玉琴. 秩序与和谐的文化追求：超越个体理性和集体理性［M］. 贵阳：贵州人民出版社，2006：164.

⑤ 习近平. 习近平谈治国理政［M］. 北京：外文出版社，2014：163.

心地位，属于"社会心态中超稳定的部分"①，支配着社会心态。这说明作为文化和社会心态内核的核心价值观服务于人自身，决定着作为主体的人所拥有的文化精神与社会心态。显而易见，社会主义核心价值观是群体认同的核心依据，归属于社会共享的符号系统，是文化和社会心态之间的纽带与桥梁。透过核心价值观，我们不仅"能够穿越种种文化现象"② 理解和把握文化，也能够掌握行为主体社会心态所呈现出的态度。因此，在我国，社会主义核心价值观在文化和社会心态中的地位，决定着在引导社会心态过程中优化文化环境不能忽视社会主义核心价值观这个重要部分。

同时，社会主义核心价值观所具有的凝聚共识、统一行为的功能，也决定了它必然成为表达凝聚力的重要环节。社会主义核心价值观不仅具有动机功能，激发与调动行为主体以满满的正能量充满信心地参与社会合作；而且也具有评价性功能，是态度与行为的指导，主导社会态度和社会行为，对社会认知、社会情绪和社会价值观等产生影响。无论是动机功能还是评价功能，社会主义核心价值观的功能实质指向核心价值观所具有的凝聚共识功能。核心价值观通过评价社会态度与行为，以其承载的精神动力来凝聚力量。它是融思想、理想、道德等基本元素为一体的群体深层信仰系统，在国家、社会和公民三个层面发挥着强大的凝聚力。"群众知道了真理，有了共同的目的，就会齐心来做。"③ 在我国，只有牢固树立社会主义核心价值观，用合乎民族、国家的核心价值观去引导行为主体，才能塑造我们高度一致的社会判断，并以之作为评判尺度，评价公民、社会和国家的情绪、认知、价值观与行为，进而深深地影响着我们自身的思想与行为。在公共生活空间，核心价值观的功能集中表现为对社会合作的推动作用。

而积极培育社会主义核心价值观的过程，是认同和内化的过程，是形成凝聚力的过程。认同意味着核心价值观的共识建立，完成了公共认知，进而促使核心价值观内化于心成为行为主体信仰价值体系。这一价值体系表现在公共生活空间即是公共价值。而不断形成的社会主义核心价值观又推动社会

---

① 王俊秀. 社会心态理论：一种宏观社会心理学范式 [M]. 北京：社会科学文献出版社，2014：140.

② 沈壮海. 中国文化形象的五个维度 [N]. 人民日报，2016-02-25（24）.

③ 毛泽东选集：第四卷 [M]. 北京：人民出版社，1991：1318.

认知的同一性，这一行为有利于形成公共的认知；推动公共生活空间情绪表达的共识，促成公共情绪的生成，有利于将核心价值观外化于行，实现共识基础上的公共行为。简单地说，培育社会主义核心价值观指导行为主体情绪和行为的公共表达，有利于形成国家、社会和公民共享的价值观念，有利于公共生活空间公共认知、公共价值的形成。因此，在引导社会心态过程中优化文化环境，必须积极培育社会主义核心价值观，凝聚共识，深化凝聚力。这是由社会主义核心价值观的地位和作用决定的。

（二）培育社会主义核心价值观是引导社会心态的过程，为国家、社会和公民凝"心"、聚"气"①

培育社会主义核心价值观，使之内化于心外化于行，有利于"自尊自信、理性平和、积极向上"的社会心态的形成，并在国家、社会和公民三个层面展示了社会主义核心价值观凝聚健康社会心态的力量。

第一，社会主义核心价值观有利于"自尊自信"社会心态的形成。

作为全社会价值追求的社会主义核心价值观，国家层面的"富强"、社会层面的"自由"、公民层面的"爱国"分别展现了社会主义社会对国家、社会和公民建设目标的认同，进一步彰显了对国家建设目标、社会发展目标和公民道德建设目标的自尊自信。

富强，国家建设目标的自尊自信。贫穷不是社会主义，社会主义的根本任务是发展生产力。即通过大力发展生产力，创造大量物质财富，不断增强国家综合国力，同时，要不断促进人民生活不断富裕，过上更有尊严的生活，逐步实现中华民族伟大复兴，使中华民族屹立于世界民族之林。这是近现代以来中华民族的热切期盼和不懈追求。因此，社会主义核心价值观之一的"富强"，既是国家建设目标，也是中国特色社会主义道路、中华民族和文化的深切认同，更是国家层面的一种自尊自信。

自由，社会发展目标的自尊自信。恩格斯认为，社会主义制度"将给所有的人提供健康而有益的工作，给所有的人提供充裕的生活和闲暇时间，给

---

① 此部分内容主要来自：史亚丽，柳礼泉. 良好社会心态助力核心价值观［J］. 思想政治工作研究，2016（2）：24-25.

所有的人提供真正的充分自由"①。同时，马克思、恩格斯在《共产党宣言》中设想未来共产主义社会是这样一个联合体：每个人的自由发展是一切人自由发展的条件。党的十八大和十九大报告指出，党的任务之一就是要"保证人民依法享有广泛权利和自由"②。社会主义核心价值观之一的"自由"正是在中国传统儒释道的"自由"含义基础上，发扬马克思主义自由思想而形成的；是社会层面对"自由"的深刻认同；表明了社会主义社会的本质特征，充分体现了社会主义制度对实现人类本性的自尊自信，是共产党和社会主义发展目标的自尊自信。

爱国，公民道德建设目标的自尊自信。自古以来，国家的繁荣富强离不开公民的爱国情怀。从中国古代"家国同构""天下兴亡，匹夫有责"，到社会主义社会"为实现中华民族伟大复兴而奋斗"的爱国情感，正包含了爱祖国和爱国家的深刻内涵。社会主义核心价值观公民层面的"爱国"价值观的提出，正是基于对"爱国"作为公民道德建设目标的认同，体现了爱祖国、爱中国特色社会主义国家的自尊自信。

因此，"自尊自信"的社会心态，正是社会主义核心价值观所要表达的内涵之一。培育社会主义核心价值观，有利于彰显国家、社会与公民建设目标的"自尊自信"，强化认同度。

第二，社会主义核心价值观有利于"理性平和"社会心态的形成。

"理性平和"作为健康社会心态的表现内容之一，是一种独立思考、判断的思维方式及温和平静的态度，是价值观的外在表现。社会主义核心价值观中，国家层面的"和谐"、社会层面的"法治"和公民层面的"友善"，分别显示出国家、社会和公民三个层面"理性平和"的思维方式和态度。

和谐，中国特色社会主义国家文化的理性平和。"和谐文化是建设社会主义和谐社会不可或缺的文化基础"③，是中国特色社会主义的本质属性。而价

---

① 中共中央马克思恩格斯列宁斯大林著作编译局. 马克思恩格斯全集：第21卷 [M]. 北京：人民出版社，1965：569.

② 胡锦涛. 坚定不移沿着中国特色社会主义道路前进　为全面建成小康社会而奋斗：在中国共产党第十八次全国代表大会上的报告 [M]. 北京：人民出版社，2012：25.
习近平. 决胜全面建设小康社会夺取新时代　中国特色社会主义伟大胜利：在中国共产党第十九次全国代表大会上的报告 [M]. 北京：人民出版社，2017：37.

③ 中宣部思想政治工作研究所综合研究部. 构建社会主义和谐社会的文化基础 [N]. 光明日报，2006-06-05 (6).

值观是文化形态的核心组成部分。① 那么，"和谐"也必然是社会主义国家文化的核心。它继承中国传统"和为贵""和而不同""天人合一"的优秀文化，强调以和谐理念为核心。作为社会主义核心价值观之一的"和谐"，要求在处理各项事务时，将"和谐"作为一种行为规范，力求人与人、人与自身、人与社会、人与自然之间的互助合作、互惠互利、和谐发展；注重通过建立一系列调整利益关系和化解矛盾的制度及政策，实现社会整体的和谐与国家长治久安。故而，某种程度上，"和谐"的实质是在寻找一种理性平和的思维方式和态度。

法治，社会秩序的理性平和。作为社会主义核心价值观的"法治"是马克思主义同中国实际相结合的产物，是"依法治国"与"以德治国"的有机结合。从党的十五大第一次把"依法治国，建设社会主义法治国家"确立为治国方略，到十八大"全面推进依法治国"并将"法治"纳入社会主义核心价值观内容，再到社会主义核心价值观融入法治建设②，这些都说明党对"法治"的理解又上升到了一个新的高度。"法治"作为社会主义核心价值观的内容之一，强调宪法与法律至上，要求全党和全国人民树立"法治"理念，并将之内化为自身的核心价值观；崇尚遵纪守法的精神，要求凡事都有章法、办事有程序，表现出整个社会关系有条不紊、井然有序；同时，基于制度和法律，任何集体和个人都可以对自己的行为后果做出准确判断，并以一种逻辑的、理性的思维方式依法平和地处理各项关系，将权力关进制度的笼子里，不断保障自由、权利、公平和正义。

友善，公民人际交往的理性平和。人是社会性的存在，人际交往是社会中的人不可避免的事实，也是一个人事业成败和社会道德水平高低的重要评价标准。作为社会主义核心价值观公民层面的内容之一，"友善"是一种友好亲近的道德情感，是人们处理人际关系的道德准则，强调"己所不欲，勿施于人"的理性态度与平和处事方式，注重谦虚友好、尊重他人的平和态度，

---

① 何新. 中外文化知识辞典［M］. 哈尔滨：黑龙江人民出版社，1989：1-2.
② 2016年中共中央办公厅、国务院办公厅印发《关于进一步把社会主义核心价值观融入法治建设的指导意见》，对社会主义核心价值观融入法治建设做具体部署。2018年中共中央印发《社会主义核心价值观融入法治建设立法修法规划》，2021年中央宣传部、中央政法委、全国人大常委会办公厅、司法部印发《关于建立社会主义核心价值观入法入规协调机制的意见（试行）》。

主张"出入相友、守望相助"的理性互助交往。其背后深深地包含着"仁者爱人"的大爱之心，是对公民人际交往理性平和的诉求。

由此可以看出，"和谐""法治""友善"的社会主义核心价值观，恰恰彰显了国家、社会和公民三个层面的"理性平和"诉求，是整合思维方式与态度的努力，具有方向性和凝聚力，有利于促进国家、社会和公民三个层面思维方式与态度的理性平和。

第三，社会主义核心价值观有利于"积极向上"社会心态的形成。

"积极向上"作为一种进取的态度和行为选择，是基于价值与道德之上的理性行为选择，深深地蕴含于社会主义核心价值观之中。而一国之国家、社会和公民的核心价值观，决定着其理想目标和行为准则。无论是国家层面的"富强、民主、文明、和谐"，还是社会层面的"自由、平等、公正、法治"，抑或是公民层面的"爱国、敬业、诚信、友善"，社会主义核心价值观都为我们提供了丰富而明确的国家、社会和公民的应然思想、态度和行为，从一个侧面勾勒出国家、社会和公民积极向上的行为选择。

从国家层面上来看，"富强、民主、文明、和谐"是社会主义现代化建设的积极向上，蕴含着既要实现民富国强、人民当家作主，又要实现文化更加繁荣昌盛、社会和谐稳定、人民安居乐业的深刻含义。这一行为选择，传承了中华民族近代以来的实现伟大复兴的美好愿望，凝聚着全国人民对于国家理想的积极向上追求；同时，又勾画出社会主义现代化国家的建设目标，是社会主义现代化建设的行动指向。这一行为选择体现了国家在经济、政治、文化等方面的价值导向和理想信念，反映出社会主义国家积极向上的社会心态。

从社会层面上来看，"自由、平等、公正、法治"是社会行为的积极向上，蕴含着寻求平等的政治和社会地位、促进每个人自由而全面的发展、加快构建公平公正社会体系、让法治成为一种精神追求等深刻含义。社会主义也一直朝着"自由、平等、公正、法治"的目标前进，并以此为核心价值观，促使人们在社会发展目标方面不断达成共识，调整社会行为，维持社会良序，体现出社会行为的积极向上。

从公民层面上看，"爱国、敬业、诚信、友善"是公民道德行动的积极向上，涵盖了公民政治生活、职业道德、社会公德等方方面面的内容，承载着一代又一代中国人关于道德行为的精神追求，体现着社会主义社会道德进程中公民应具有的道德准则；更是深含着对公民道德修养的行动要求，集中表达了当代公民道德行动的积极向上。

二、营造理性平和的文化环境，提升凝聚力的辐射场

辐射场是以文化为中心由内而外多方向、多渠道地无形输出能量的场域。营造理性平和的文化环境，是让"理性平和"像空气一样无处不在，四处散发着魅力并潜移默化地引导着人们的社会心态。行为主体在社会生存与发展中形成的社会心态是众多因素共同构成的立体画面。在这些因素中，文化占据了一个重要的位置。"一个没有文化的社会实际上就如一个人没有灵魂，当然就不会使这个社会呈现出和谐状态。"① 也就是说，社会心态的引导，仅仅靠优化政治和经济环境是不够的，还需要以文化人，深入人的心灵深处去解决。从文化功能的角度来看，理性平和的文化环境是凝聚力的辐射场，对引导社会心态有着重要的意义；从文化现象的角度来看，理性平和的文化环境为社会心态的引导提供凝聚力。

（一）文化功能决定了理性平和的文化环境是凝聚力的辐射场

营造理性平和的文化环境强调的是一种具有温和平静、理性思维方式的文化氛围，属于意识范畴。它以观念的形式存在于人们内心，又外化于物质载体上，本质上是一种精神性文化。"文化是人的本质力量的对象化"②，意味着文化的主体是人。文化以其所具有的社会功能，突出其所具有的凝聚力。理性平和的文化环境，为引导社会心态提供了凝聚力，辐射整个文化环境甚至影响到了政治和经济环境的总体氛围。其社会功能主要包括教化功能、导向功能、整合功能和凝聚功能。无论是教化功能、导向功能，还是整合功能，这些都为凝聚功能服务，都是其凝聚力的表达。

教化功能，顾名思义就是教育感化。教化功能主要体现在文化对不同群体的态度与行为的教育感化作用。文化是"决定某个人类群体生活的独特性

---

① 黎玉琴. 秩序与和谐的文化追求：超越个体理性和集体理性［M］. 贵阳：贵州人民出版社，2006：159.
② 陈新汉. 哲学视阈中的文化、文化功能及文化自觉［J］. 哲学动态，2012（8）：5-12.

和真实性的行为、物质创造和制度的总和"①。一个民族、群体之所以不同于他者，正是因为不同文化塑造了不同类型的人。教化功能还表现在文化对个人道德等修养的提升作用。"文化，就是对人进行智力、美学和道德方面的培养。"② 文化通过教化来规范个人言行、提升修养，最终将之内化于心，达到自我行为和态度的约束。从而，通过人这个中介，文化与外在世界发生联系。借助文化，行为主体将外在世界加以改造，促进人与社会发展。故而，理性平和的文化环境，其教化的意义在于为社会培养适应社会发展的人才。即不仅仅是要塑造理性平和的人，也要培养有素质修养的人，同时，在公共生活空间通过激发行为主体理性平和的理念与实践，为提高凝聚力提供永久的动力支持，并促使行为主体在文化环境这一辐射场，汇聚力量实现自我约束。于是，文化的教化功能无形中实现了凝聚力的主体——人的素质供给。这也是提高凝聚力的内驱力。

导向功能，指理性平和的文化引导人们在价值观念、思维方式、行为等方面做出理性平和的选择。文化不是一个独立的物质形态，它依附于社会的制度、风俗习惯、道德规范等社会肌体之中，但又引导着这些载体的走向。显而易见，理性平和的文化，决定着个人和群体的思维和行为发展方向。通过营造理性平和的文化环境，将理性平和的思维方式、价值判断和行为倾向等不知不觉地渗透于人们的生活中，使之内化于心，潜移默化地引领个人与群体寻找理性平和的精神家园，追寻理性平和的精神文化。故而，理性平和的文化环境最重要的功能，就是引导人们在公共生活空间交往合作中秉承理性平和的思维方式与行为评价标准。这是凝聚力的方向性要求。

整合功能，旨在使文化由部分而结合为结构紧密、相互关联的整体，实现行为主体之间的合作、和谐发展。在公共生活空间，文化的整合功能是不可或缺的一部分。某种程度的整合，是维持社会生存与发展的必要行为。营造理性平和的文化环境本身是文化发挥整合功能的过程。其整合过程，是通过文化协调自身不同结构部分，形成和谐一致的整体的过程；是在一个国家整合不同民族、群体的文化，使他们相互紧密相连，密不可分的过程。从而，国家以文化统一行为主体的思想与行为，加强彼此之间的合作与团结，促进

---

① 埃尔. 文化概念 [M]. 康新文，晓文，译. 上海：上海人民出版社，1988：54.
② 埃尔. 文化概念 [M]. 康新文，晓文，译. 上海：上海人民出版社，1988：54.

社会稳定与发展。而"整体决定部分的不仅是它们的联系，还有它们的本质"①。理性平和的文化环境实质是对核心价值观的充分认知与尊重，并将之内化于心，形成信仰，调整心理平衡度。构建理性平和文化环境，要整体地看待文化的外在表现形式，使这些形式都服务和服从于理性平和文化环境的构建。因此，文化整合功能的发挥，不仅要分析文化载体等外在表现形式，更要关注动机与目的之间的联系。

文化是一个国家、社会凝聚力和创造力的重要源泉。文化的凝聚功能，指某个社会或国家的行为主体之间相互吸引并能凝聚全部资源朝着一个既定目标或方向而运动。具体表现为，凝聚一国之群体力量，为实现共同的目标与理想，文化将人们紧紧团结在一起，使人们享有普遍认同的道德和价值观念、思维方式和行为规范等。由此可以看出，凝聚功能自身具有导向性。而凝聚的过程便是整合文化、教育感化并汇聚力量的过程，最终处理的是人们在公共生活空间的社会关系。理性平和的文化环境，是对文化情绪或思维方式的强调。它的凝聚功能在于，在承认社会多元文化价值基础上，以理性平和为目标，融合文化多样性，汇聚适应公共生活空间人的生存与发展的力量，协调社会关系并促进社会合作。人作为文化环境的主体，在构建"为我而存在的关系"中生存和发展②。故而，理性平和的文化环境构成了不同文化背景的人们优化文化环境所需要的基本要素，成为凝聚力的聚焦点，可以有效地促进行为主体的心理需求，促进人与人之间的良好社会关系的发展，进而推动人与人之间、人与社会之间和谐发展。文化凝聚功能的意义也正在于此。

因此，从文化功能的角度来看，理性平和的文化环境对引导社会心态有着重要的意义，是凝聚力的辐射场。与此同时，作为优化环境的重要组成部分，营造理性平和的文化环境，是要通过构建自尊自信、崇德向善、春风化雨般的文化氛围，为社会心态的引导提供凝聚力。

（二）理性平和的文化环境为社会心态的引导提供凝聚力

文化现象是文化呈现出的外部状态。自尊自信、崇德向善、春风化雨般的文化氛围，是理性平和的文化环境呈现出的主要现象。

---

① 本尼迪克. 文化模式［M］. 何锡章，译. 北京：华夏出版社，1987：40.

② 陈新汉. 哲学视阈中的文化、文化功能及文化自觉［J］. 哲学动态，2012（8）：5-12.

　　自尊自信的文化氛围，是理性平和文化环境的基础。自尊自信的文化氛围意味着对自我文化的认知与认同。对文化的自尊，是以正确而理性地认识本民族或地区或国家文化为前提的充分尊重，蕴含着相互性的标准，即对彼此文化平等地位的尊重。对文化的自信，是对本民族或地区或国家文化的自信，更是对文化的核心即价值观的充分自信，并坚信文化的生命力与发展。自尊自信的文化氛围时时刻刻都在左右着人们的价值判断、思维方式和行为。在自尊自信的基础上，行为主体通过自身的文化认知与认同，剖析社会，规范社会认知与需求，促成对自我情绪与行为的规约，才能积极地营造理性平和的文化环境。

　　崇德向善的文化氛围，是理性平和文化环境的核心。理性平和文化环境的影响力取决于它的核心文化。其核心文化在于对合作美德的崇尚和对公平正义的追求。合作美德是人类实现良序社会所必须拥有的德性。罗尔斯认为，进行公平社会合作的美德是"诸如公民美德与宽容的美德、理性和公平感的美德"①。而对公平正义的追求则促进了社会合作的稳定，在公共生活空间集中表现为对公共利益的追求。这些核心文化的构成会在不知不觉中同化行为主体的文化与价值观底色，形成一套公共生活空间的社会评价体系，最终左右着行为主体在公共生活空间的情绪和行为。

　　春风化雨般的文化氛围，是理性平和文化环境的方式方法。文化弥漫于人类生活的方方面面，主要以内化的方式渗入人们的日常生活之中，并通过人们的言行举止在公共生活空间表现出来。文化的"场效应"能以其无形的魔力，强化同质的文化，消弭、吞噬、重构异质的文化。而这一切都是在无声无息、无硝烟中"和平"进行的。② 理性地认识文化作用的方式方法，要春风化雨般地以极具亲和力、感召力的方式，将有形化为无形，无声无息、平和宁静地影响着人们的情绪与行为。反之，暴力、强制性的方式违背了人的心理对和谐的渴望，容易引起人们的反感，产生抗拒心理，不利于文化的接受及以文化人的效果。因此，文化的说教方式，追求的是理性平和的方式，通过人们自发接受，自觉内化为左右其判断的价值观，最后再将文化以自发

---

① 罗尔斯. 政治自由主义 [M]. 万俊人，译. 南京：译林出版社，2011：180.

② 车洪波，郑俊田. 文化作用方式的特点及其启示 [J]. 中共杭州市委党校学报，2003（4）：73-77.

的方式发散出来，作用于周围群体之中。

第四节 优化舆论环境，为有效引导社会心态提供导向力

合乎健康社会心态的舆论环境是舆论环境优化的结果，构成了引导社会心态的导向力。随着信息技术的发展，网络技术带动下的现代传媒所形成的舆论环境，"表现出交互性、开放性、全球性、隐匿性、即时性、自由性和虚拟性等特征"①，"庞大的信息量、极快的传播速度，成为网络传播最为突出的特点"②。从传统媒体扩展至网络媒体，现代舆论环境变得更为开放，深刻地影响着社会心态的生成与发展。"现代公共传媒作为介于私人领域和国家权力之间专门从事信息收集、处理、传播以影响与公共利益有关政策的形成的公共生活空间形式，它不仅成了人们知识获取、信息交流的重要工具，而且也是人们交换意见、形成公众舆论的理想场所；它不仅发展成为一种具有旺盛生命力的产业，而也是一股重要的社会政治力量。"③ 正确的舆论导向，可以校正人们的认知误区，调整情绪与行为，构成了强化导向力的必然行为；积极向上的舆论环境有利于促成社会心态应然状态形成，是强化导向力的指引场。

一、净化舆论空间，强化导向力的必然行为

舆论正确与否"与一个社会中的凝聚，以及价值上的一致性有关"④。因为只有道德价值"才能如此牢固地抓住能够引起孤立威胁和孤立恐惧的情绪"⑤。这说明，舆论的潜在功能是社会控制⑥。故而，从舆论的社会控制功

---

① 杨仁忠. 公共领域论 [M]. 北京：人民出版社，2009：275.
② 杨仁忠. 公共领域论 [M]. 北京：人民出版社，2009：276.
③ 杨仁忠. 公共领域论 [M]. 北京：人民出版社，2009：262-263.
④ 诺尔-诺依曼. 沉默的螺旋：舆论——我们的社会皮肤 [M]. 董璐，译. 北京：北京大学出版社，2013：240.
⑤ 诺尔-诺依曼. 沉默的螺旋：舆论——我们的社会皮肤 [M]. 董璐，译. 北京：北京大学出版社，2013：240.
⑥ 诺尔-诺依曼. 沉默的螺旋：舆论——我们的社会皮肤 [M]. 董璐，译. 北京：北京大学出版社，2013：240.

能来看，净化舆论空间是强化导向力的必然行为。

众所周知，传统媒体和网络媒体构成了现在的舆论环境。而随着手机用户突破 10 亿、传统媒体纷纷转移至网络空间，网络已经成为舆论的主渠道。舆论环境复杂多样，"传媒在无数次重复中形成了刻板印象"①，而刻板印象容易导致社会认知的偏见发生。网络媒体的隐匿性也隐去了人们的道德约束力，公众在舆论空间可以假借公共之名发表自我看法，发表言论肆无忌惮，每个人都是自媒体发言人，自行一派自说一言。即时性与交互性及"群体情绪的夸张与单纯"②，助长了无底线的情绪发泄和语言表达。道德约束力被群体情绪消解，群体情绪"通过相互传染的过程，会很快进入群体中所有人的大脑，群体感情的一致倾向会立刻变成一个既成事实"③。在舆论空间，谩骂、谎言、无根据的猜测等非理性行为蔓延，真假难辨。"接触媒体暴力能够增加人们的攻击性。"④ 自由性与开放性使现代媒体信息量越来越大，每个人都是媒体人，每个人都在以自己的立场和视角制造新闻信息；同时，为了最大限度地引起人们的注意力，信息制造者们甚至不惜罔顾事实而制造噱头，只为博人眼球。"新媒体已成为社会热点事件曝光的主要渠道，当重大事件发生时，许多人是通过网站和微博来了解信息的。网络意见领袖的影响逐渐走出虚拟空间，在网络舆论场上发挥越来越重要的作用。民众表达渠道多、门槛低，舆论引导和报道把关的难度越来越大。"⑤ 在真真假假的舆论环境里，净化舆论空间成为强化导向力的必然行为。

从国内国际形势来看，净化舆论空间，强化导向力是一种必然行为。当前，我国正处于全面深化改革时期，在促进经济、政治和文化发展的同时，一些诸如民生保障、经济结构性体制性矛盾等问题亟待解决。这些问题反映出人们对美好生活的期待。同时，全球化深度发展之下，国与国之间经济与政治联系日益紧密，全球范围内中西思想文化交锋越来越频繁，人们的思想

① 诺尔-诺依曼. 沉默的螺旋：舆论——我们的社会皮肤 [M]. 董璐，译. 北京：北京大学出版社，2013：160.
② 勒庞. 乌合之众 [M]. 冯克利，译. 北京：中央编译出版社，2005：33.
③ 勒庞. 乌合之众 [M]. 冯克利，译. 北京：中央编译出版社，2005：24.
④ 阿伦森. 社会性动物 [M]. 9 版. 邢占军，译. 上海：华东师范大学出版社，2007：206.
⑤ 李从军. 谁能引领现代舆论场 [M]. 北京：人民出版社，2014：211-212.

和价值观念等表现出多元化趋势。"国内问题和国际问题互联，社会矛盾的关联性、敏感性、复杂性明显增强"①。复杂多变的国际形势与处于全面深化改革关键期的国内形势相互交织在一起，人们的认知判断、满足感、幸福感等主观情绪与行为表达都呈现于舆论空间。"拜金主义、享乐主义、极端个人主义和历史虚无主义等错误思潮不时出现，网络舆论乱象丛生，严重影响人们思想和社会舆论环境"②，而"大众媒体决定哪些事件可以进入议事议程"③。在这样的一种乱象情境中，优化舆论空间，进一步强化导向力显得尤其重要。然而，部分主流媒体因资本或行政权力等原因在面对群众的呼声时，出现不实报道或片面报道，甚至集体不发声回避问题的做法，拱手让出舆论主导权，任由他者（如自媒体等）占领舆论空间，更容易引起公众的怀疑与不满。"政府借助资本控制和行政权力等对主流媒体日常新闻报道活动的非科学干预，从长远来看将严重损害主流媒体的权威性和公信力，对此需要引起政府的高度重视。"④ 众多公共事件的发生也表明公众得到的信息不对称或片面化，政府信息不及时公开导致了公众判断失误和非理性行为。而这一系列的事实无法凝聚共识，无法让人们理性地做出判断与采取行动，不利于中华民族伟大复兴的中国梦的实现。因此，必须净化舆论空间，为群众答疑解惑，疏导公众情绪，强化导向力。

净化舆论空间，强化导向力，主要在于舆论制造者的自我净化功能以及对导向的把握。这是对舆论社会控制功能的认识。公民个人既是现代媒体的舆论制造者，也是舆论的受众者；主流媒体的工作者则是舆论环境的主体。作为公民，面对庞大的舆论信息需要具有自我净化功能，理性地识别与判断纷繁的信息，并依据内心道德标尺与公共利益原则，在公共媒体平台做出符合社会交往合作的情绪与行为表达，成为自我净化的主体和有序参与的主体。只有这样，公民才能在多元价值背景下不至于盲从，甚至歇斯底里地发泄而

---

① 李从军. 谁能引领现代舆论场 [M]. 北京：人民出版社，2014：211-211.

② 习近平. 高举中国特色社会主义伟大旗帜 为全面建设社会主义现代化国家而团结奋斗：在中国共产党第二十次全国代表大会上的报告 [M]. 北京：人民出版社，2022：5.

③ 诺尔-诺依曼. 沉默的螺旋：舆论——我们的社会皮肤 [M]. 董璐，译. 北京：北京大学出版社，2013：157.

④ 王永贵，等. 意识形态领域新变化与坚持马克思主义指导地位研究 [M]. 北京：人民出版社，2015：231.

消失了公共生活空间的责任感与道德感。同时，在舆论环境中的群体需要意见领袖，因为人们保持着与公众一致的需要。① "只要有一些生物聚集在一起，不管是动物还是人，都会本能地让自己处在一个头领的统治之下。"② 舆论对群体的号召力建立在意见领袖"利用断言、重复和传染进行普及的观念，因环境而获得了巨大的威力"③ 中，因此，意见领袖的理性思辨、正义感和理智判断能力，在舆论环境的净化和导向作用发挥中显得尤为重要。"主流媒体作为党和国家、人民的喉舌，承担着宣传国家大政方针、凝聚社会各界共识、促进社会安全稳定、维护国家民族利益、塑造民族精神品格的重任。"④ 主流媒体在舆论环境中的重要地位决定了其担负着净化舆论空间、强化导向力的重要职责。主流媒体因其"权威"身份，"一旦导向错误、内容安全失守，不仅有损媒体自身公信力，也可能伤害党和政府的形象"⑤。在网络信息时代，信息传播速度快，有的媒体载体具有不可更改性，一旦内容出错，便"覆水难收"，产生不可估量的恶劣影响。因此，担负着意识形态建设重任的主流媒体，其话语权和传播力的不断加强，就是时刻保证舆论的趋向性与方向性，为中国梦的实现凝聚力量。同时，媒体人在开放的舆论环境中，必须"始终坚持正确政治方向和舆论导向"，明确"面对不同的声音、不同的利益诉求，如何把握大局，明辨是非，正确引导舆论；面对传统媒体与新媒体的交错融合，面对现实和虚拟世界两个舆论场，如何趋利避害，扬长避短"⑥。具体来说，除了职业要求必须具备的专业能力外，媒体人本身必须具有合作美德、公共理性能力和正义感。这是媒体人必须具备的舆论引导的自我素质。而在一般性的政治宣传说服力不足的情况下，主流媒体必须不断增强舆论信息的透明度和公开度，引导公共讨论的正确方向，维护公共利益，保证理性平和地处理社会关系。从而，在舆论空间避免盲目性和情绪的不可控性，促使人们的社会合作统一在共同体之中，形成清朗的舆论空间氛围；也为积极

---

① 诺尔-诺依曼. 沉默的螺旋：舆论——我们的社会皮肤 [M]. 董璐，译. 北京：北京大学出版社，2013：40.
② 勒庞. 乌合之众 [M]. 冯克利，译. 北京：中央编译出版社，2005：96.
③ 勒庞. 乌合之众 [M]. 冯克利，译. 北京：中央编译出版社，2005：106-107.
④ 李从军. 谁能引领现代舆论场 [M]. 北京：人民出版社，2014：121.
⑤ 李从军. 谁能引领现代舆论场 [M]. 北京：人民出版社，2014：121.
⑥ 李从军. 谁能引领现代舆论场 [M]. 北京：人民出版社，2014：198.

向上的舆论环境建设打下良好的环境基础，为健康社会心态的形成肃清风气。

二、创造积极向上的舆论环境，强化导向力的指引场

舆论环境中技术和言语的哗众取宠，只能博得一时的关注，而无法最终获得制胜的把握。因为，"他们却不可能影响我们去为他们同意的总统候选人投票，或者让我们采纳他们在堕胎道德方面所持的观点"①。舆论的内容才是取胜的最终关键点。"热点事件发生时，网络上聚集着大量的意见和观点。有理性的看法，也有大量非理性的看法。往往这些非理性的观点又特别能够迎合很多人的心理。如果没有正确的判断和理性的把握，一味地迎合社会心理去进行新闻报道，就可能助长各种不真实、不正确的信息的传播。"②因此，要创造积极向上的舆论环境，必须推出"有思想、有温度、有品质"的舆论内容，增强影响力和吸引力，全面而深入地做好舆论宣传工作，做到疏导情绪和规范行为，为社会心态的引导创造良好的舆论环境，使之成为强化导向力的指引场。

有思想的内容，首先，"必须坚持巩固壮大主流思想舆论，弘扬主旋律，传播正能量，激发全社会团结奋进的强大力量"③。"宣传思想工作就是要巩固马克思主义在意识形态领域的指导地位，巩固全党全国人民团结奋斗的共同思想基础。"④ 而社会主义核心价值体系是社会主义意识形态的本质体现。⑤创造有思想的舆论内容，强调以社会主义核心价值体系为指引，凝聚共识。调查数据显示，在价值观选择中，71.8%认同"公正（公平正义）"，61.5%选择"和谐"，55.0%选择"民主"，"仁爱"与"法治"分别为47.3%与45.3%，"人本"和"自由"均为43.7%⑥，证明社会主义核心价值体系有着广泛的认同基础。"坎农发现，当一个人的自信心受到削弱时，他（她）便不

① 阿伦森. 社会性动物［M］. 9版. 邢占军，译. 上海：华东师范大学出版社，2007：60.
② 李从军. 谁能引领现代舆论场［M］. 北京：人民出版社，2014：126.
③ 习近平. 习近平谈治国理政［M］. 北京：外文出版社，2014：155.
④ 习近平. 习近平谈治国理政［M］. 北京：外文出版社，2014：153.
⑤ 胡锦涛. 高举中国特色社会主义伟大旗帜　为夺取全面建设小康社会新胜利而奋斗：在中国共产党第十七次全国代表大会上的报告［M］. 北京：人民出版社，2007：34.
⑥ 陈彦斌，周斌. 中国省域民众核心价值观调查报告［J］. 人民论坛·学术前沿，2013（9）：80-86.

愿意听到与自己的信念相反的观点。"① 因此，以社会主义核心价值体系为主的舆论内容，因其认同的广泛性而更容易达成公众共识，凝聚统一力量。其次，有思想的舆论内容，旨在以深度和广度增强吸引力和凝聚力。"深度"指舆论内容的客观、深刻、理性；"广度"指舆论信息的公开、全面。现代媒体之下，舆论信息成群结队地迅速涌来，又迅速地淡出视野。人们对真实信息、对公平正义舆论内容的刚性要求也越来越高。只有有深度和广度的思想内容才能在碎片化信息之外穿透人们的内心，具有持久性的魅力，并得以被认同内化为人们的信念来指导行动；才能全面地展现信息内容，满足人们对于真实信息的渴望和对公平正义的期待。

有温度的内容，指舆论内容围绕人的发展，借助情感和理性，诚意报道，创造出积极向上的舆论环境。人是具有情感的动物。主流媒体的舆论信息内容以人们关心的自我发展内容相关，能聚合社会注意力。这是舆论发挥作用的第一步，也是人们感受真情实意的有温度的舆论的前提。有研究表明，"那些主要接受情感信息的人，比那些主要接受逻辑信息的人，更经常地投票给那些宣传信息中所支持的候选人"②。在理性的舆论内容中融入真挚的情感，能让人们在情绪水平上生出舒适感，产生情感共鸣，增强认同的信任感，从而使宣传的内更容易于被接受。

有品质的内容，指舆论内容围绕社会发展，基于社会正义和道德高度，增强舆论宣传的可信性。尽管现代媒体新闻传播渠道更广、内容更多、速度更快，但是，高品质的舆论内容仍然更具有价值。从宣传的来源者来说，"我们的意见会受到那些可靠而且值得信任的人的影响"③。正直的人和道德高尚的人可信性更强，更值得让人信赖，舆论宣传效果更好。从宣传的内容来源来说，公平正义和道德是人们终其一生追求的理性力量。对这些内容的强调，更容易激起公众的认可度和注意力。因此，有品质的内容是对正义和道德的坚守。同时，及时、准确地宣传舆论信息，不给虚假信息话语权，是维护主流媒体的权威性、保证有品质内容持续发酵的不二法门。而如实发布公开公平的信息，传播社会正能量，让主流媒体充当人们明辨是非的先导，能不断

① 阿伦森. 社会性动物 [M]. 9版. 邢占军，译. 上海：华东师范大学出版社，2007：77.
② 阿伦森. 社会性动物 [M]. 9版. 邢占军，译. 上海：华东师范大学出版社，2007：61.
③ 阿伦森. 社会性动物 [M]. 9版. 邢占军，译. 上海：华东师范大学出版社，2007：60.

增强公信力和公众对主流媒体的忠诚度，反过来，又增强了主流媒体的传播力和渗透力。

有思想、有温度和有品质的舆论内容，不是单一发挥作用，而是共同发声发力，为创造积极向上的舆论环境做出内容上的努力，制止负面舆论信息带来的放大效应，从而为社会心态引导提供良好的舆论环境，成为强化导向力的指引场。

第六章

制度建设：公共理性视域下引导社会心态的必要保障

素质提升是公共理性视域下引导社会心态的内在基础。一旦行为主体诉求的素质得以养成，就被人们内化为内在的心理基础，以主体的自觉性来约束社会情绪与社会行为。这是一种软性的约束，来自行为主体的自律。除此之外，公共理性视域下引导社会心态还需要制度的刚性制约与保障。根据制度运行形态的不同，制度的类型包括制度、体制与机制。① 根据制度运行地位的不同，制度分为基本制度与具体制度。任何一种社会制度系统，都有一定的基本制度和具体制度，维系着社会生存与发展。其中，制度着眼于确立行为规范，是在规范层面上的使用。"机制是对不同主体之间相互联系和相互作用的方式和过程所做的一种制度安排，表现为一种动态过程。"② 两者均属于广义的制度范畴。基本制度是"反映某一关系方面的本质内容和根本特征，是体现它内在的、本质的、一般的规定"③。它提供了社会背景正义，对其他具体制度具有约束性。社会基本制度如果发生改变，那么，整个社会制度系统的性质就会发生改变。具体制度是"为维护社会基本制度，实现社会发展目标而建立起来的一系列具体的社会制度"④。机制发挥作用的范围决定了其属于具体制度范畴。它们在各自领域发挥着重要作用。

"不论处在什么发展水平上，制度都是社会公平正义的重要保证。"⑤ 公平正义的社会制度能激发人们基于价值判断做出"善"的选择，并使人们在社会关系调整与行为实践中获得制度意蕴的价值观，进而决定人们的情绪与

---

① 辛鸣. 制度论：关于制度哲学的理论建构 [M]. 北京：人民出版社，2005：93-94.
② 辛鸣. 制度论：关于制度哲学的理论建构 [M]. 北京：人民出版社，2005：97.
③ 辛鸣. 制度论：关于制度哲学的理论建构 [M]. 北京：人民出版社，2005：98.
④ 崔希福. 唯物史观的制度理论研究 [M]. 北京：北京师范大学出版社，2010：81.
⑤ 习近平. 切实把思想统一到党的十八届三中全会精神上来 [N]. 人民日报，2014-01-01(2).

行为，最终推动行为主体的社会心态朝着健康方向发展。因此，"对由于制度安排不健全造成的有违公平正义的问题要抓紧解决，使我们的制度安排更好体现社会主义公平正义原则，更加有利于实现好、维护好、发展好最广大人民根本利益"①。从宏观上看，社会主义的社会制度，为公共理性视域下引导社会心态提供了公平正义的制度保障，构成了良好的制度环境。而科学理性的引导机制，是引导社会心态的具体制度，是基于社会心态内在生成规律所做的一种具体制度安排，属于制度层次组成部分。它能帮助社会及时对社会心态进行监测与研判，对情绪加以疏通并畅通矛盾化解通道，实现社会心态的有效引导。

第一节　制度建设对引导社会心态的重要意义

"现存制度只不过是个人之间迄今所存在的交往的产物。"② 作为人的现实存在方式，制度与人的思想观念、情绪和行为有着密切联系，势必会影响到社会心态。制度本身具有的规范与价值的双重内涵，意味着引导社会心态诉诸制度是必要的。而制度具有的功能、目标指向，则意味着制度为社会心态的引导提供了有效保障。

一、规范与价值：引导社会心态诉诸制度的必要性

关于"制度"不外乎两层含义：一是从制度的存在方式角度，制度是一种社会共同遵守的规范，根本上是社会关系的规范；二是从制度的价值性角度，制度是社会价值观念的共识性表达。从语义角度分析"制度"是探索制度的开始。古往今来，人们赋予了"制度"诸多含义。在中国古代，制度有两层含义。制度是约束人们行为的规范与规则。例如，《周易·节》中，"节以制度，不伤财，不害民"。其次，制度也是法令礼仪典章的总称。例如，《中庸》将法令礼仪作为制度的形态，"非天子，不议礼，不制度，不考文"。

---

① 习近平. 切实把思想统一到党的十八届三中全会精神上来 [N]. 人民日报，2014-01-01 (2).

② 中共中央马克思恩格斯列宁斯大林著作编译局. 马克思恩格斯全集：第 3 卷 [M]. 北京：人民出版社，1960：79.

到了现代，按照《辞海》的界定，制度不仅是一种规程或准则，也是一种体系。具体来说，制度是要求大家共同遵守的、按一定程序办事的规程或行动准则；在一定历史条件下形成的政治、经济、文化等各方面的体系。① 归纳起来，无论是古代还是现在，人们对于制度的理解有着相似之处，即都强调制度是人的行为规范，也是遍布于人们政治、经济和文化等生活领域的各个层面社会关系。

制度是一种规范。罗尔斯将制度"理解为一种公共的规范体系，这一体系确定职务和地位及它们的权利、义务、权力、豁免等。这些规范指定某些行为类型是可允许的，另一些则为被禁止的，并在违反出现时，给出某些惩罚和保护措施"②。也就是说，制度告诉人们可以做什么、不能做什么。西方制度经济学认为，制度是"人们行为的习惯和理性选择"③。而这种行为的选择是基于制度作为"整合社会主体要素和客体要素"的中介性存在而做出的选择。诺斯将制度归为，在人与人的社会关系中经济秩序的合作规范④，发挥着统一协调人们经济交易行为的作用。伦理学则将制度当作一种人与人关系且具有规范意义的范畴。⑤ 站在马克思主义角度，"制度是社会关系的存在方式，在人与人之间的社会关系中，最基本的关系是利益关系。因此，制度又是利益关系的对象化形式"⑥。"只有通过具体社会制度对纷繁复杂的社会关系进行种种规范，抽象的、潜在的社会关系才能得到现实的表现，即通过人们的规范的角色模式和行为发生才能表现出来。"⑦ 故而，制度根本上是社会关系的一种规范。"首先是客观、稳定的社会交往关系结构。这个客观稳定的社会交往关系结构，首先标识的是特定社会交往关系的框架结构以及这种框架结构自身内在所固有的运行机制及其程序。"⑧ 因此，制度是人们在公共生活

---

① 夏征农，陈至立. 辞海 [M]. 6 版. 上海：上海辞书出版社，2009：2949.
② 罗尔斯. 正义论 [M]. 修订版. 何怀宏，何包钢，廖申白，译. 北京：中国社会科学出版社，2009：42.
③ 胡代光，高鸿业. 西方经济学大辞典 [M]. 北京：经济科学出版社，2000：422-423.
④ 诺思. 经济史中的结构与变迁 [M]. 陈郁，罗华平，等译. 上海：上海人民出版社，1994：225.
⑤ 朱贻庭. 伦理学大辞典 [M]. 上海：上海辞书出版社，2002：271.
⑥ 崔希福. 唯物史观的制度理论研究 [M]. 北京：北京师范大学出版社，2010：65.
⑦ 崔希福. 唯物史观的制度理论研究 [M]. 北京：北京师范大学出版社，2010：60-61.
⑧ 高兆明. 政治正义：中国问题意识 [M]. 北京：人民出版社，2014：10.

的互动中，通过对行为主体行为的规范，调节彼此之间社会关系，保障社会秩序稳定发展的规范系统。引导社会心态诉诸制度，正是基于制度的规约性。

从制度的存在方式深入探究制度的根本所在，我们发现，制度也是一种社会价值观念的共识性表达，主要表现为思想习惯和文化现象。它通过人们所遵循的规范，告诉人们应该相信什么。这是制度的灵魂。从伦理学角度，制度指某些道德活动方式的稳定形式及规定规则，道德价值和道德规范是既定制度的本质规定和运作框架。① 以旧制度经济学家凡勃伦为代表，他认为，"制度实质上就是个人或社会对有关的某些关系或某些作用的一般思想习惯"，"人们是生活在制度——也就是说，思想习惯——的指导下的，而这些制度是早期遗留下来的"。② 文化人类学把制度归为"已建立的，公认具有强制性的一整套社会文化规范和行为模式"③。我国学者陈颐认为，"制度是人们在社会生活中自然形成和创造出来的决定人们行为的文化现象"④。而文化却是社会共同拥有的价值观，联结着行为主体，构成了社会心态的核心组成部分，是行为主体在社会交往合作中的行为依据。故而，制度具有了价值性的功能，是对社会价值观的共识表达，必然地深刻影响着社会心态的发生与发展。

需要强调的是，只有始终代表公共价值的制度才是人们对于社会的真实感受，才能真正促进社会与人的发展，才能有效引导社会心态，形成健康社会心态，并持续稳定地发挥着持久力量。完善制度的意义也正在于此。

二、功能与目标：制度之于引导社会心态的保障

从制度的两个内涵，我们延伸出制度的两个重要功能：规范性引导与价值性引导。制度的功能发挥，为人们的情绪与行为提供了标准尺度，决定了人们在社会中的价值关系，为共识的价值观提供合法性根据，有效引导着社会心态。制度最终的目标是社会心态引导过程中制度建设必须掌握的重要问题。而制度功能的发挥突出体现在制度目标意义上。制度生成后，人们只有将制度所蕴含的价值观与行为规范内化于心，将行为表现为制度价值观塑造的模式与自觉规范，才完成了从制度到制度化人的过程，这是制度持续发挥

---

① 金炳华，等. 哲学大辞典 [M]. 修订本. 上海：上海辞书出版社，2001：1983.
② 凡勃伦. 有闲阶级论 [M]. 胡依默，译. 北京：商务印书馆，1964：139-140.
③ 陈国强. 简明文化人类学词典 [M]. 杭州：浙江人民出版社，1990：321.
④ 陈颐. 简论以制度为学科对象的社会学 [J]. 社会科学研究，1988（6）：65-70.

作用的意义所在，也是制度最终的目标所在。而制度从无到有，是行为主体的行为从无序到有序的过程，是行为主体适应社会合作而从无到有逐步建立和完善相关制度的过程。这是一种制度供给，同时也是制度化的过程。故而，从制度建设的角度，制度最终的目标在于制度化人与制度供给。制度的功能发挥与目标实现，为社会心态的引导提供了必要保障。

（一）制度的功能

规范性引导来自人类公共生活对规范性的必然需求。从人的本质意义上看，制度伴随着人们的社会活动而粉墨登场，用以约束人们的政治、经济和文化等社会行为。马克思将制度归为"个人之间迄今所存在的交往的产物"①，制度的这种存在方式揭示的是人类社会生存的社会关系的规范性。换句话说，制度是建立在社会关系之间交往合作基础上的各种行为规范，"隐含着一切合程序而产生的结果均具有其特定的正当性与合理性这一信念与结论，甚至，这种程序本身就是实质内容的现实存在"②。同时，"社会的制度形式影响着社会的成员，并在很大程度上决定着他们想要成为的那种个人，以及他们所是的那种个人"③。即制度通过规范图式，为社会交往合作提供明确的行为举止的界限，规范与修正人们在公共生活中的情绪与行为，并使人们以制度为标准尺度规约自己的情绪与行为。从而，一种稳定、有序的社会秩序得以形成。制度的规范性引导减少了不确定性的风险，也隐含了权威性和强制性的意蕴。因此，制度规范性功能的发挥在于，正向激励有利于社会交往合作的规范性行为，抑制、限制甚至禁止非理性的不利于社会交往合作的行为，以及做出对人们情绪和行为表达的预期判断。故而，制度本身成为社会行为塑造和引导的内容。而且，"公共性是制度追求的核心价值与取向"④。这意味着公共理性规定了制度的文本，是对"共识和一致同意的规范说

---

① 中共中央马克思恩格斯列宁斯大林著作编译局. 马克思恩格斯全集：第3卷 [M]. 北京：人民出版社，1960：79.

② 高兆明. 政治正义：中国问题意识 [M]. 北京：人民出版社，2014：24-25.

③ 罗尔斯. 政治自由主义 [M]. 万俊人，译. 南京：译林出版社，2011：249.

④ 金太军，鹿斌. 制度建构：走出集体行动困境的反思 [J]. 南京师大学报（社会科学版），2016（2）：12-22.

明"①。那么，在公共生活空间，制度的规范性作用发挥在于，对社会心态的公共情绪和公共行为的目标与方向性的规定与支持，对消极社会心态带来的社会情绪与社会行为的制约。鉴于此，公共理性视域下引导社会心态，需要系列制度来规范公共生活空间社会情绪与社会行为的表达，为其提供一种规范力量的支撑，引导社会心态的社会情绪和社会行为朝着有利于社会交往合作的理性与有序的方向发展。

制度的价值性引导在于，"制度作为一种社会成员权利-义务关系的安排，本身就是一种价值关系，表达了特定的价值理念，具有伦理性"②。其内涵的价值观念必然成为行为主体在社会交往合作中共同遵守的价值准则，有助于人们明确彼此在公共生活空间的价值关系，形成公共生活空间公共价值的共识表达，有助于培育行为主体的道德能力。从而，在健康社会心态的价值观层面，确保其稳定性实现。而这样的内在价值引导一旦形成，制度便对行为主体具有足够的激励功能，"使得社会能够有效整合社会成员的创造性和积极性，最大限度地开辟和调动各种社会资源和社会潜力，对社会资源实现合理、优化的配置"③。行为主体交往合作的过程就是不断遵守制度规范并深刻领悟制度价值内涵的过程。于是，制度不仅是实体的规则体系，更是蕴含着行为主体交往合作时所必须遵循的价值准则。也就是说，参与社会交往合作的行为主体对制度的遵守不仅体现在实体的规则执行上，更是体现在执行过程中对于制度所体现的价值关系及价值观念的遵守。在马克思那里，共产主义制度是自由人的联合体。罗尔斯设定正义的两个原则适用于制度。"第一个原则：每个人对于其他人所拥有的最广泛的平等基本自由体系相容的类似自由体系都应有一种平等的权利。"④ "第二个原则：社会和经济的不平等应这样安排，使他们（1）被合理地期望适合于每一个人的利益；并且（2）依系于地位和职务向所有人开放。"⑤ 这些原则"是那些基本结构的公共规范确定的

① 金太军，鹿斌. 制度建构：走出集体行动困境的反思 [J]. 南京师大学报（社会科学版），2016（2）：12-22.
② 高兆明. 政治正义：中国问题意识 [M]. 北京：人民出版社，2014：20.
③ 辛鸣. 制度论：关于制度哲学的理论建构 [M]. 北京：人民出版社，2005：199.
④ 罗尔斯. 正义论 [M]. 修订版. 何怀宏，何包钢，廖申白，译. 北京：中国社会科学出版社，2009：47.
⑤ 罗尔斯. 正义论 [M]. 修订版. 何怀宏，何包钢，廖申白，译. 北京：中国社会科学出版社，2009：47.

权利和自由"①。故而，马克思和罗尔斯的相似之处在于，理想社会制度的价值关系是自由而平等的权利和义务关系。从这个层面上说，制度决定了人在社会中的价值关系，或者说决定了其享有的权利和义务。这是对行为主体利益分配的价值引导。此外，制度蕴含的价值观念是制度得以稳定和持久存在的根本所在，它解释了制度合理存在的合法性根据，并借助制度的强制性加以维护，成为行为主体执着于遵守制度并自觉将之内化为自我核心价值观的意义所在。由此可知，制度的价值性引导为健康社会心态的形成提供了价值指导，成为公共理性视域下引导社会心态的必不可少的保障。

（二）制度的目标

"制度为人而存在，人是制度的目的。"② 制度的目标必然地与人的发展有着密切联系，也必然地与人的社会心态有关。制度的目标在于制度化人，使制度的规范与价值理念内化于心。制度的目标还在于制度供给，是对于社会发展所做出的公开承诺。也正是制度的目标存在，保障了社会心态的引导。

制度化人是制度的目标之一。制度的持久性与稳定性有助于生成社会规范与价值观念的持久力量，能稳定社会心态。制度随着社会现实关系而产生，"内蕴着基于价值评价的价值选择活动。活动主体总是基于特定的价值观念对行为目的、动机、手段、结果等作出评价，进而决定自身的行为"③。人们在社会现实中感受到来自制度的社会规范和制度所包含的价值观的压力。而如果这样一种压力来自人们内在的自觉行为控制，那么，这意味着制度化的过程中行为主体形成了大量有关行为的规范信念，人们认同了制度蕴含的价值观，并将之内化于心成为自身价值观的一部分。同样地，制度化后的核心价值观决定着行为主体在公共生活空间的认知判断及社会行为，从而为社会心态的稳定性提供了价值基础。这也是制度化人的过程。唯有此，才能真正实现制度的实体与非实体价值。因此，制度对社会心态的引导作用也只有内化于心才能真正发挥持久作用，制度所表现的规范与蕴含的社会价值的意义，

①　罗尔斯. 正义论 [M]. 修订版. 何怀宏，何包钢，廖申白，译. 北京：中国社会科学出版社，2009：49.

②　崔希福. 唯物史观的制度理论研究 [M]. 北京：北京师范大学出版社，2010：211.

③　高兆明. 政治正义：中国问题意识 [M]. 北京：人民出版社，2014：31.

在制度化人中才能产生良好的效果。

制度供给是制度的目标之一。制度供给是人类社会生存与发展寻求秩序化的必然，是人们从不固定的社会生活向普遍认同的行为模式与价值观念转化的过程。"它们是一些人为设计的、形塑人们互动关系的约束。从而，制度构造了人们在政治、社会或经济领域里交换的激励。"① 制度的生成来源于人们之间社会交往合作而做出的共同约定，是对于共同的价值观念和行为倾向的客观的公共承诺，有助于增强引导社会心态的凝聚力。这种承诺形成的过程是一种制度供给，也是制度化的过程。这一过程是制度公共性形成的过程。"制度是公共产品，是针对所有人或一类人而制定的，在后一种情况下，虽然是针对特定身份的人而制定的，但仍然是匿名的。因此，制度对于其辖域内的对象施普遍适用的，任何人没有例外。"② 人们之间"通过交往确立共同的价值观念，并确定共同的组织规范，再通过组织机构的建立，使社会规范的实施得以保证，制度化过程得以完成"③。"制度化使群体与组织的制度完备，规范明确统一，有助于增加社会凝聚力，加强社会控制，增进社会的秩序。"④ 于是，制度从无到有的供给过程不仅仅是制度化过程，更是对社会公开所做出的承诺。制度也因此呈现出了公共性的特点，为人们的公共生活提供了共识的价值观念和共同的行为规范，直接指向公共利益的行动，有助于巩固公共认知，有效规范行为主体行为，调节社会关系，促进社会合作。而价值观、认知、行为等恰是关乎社会心态的结构内容。因此，我们要说，制度建设为引导社会心态提供了必要保障。

第二节 公平正义的社会制度是引导社会心态的制度基础

人的社会化过程伴随着彼此之间社会合作以及共同应对挑战的过程。在

---

① 诺斯. 制度、制度变迁与经济绩效 [M]. 杭行，译. 上海：格致出版社，2008：3.
② 李志江. 良序社会的政治哲学 [M]. 北京：人民出版社，2009：242.
③ 庞元正，丁冬红. 当代西方社会发展理论新词典 [M]. 长春：吉林人民出版社，2001：537.
④ 庞元正，丁冬红. 当代西方社会发展理论新词典 [M]. 长春：吉林人民出版社，2001：537.

这个过程中，人们建构共识、促进合作与发展的依据在于"人们对公正的理念上，包括对不公平的感受（例如，剥夺感），对违反公平原则行为的感受和认知（例如，对腐败行为），对恢复公平的要求（例如，惩罚）"①。这也正是健康社会心态的题中要义。而作为"正义的基本结构"②之制度，是基于客观事实与普遍公平正义诉求而对人们共同期望的价值观做出的正式承诺，提供了可预期的明确的行为倾向，强调信任、正义等。良序社会里，"基本的社会制度普遍地满足、也普遍为人所知地满足"正义原则，"共同的正义感又使他们牢固的合作成为可能"③。唯有公平正义的承诺，制度才会被公众公共认可，达成不同利益基础上的共识；才能协调社会关系，最终形成从无到有的制度供给，实现制度化人。公平正义的社会制度成为调节社会关系、形成价值共识的工具，是健康社会心态的基础。故而，制度建设中，公平正义决定制度能否成为行为主体认同并自觉执行的价值理念，关涉健康社会心态的生成与发展。我们必须建设对保障社会公平正义具有重大作用的制度。

一、公平正义的社会制度之于健康社会心态的意义

制度"生存的根本性基础也就在于它在何种程度上获得了社会赞同"④，而社会赞同来自社会群体的公共认知。"每个人都拥有一种基于正义的不可侵犯性，这种不可侵犯性即使以整个社会的福利之名也不能逾越。"⑤ 公平正义的社会制度因其保障每个人平等的自由权利和利益分配的公平合理，得到了行为主体的广泛认可与践行。这是制度有效运行的基础，也是健康社会心态生成与发展的基础。也只有这样，行为主体才会对制度所蕴含的价值观念产生认同，才会对社会予以积极支持。"正义是社会制度的首要德性。"⑥ "当制

---

① 杨宜音. 2015 社会心态新特征 [J]. 人民论坛，2016（4）：78-80.

② 罗尔斯. 作为公平的正义：正义新论 [M]. 姚大志，译. 北京：社会科学出版社，2011：164.

③ 罗尔斯. 正义论 [M]. 修订版. 何怀宏，何包钢，廖申白，译. 北京：中国社会科学出版社，2009：4.

④ 辛鸣. 制度论：关于制度哲学的理论建构 [M]. 北京：人民出版社，2005：201-202.

⑤ 罗尔斯. 正义论 [M]. 修订版. 何怀宏，何包钢，廖申白，译. 北京：中国社会科学出版社，2009：3.

⑥ 罗尔斯. 正义论 [M]. 修订版. 何怀宏，何包钢，廖申白，译. 北京：中国社会科学出版社，2009：3.

度（按照这个观念的规定）是正义的时，那对参与着这些社会安排的人们就获得一种相应的正义感和尽到他们自己的努力来维护这种制度的欲望。"① 故而，公平正义的社会制度关涉健康社会心态的生成与发展，为健康社会心态提供了情绪和行为规范以及价值支撑。

第一，公平正义的社会制度为健康社会心态提供情绪和行为规范的支持。公平正义是人们一生孜孜不倦的理想追求。而人们对社会公平正义的认知与情绪直接影响社会心态的平衡程度。比如，强烈的不公平感认知可能会引发不满的社会情绪，容易导致极端行为发生。

从制度具有的确定性、强制性和公共性看，制度提供了行为主体在公共生活空间应具有的情绪与行为的尺度。制度具有的确定性，为公共生活空间行为主体提供了必须共同遵循的行为规范；制度具有的强制性，则促使行为主体必须以制度为准则，将制度纳入自我公共生活空间的社会情绪与社会行为之中。相应地，公平正义的社会制度为行为主体提供了良序社会的行为规范，督促行为主体在情绪表达与行为倾向方面必须与公平正义有逻辑上的一致性，为健康社会心态提供了情绪和行为上的规范。"制度是公共性的实践载体和保障，公共性是制度追求的核心价值与导向。从这种关系出发，公共理性应当成为制度建构的前置性条件。"② 那么，公平正义的社会制度因其对公平正义的遵从，在公共生活空间建立起"一个人们通过日常生活经验感到值得信任的抽象系统"③，这个抽象系统以一系列规则与规范形象出现，在全社会确立起普遍的相互承诺及其合理预期的信任关系，成为可信赖的规范系统，也因此具有了权威性与普遍性。

社会制度在形式、程序与实质内容上的正义追求，从外在表达、过程与实质内容方面，为行为主体提供了公共生活空间的情绪与行为规范。社会制度的公平正义理念，意味着其内容必须符合制度的内在规律，必须遵守这一

---

① 罗尔斯. 正义论 [M]. 修订版. 何怀宏，何包钢，廖申白，译. 北京：中国社会科学出版社，2009：359.
② 金太军，鹿斌. 制度建构：走出集体行动困境的反思 [J]. 南京师大学报（社会科学版），2016 (2)：12-22.
③ 高兆明. 政治正义：中国问题意识 [M]. 北京：人民出版社，2014：288.

理念的逻辑，保障社会关系协调发展。"形式的正义是对原则的坚持"①，是公平正义的社会制度所确定的正确规范被不偏不倚且一致性地贯彻执行。它"要求法律和制度在执行的时候要平等地（以同样的方式）适用于那些属于由其规定的阶层的人"②。而制度的程序正义体现在公平正义的社会制度实施过程中。在这个过程中，"存在一种正确的或公平的程序，这种程序若被人们恰当地遵守，其结果也是正确的或公平的"③。公平正义的社会制度的实质，是"制度的合目的性与合规律性"④。合目的性是指通过调节不断使公平正义的结果与目标之间的距离相近，甚至达成公平正义的目标。换句话说，公平正义的社会制度的合目的性是对公平正义的目标坚持与调整。合规律性则是指公平正义的社会制度在运行与功能发挥中必须合乎一定的规律与社会历史发展的规律。"当一个制度所指定的行为按照一种公共的默契——确定制度的规范体系应被遵循——而有规则地实现时，它是存在于一定时间和地点中的。"⑤ 公平正义的社会制度无论是在形式、程序上表现出的正义，还是合目的性与合规律性的表达，都始终坚守公平正义的理念；强调在形式和程序中，行为主体情绪表达与行为参与必须坚守公平正义的原则，合乎制度的规范要求；强调在社会发展中，公平正义的社会制度必须根据社会发展而不断加以完善，调整社会关系协调发展，始终保证功能与规范作用的发挥同公平正义之间的逻辑上的一致性，保障社会与人的发展。因此，公平正义的社会制度所表现出的形式、程序及实质的正义，为行为主体创设了遵守和建设制度的标准与尺度，提供了人们在公共生活空间社会情绪表达与社会行为参与的规范准则。而这样的情绪与行为规范，本质上是在人类不懈追寻公平正义生活的基础上，制度对社会关系的协调与发展的结果。

第二，公平正义的社会制度为健康社会心态提供价值支撑。公平正义的

---

① 罗尔斯. 正义论 [M]. 修订版. 何怀宏，何包钢，廖申白，译. 北京：中国社会科学出版社，2009：45.

② 罗尔斯. 正义论 [M]. 修订版. 何怀宏，何包钢，廖申白，译. 北京：中国社会科学出版社，2009：45.

③ 罗尔斯. 正义论 [M]. 修订版. 何怀宏，何包钢，廖申白，译. 北京：中国社会科学出版社，2009：67.

④ 辛鸣. 制度论：关于制度哲学的理论建构 [M]. 北京：人民出版社，2005：197.

⑤ 罗尔斯. 正义论 [M]. 修订版. 何怀宏，何包钢，廖申白，译. 北京：中国社会科学出版社，2009：43.

社会制度蕴含的价值理念和价值取向，深刻地影响着健康社会心态的生成与发展。"由公平所调动起来的人们的积极性与创造性，是中华民族核心竞争力的关键。"①

公平正义的社会制度蕴含的"权利公平、机会公平、规则公平"的主要内容，为健康社会心态提供了基本的价值保障。权利公平是公平正义社会制度的内在要求。"由正义所保障的权利决不受制于政治的交易或社会利益的权衡。"② 同时，公平指向人们之间的社会关系，是人们平等基础上的社会合作，也是健康社会心态对社会的基本价值要求。因为权利公平诉求中关于平等的生存权和发展权，是社会心态中人们对社会基本需要和发展需要的满意度的表现之一。机会公平意味着人们在公共生活空间平等参与，并均等地拥有生存、发展与享受的机会。它是公平正义社会制度的基础，也是健康社会心态的价值要求。规则公平，根本上是公平正义的社会制度必须合乎社会历史发展规律，符合人民群众的根本利益与需求，是人们在公共生活空间共同遵守的行为规范，是在同一规则范围内表达自我的行为。权利公平、机会公平和规则公平，表现为人们在公共生活空间拥有平等地参与社会合作的权利与机会，并同时受到社会行为规范的约束与制约。在这一过程中，社会关系得到协调发展，人们的价值观得以调整。这个过程有助于抑制不利于社会合作的行为，妥善处理人民内部矛盾，并激发人民的积极性与主动性，从而获得健康社会心态生成与发展的价值保障。

公平正义的社会制度蕴含"人本"思想，为健康社会心态提供了价值支撑的基础。人本思想是制度价值的出发点。它意味着，公平正义的社会制度不是凭空产生的，而是基于人的现实公平正义的需要，是人与人的社会关系中实现社会性动物的内在价值关系的统一。正如马克思所言，"每个人为另一个人服务，目的是为自己服务"③。社会心态也正生成于人的现实需求的社会存在与社会关系中。人们在公平正义社会制度中的人本思想，体现了公平正义的价值理念，也成为社会心态健康发展的价值理念。

---

① 高兆明. 政治正义：中国问题意识［M］. 北京：人民出版社，2014：239.
② 罗尔斯. 正义论［M］. 修订版. 何怀宏，何包钢，廖申白，译. 北京：中国社会科学出版社，2009：3.
③ 中共中央马克思恩格斯列宁斯大林著作编译局. 马克思恩格斯全集：第46卷上［M］. 北京：人民出版社，1979：196.

公平正义的社会制度蕴含"作为公平正义的善观念"，为健康社会心态提供了价值内容。罗尔斯认为，"借助于正当的和正义的原则"①，道德的善观念才得以构筑，即"某事物仅当它符合于同已有的正当原则相一致的生活方式时才是善的"②。公共生活空间的善观念被赋予了正义意蕴。而良序社会的善观念是社会心态深层次的价值观内容，深刻地影响着社会心态。人们对正义具有的普遍欲望，构成了人们之间合作的可能与必然的纽带。行为主体对公平正义的制度所蕴含的善观念也就具有了不可抗拒性，会自觉地认同并予以遵守，行为主体也由此进入了自由平等的社会合作体系，这也是健康社会心态的存在体系。而这一切恰是公平正义社会制度所蕴含的价值观念。

二、建设对保障社会公平正义具有重大作用的制度

"社会公平保障是判断社会及其制度正义与否的主要尺度。"③ 公平正义的社会制度是在一定的社会关系中实现的。在社会主义现代化建设中，我们应将公平正义的社会制度建设放到突出的位置。因为"公平正义是中国特色社会主义的内在要求，是我们党追求的一个十分崇高的价值目标。全心全意为人民服务的宗旨决定了我们必须追求公平正义，保护人民权益、伸张正义"④。社会主义制度作为社会心态存在的制度基础，是公共生活空间社会心态公平正义诉求在制度层面的具体表现；是对公平正义的公开承诺，是公共生活空间形成健康社会心态的制度保障，也是公共理性视域下引导社会心态的必要保障。

"公共理性的政治价值之不同于其他价值，在于它们在政治制度中得以实现，同时也体现政治制度的特征。"⑤ 这预示着，公共理性视域下引导社会心态，需要的是社会主义制度的规范与价值力量。因为"如果没有意识形态的

---

① 罗尔斯. 正义论 [M]. 修订版. 何怀宏，何包钢，廖申白，译. 北京：中国社会科学出版社，2009：318.
② 罗尔斯. 正义论 [M]. 修订版. 何怀宏，何包钢，廖申白，译. 北京：中国社会科学出版社，2009：311.
③ 杨宝国. 公平正义观的历史·传承·发展 [M]. 北京：学习出版社，2015：477.
④ 中共中央宣传部. 习近平总书记系列重要讲话读本 [M]. 北京：学习出版社、人民出版社，2014：94.
⑤ 罗尔斯. 公共理性理念新探 [M]. 谭安奎，译//谭安奎. 公共理性. 杭州：浙江大学出版社，2011：130.

制度约束，全社会组织乃至个人行为的交往关系，就会缺乏合作的制度保障"①。此外，也需要将社会主义制度内在的核心价值观，诸如公正、平等和自由等内化于心，成为人们内在的价值准则与行为规范；在逐步完善社会主义制度中完成对公平正义的内在承诺。故而，我们要不断推动社会主义制度建设，使社会主义制度始终充分体现公平正义这一中国特色社会主义内在要求，不断增强人们对社会主义制度的认同度。同时，要通过对社会主义制度的不断完善，使公共理性视域下社会心态的公共价值在制度中得到充分体现，从而进一步增强对公平正义等公共价值的共识与共享，最终实现公共理性视域下引导社会心态的公平正义的承诺。

建设对保障社会公平正义具有重大作用的制度，现阶段重要的是要坚持和完善社会主义初级阶段收入分配制度、社会主义协商民主制度、社会主义法律体系。它们在社会主义制度中有着重要地位，又直接涉及并决定行为主体的利益分配、社会地位和自身发展的经济和政治等公平正义问题，成为影响社会心态的现实制度。

（一）坚持和完善社会主义初级阶段收入分配制度

"分配公平是整个社会公平的本质内涵、实质所在和最高层次。它体现着社会财富分配的合理性和平等性，是人们评判社会公平与否及公平程度的直接和主要依据，是社会公平的实际体现和最终归宿。"② 坚持和完善社会主义初级阶段收入分配制度，是对分配公平这一公平正义内涵的价值追寻，也是妥善处理社会利益关系、正确处理人民内部矛盾的重要环节。

坚持社会主义初级阶段收入分配制度由社会主义生产资料所有制决定。"生产资料所有制，是指一种社会生产关系，一种通过人与物的关系即人对物的支配权而展示出来的人与人的关系。"③ 生产资料所有制决定了人们在社会生产中的分配关系。以公有制为主体，多种所有制经济共同发展，是社会主义初级阶段的基本经济制度。它不仅保证了社会主义的方向，也必然决定了社会主义初级阶段实行以按劳分配为主体，多种分配方式并存的收入分配制

---

① 杨俊一，等. 制度哲学导论 [M]. 上海：上海大学出版社，2007：8.
② 杨宝国. 公平正义观的历史·传承·发展 [M]. 北京：学习出版社，2015：381.
③ 曾国平，刘渝琳，谢庆红. 政治经济学 [M]. 重庆：重庆大学出版社，2003：198.

度。"消费资料的任何一种分配，都不过是生产条件本身分配的结果；而生产条件的分配，则表现生产方式本身的性质。"① 社会主义社会，生产资料的归属，保障人们彼此之间平等的经济、政治地位，有助于建构和谐社会关系；劳动成为人们衡量支配生产资料与获得劳动产品的唯一尺度。当下，中国社会多种所有制经济共存的现实，意味着与之相适应的多种分配方式的存在是一种必然。鉴于此，社会主义初级阶段的收入分配制度是适应社会主义初级阶段生产资料所有制的产物，是社会主义初级阶段的一种必然要求。

完善社会主义初级阶段收入分配制度是制度的使命所然。一方面，收入分配制度关系到人们的经济利益分配，是影响人们社会活动的内驱力。"收入分配是民生之源，是改善民生、实现发展成果由人民共享最重要最直接的方式。"② 当前社会出现的仇富、仇官等现象折射出的社会心态很大程度上与收入分配过程中利益关系调整不均相关。不断完善收入分配制度，是继续发挥制度正向功能的必然行为。另一方面，"社会正义的核心问题是基本权利-义务或社会基本资源的分配问题"③，分配关乎社会正义的核心。制度一旦表现出非正义的倾向，就很容易失去公信力和凝聚力，不利于社会情绪与行为的引导。于是，完善收入分配制度自然地属于关乎社会正义的利益关系的调整。社会主义初级阶段，必须坚持和完善社会主义初级阶段收入分配制度，不断规范与调整人们之间的利益关系，维护人民群众的利益，最终维系社会公平正义。这是社会主义社会发展的客观必然。认识到这一点，就必须切实深化收入分配制度改革，围绕社会公平正义，充分考虑利益团体之间的利益平衡问题。

同时，按劳分配为主体的收入分配制度，为实现共同富裕提供了制度保障。"分配制度是促进共同富裕的基础性制度。"④ 按劳分配承认主体之间的平等自由地位具有相对性，即劳动者自身的差异性和利益需求不同。"生产者

---

① 中共中央马克思恩格斯列宁斯大林著作编译局. 马克思恩格斯文集：第 3 卷 [M]. 北京：人民出版社，2009：436.

② 中共中央宣传部. 习近平总书记系列重要讲话读本 [M]. 北京：学习出版社、人民出版社，2014：217.

③ 高兆明. 政治正义：中国问题意识 [M]. 北京：人民出版社，2014：234.

④ 习近平. 高举中国特色社会主义伟大旗帜　为全面建设社会主义现代化国家而团结奋斗：在中国共产党第二十次全国代表大会上的报告 [M]. 北京：人民出版社，2022：46-47.

的权利是同他们提供的劳动成比例的；平等就在于以同一尺度——劳动——来计量"，但是，"这种平等的权利，对不同等的劳动来说是不平等的权利。它不承认任何阶级差别，因为每个人都像其他人一样只是劳动者；但是它默认，劳动者的不同等的个人天赋，从而不同等的工作能力，是天然特权。所以就它的内容来讲，它像一切权利一样是一种不平等的权利"。① 故而，表面的不同等并不能掩盖劳动被当作一种尺度的必然。只有坚持社会主义初级阶段的收入分配制度，才能切实保障劳动者的合法收入，激发人的积极性与创造性；才能保障主体间的平等自由的社会关系，为消灭剥削、消除两极分化实现共同富裕迸发出发展动力，最终为平衡人们的社会心态提供制度保障。

因此，坚持和完善社会主义初级阶段收入分配制度事关人们走向共同富裕和社会公平正义的实现，关乎人们社会心态走向。为此，公共理性视域下引导社会心态，必须坚持和完善社会主义初级阶段收入分配制度，进一步深化收入分配制度改革，形成合理有序的收入分配格局。

（二）坚持和完善社会主义协商民主制度

"协商民主是中国共产党和中国人民在社会主义民主形式方面的伟大创造，是对马克思主义民主理论的丰富和发展。"② 从新中国成立到改革开放和社会主义现代化建设、中国特色社会主义新时代，我国在建设中国特色社会主义国家的进程中，始终致力于发展的人民民主形式就是协商。基于社会主义民主的理论与实践，"健全社会主义协商民主制度"在党的十八大报告中亮相，强调社会主义协商民主是我国人民民主的重要形式。

"协商民主旨在追求一个人格受到尊重、每个人的声音及其理性观点得到尊重的公正社会。"③ 社会主义协商民主制度，既是人们公平正义诉求的表达渠道，也是社会主义民主本质具体体现。同时，其价值功能也决定了社会主义协商民主制度是公共理性视域下引导社会心态的制度保障，必须坚持和完善社会主义协商民主制度，多维度地实现其价值目标，为公共理性视域下引

① 中共中央马克思恩格斯列宁斯大林著作编译局. 马克思恩格斯文集：第3卷［M］. 北京：人民出版社，2009：435.
② 贾庆林. 健全社会主义协商民主制度为全面建成小康社会广泛凝聚智慧和力量［J］. 求是，2012（23）：11-13.
③ 何包钢. 协商民主：理论、方法和实践［M］. 北京：中国社会科学出版社，2008：17.

导社会心态提供公平正义的制度保障。

第一，社会主义协商民主制度的中国特色社会主义本质属性，决定了必须坚持和完善社会主义协商民主制度。

社会主义民主的本质是人民当家作主。"人民民主是社会主义的生命。没有民主就没有社会主义，就没有社会主义的现代化，就没有中华民族伟大复兴。"① 而"协商民主是实践全过程人民民主的重要形式"②，能"形成完整的制度程序和参与实践，保证人民在日常政治生活中有广泛持续深入参与的权利"③。协商民主的主体是人民群众，来自社会的各个利益阶层和群体。故而，社会主义协商民主制度是人民共同商议达成共识的沟通合作行为规范与价值支撑，具有理性特征，反映了广大人民的共同愿望；体现了党和国家对人民的尊重，有利于最大限度地实现人民的民主权利，从而真正实现人民当家作主的权利，充分体现了社会主义民主的本质。因此，社会主义协商民主制度的中国特色社会主义本质属性，决定了在社会主义中国必须坚持和完善社会主义协商民主制度。

第二，社会主义协商民主制度的价值功能，决定了公共理性视域下引导社会心态的制度必然性。

从协商民主的主体来看，社会主义协商民主制度有利于促成行为主体公共理性美德的养成。作为主体，每个人抑或组织、集体在协商实践中都具有相互性和宽容的美德，都必须就公共性做出公平正义的协商并达成共识。相互性是指协商实践中要理性地相互理解和尊重他人的利益与平等地位，并在协商对话中加深理解，维持深层次的相互理解，有利于构建行为主体之间相互合作的信任基础。宽容是指在协商民主过程中，行为主体接受对个体或群体利益的限制，将公共生活空间的公共利益放在首位；同时，所有协商民主的主体都必须按照平等原则在多元互动与宽容妥协中寻求共识，实现互惠互

---

① 中共中央宣传部. 习近平总书记系列重要讲话读本 [M]. 北京：学习出版社、人民出版社，2014：163.

② 习近平. 高举中国特色社会主义伟大旗帜　为全面建设社会主义现代化国家而团结奋斗：在中国共产党第二十次全国代表大会上的报告 [M]. 北京：人民出版社，2022：38.

③ 习近平. 决胜全面建设小康社会　夺取新时代中国特色社会主义伟大胜利：在中国共产党第十九次全国代表大会上的报告 [M]. 北京：人民出版社，2017：38.

利与合作。公共性指广大人民群众在协商民主实践中一致接受关乎国计民生和公共利益这些公平正义原则，这些原则与人民利益密切相关并关涉普遍信念；也指协商民主的实现形式被广大群众普遍认可，成为公民有序参与协商的主要形式。公共性鼓励人们运用公共理性来进行公共生活问题的协商，恰与行为主体所具有的理性、共享的公平正义原则等方面的公共性特点有契合之处，相互性和宽容也正是公共理性建构的内容。因此，从这一层面上来说，社会主义协商民主制度有利于行为主体公共理性美德的形成。

从协商民主的目的来看，共识与发展的目的达成，有利于增进共识、促进社会合作。"协商是一种不同的行为主体交换信息、辩论、协调相互间的关系，共同商议以达成协议的沟通行为。""民主是某种形式的公共协商。"① 于是，协商民主的目的在于，行为主体之间通过针对不同的问题所进行的理性讨论与沟通，力求达成一种求同存异的共识。没有最终共识的目的性要求，就没有协商民主的实践。没有公共利益基础上的价值多元的最终共识，协商民主就失去了其民主的意义。而只有达成共识，才能及时有效地疏导社会情绪，化解矛盾，更好地实现行为主体之间的交往合作。社会主义协商民主制度也有利于养成集体责任感、持续合作行为，并促成积极搭建彼此之间的社会信任。而这些恰是健康社会心态的期待。

（三）坚持和完善中国特色社会主义法律体系

"立善法于天下，则天下治；立善法于一国，则一国治。"② 中国特色社会主义法律体系反映的是公平正义的价值准则。马克思认为，法起源于经济生活条件③，是统治阶级意志的表现。故而，作为法的最抽象的表现，公平是相对的，"始终只是现存经济关系或者反映其保守方面，或者反映其革命方面的观念化的神圣化的表现"④。中国特色社会主义法律体系，建立在生产资料公有制为主体的经济基础之上，反映了"以工人阶级为领导的广大人民的共

---

① 何包钢. 协商民主：理论、方法和实践 [M]. 北京：中国社会科学出版社，2008：17.
② 人民日报评论部. 习近平用典 [M]. 北京：人民日报出版社，2015：269.
③ 中共中央马克思恩格斯列宁斯大林著作编译局. 马克思恩格斯文集：第3卷 [M]. 北京：人民出版社，2009：322.
④ 中共中央马克思恩格斯列宁斯大林著作编译局. 马克思恩格斯文集：第3卷 [M]. 北京：人民出版社，2009：323.

同意志"①，决定了其所表现的公平正义正是为广大人民群众服务的公平正义，是"中国特色社会主义永葆本色的法制根基"②，更是依法治国的逻辑起点和依据。于是，中国特色社会主义法律体系是"坚持在中国共产党的领导下，为保障人民民主专政的国家政权及国家、集体和公民个人的合法权利而制定并修正的宪法、法律、行政法规和地方性法规的法律体系的总称"③。

与此同时，中国特色社会主义法律体系，不仅是社会主义社会关系的集中反映，而且法律作为上层建筑的组成部分，也调整着社会不同的社会关系。不过"只有那些最主要的社会关系，如人身关系、财产关系及带有普遍性的制度才用法律的手段去调整"④。因此，坚持和完善中国特色社会主义法律体系不仅是对社会主义公平正义的价值坚守，也是对外在社会关系的根本性调整。

从价值原则上来说，坚持和完善中国特色社会主义法律体系，必须坚持"以民为本、立法为民"的理念，不能违背根本大法——宪法。宪法是国家的根本大法，"规定的是一个国家的社会制度和国家制度的基本原则，公民的基本权利和义务，以及国家机关的地位组织和活动原则等社会生活中最基本的问题"⑤。宪法"确立了中国特色社会主义道路、中国特色社会主义理论体系、中国特色社会主义制度的发展成果，反映了我国各族人民的共同意志和根本利益，成为历史新时期党和国家的中心工作、基本原则、重大方针、重要政策在国家法制上的最高体现"⑥。因此，宪法意味着对人民主体地位的坚守，是对公平正义的核心价值追求，从根本上切实保障公民行使权利和履行义务；意味着对以民为本的坚持与保障，为实现中华民族伟大复兴奠定了坚实的法治基础；更意味着立法为民，要"把国家各项事业和各项工作纳入法

---

① 廖盖隆，孙连成，陈有进，等. 马克思主义百科要览：上卷 [M]. 北京：人民日报出版社，1993：1302-1303.

② 《中国特色社会主义法律体系》白皮书 [EB/OL]. 中国政府网，2011-10-27.

③ 田克勤，李彩华，孙堂厚. 中国化马克思主义通论 [M]. 北京：人民出版社，2013：258.

④ 徐显明. 论中国特色社会主义法律体系的形成和完善 [N]. 人民日报，2009-03-12（11）.

⑤ 孙国华. 中华法学大辞典：法理学卷 [M]. 北京：中国检察出版社，1997：452-453.

⑥ 中共中央文献研究室. 十八大以来重要文献选编：上 [M]. 北京：中央文献出版社，2014：88.

制轨道，实行有法可依、有法必依、执法必严、违法必究，维护社会公平正义"①。宪法所体现的"以民为本"的理念，源自社会主义社会的性质。只有对人民权益的保护才能最终获得人民的维护力量。一切法律、法规等内容都不能与宪法这一理念相违背。故而，坚持和完善中国特色社会主义法律体系，必须始终坚持以民为本、立法为民的理念，"使每一项立法都符合宪法精神、反映人民意志、得到人民拥护"②。

从形式原则上来看，坚持和完善中国特色社会主义法律体系，必须增强法律法规的及时性、系统性和针对性，不能违背科学性。中国特色社会主义法律体系科学性是对法律质量的要求。首先，增强及时性是指不断促进中国特色社会主义法律体系与中国社会发展相适应。随着社会主义社会经济、政治和文化实践的不断变化发展，社会生活产生不同的新的社会关系，出现了立法的空白之处和重点之处；也出现了不适应社会发展的法律法规。故而，必须坚持和完善中国特色社会主义法律体系，使之与不断发展的社会主义实践相适应，调整新的社会关系，促进社会发展。其次，增强系统性是对法律体系之间和谐统一的要求。法律体系以宪法为统帅，各要素之间应相互配合，协调统一来完成对社会关系的调整。一旦法律体系出现矛盾与冲突，势必影响法律的权威性。因此，必须增强中国特色社会主义法律体系的系统性，做好科学立法工作，统筹安排。最后，增强针对性要求法律体系必须着力解决与人民利益密切相关的重点问题。这些重点问题关乎人民群众切身利益，如环境污染、食品安全等利益诉求。只有增强中国特色社会主义法律体系的针对性，回应群众公平正义的期待，才能真正有效缓解社会矛盾，切实解决人民的现实问题，保障人民权益，才能根本上获得人民群众的大力支持和自觉遵守。

从内容原则上来看，坚持和完善中国特色社会主义法律体系，必须尊重和体现客观规律，不能任意妄为。"有的法律法规未能全面反映客观规律和人民意愿，有针对性、可操作性不强，立法工作中部门化倾向、争权诿责现象

---

① 习近平. 习近平谈治国理政 [M]. 北京：外文出版社，2014：140.
② 中共十八届四中全会在京举行 [N]. 人民日报，2014-10-24 (1).

较为突出。"① 法律是不能脱离现实基础而产生的。"资产者之所以必须在法律中使自己得到普遍表现，正因为他们是作为阶级进行统治的。"② 既然法律由物质生产条件所决定，调整着政治、经济和文化领域的各种社会关系，那么，中国特色社会主义法律体系必然反映社会主义市场经济的根本内容要求，调整人们在政治、经济和文化领域的各种社会关系。坚持和完善中国特色社会主义法律体系，就必须充分认识、尊重社会主义市场经济的发展规律，在法律体系中充分体现市场经济发展规律，依据政治、经济和文化规律有效地调整纷繁复杂的各种社会关系。

第三节　科学理性的引导机制是引导社会心态的具体制度

公共理性视域下引导社会心态，也要从社会心态各要素入手，把人们的社会心态引导制度化，形成公共理性视域下引导社会心态机制保障，将社会心态纳入可控、有序、良好的轨道上来。机制是机体内部各要素间的分工协调与配合，是促进主体有序发展的制度运行。公共理性视域下引导社会心态的机制是指在引导社会心态的过程中，内部各要素之间相互作用协调，逐步形成一种制度化的有序运行方式。科学理性的引导机制强调：引导机制是理性认识和科学遵循社会心态内部各要素运作规律基础上，理性地、有目的地引导社会心态的具体制度。从行为主体的社会心态出发，必须建设科学理性的引导机制，为公共理性视域下引导社会心态提供机制保障。

一、科学理性的引导机制之于健康社会心态的意义

制度是人生存与发展的社会环境，决定着人的活动空间及人的发展。"在好的制度下，人的活动空间就大，在有效的激励−约束机制下，人的主体性、人的能力能够得到充分的发展。"③ 而人的社会关系活动空间，人的主体性与

---

① 中共中央关于全面推进依法治国若干重大问题的决定［M］//《中共中央关于全面推进依法治国若干重大问题的决定》辅导读本. 北京：人民出版社，2014：3.

② 中共中央马克思恩格斯列宁斯大林著作编译局. 马克思恩格斯文集：第 1 卷［M］. 北京：人民出版社，2009：586.

③ 崔希福. 唯物史观的制度理论研究［M］. 北京：北京师范大学出版社，2010：194.

能力都关乎社会心态的生成与发展。科学理性的引导机制也正是因为能有效协调人的社会关系、助推人的自我发展而对健康社会心态有重要的意义。

第一，科学理性的引导机制，为健康社会心态提供了社会关系的发展空间。人是社会的存在体。社会关系构成了人赖以生存与发展的基础，关乎人的发展程度，"也是人的发展的表征"①。人的发展空间中的社会关系，是人的本质体现，也反映了人们的社会心态。人们正通过科学理性的引导机制与社会、他人之间产生社会关系，也正通过科学理性的引导机制，对公共生活空间和谐社会关系给予承诺，引导着人的发展空间中的一切社会关系。从制度的规范性角度，"没有制度，人的社会关系便杂乱无章，社会就不能形成稳定的秩序"②。科学理性的引导机制作为一种制度，基于内在各要素的运行规律，赋予了行为主体规定的活动空间界限，并规范着社会关系，使人们在引导机制的规定下创设活动空间的社会关系。在社会关系活动空间的互动中，行为主体一旦对社会关系的期望得到满足，其随之生发的社会情绪会成为一种动力推动人际互动关系协调发展，人们也因此会进一步自觉获得对引导机制的信任。而这样的信任是引导机制持续发挥作用的基础。从制度的价值性角度，人们生活在一系列的制度环境中，并在制度的熏陶与遵从之下成长为制度希冀的理想人。一方面，科学理性的引导机制引导着人们之间的现实社会关系方向，有效减少社会合作中的冲突，为社会关系协调发展建立畅通渠道与平台。另一方面，科学理性的引导机制确定和塑造着人们的社会关系，培育行为主体的合理表达利益诉求和情绪的意识、法治意识、理性意识等公共生活空间的素质，使行为主体在处理社会关系时朝着有利于健康社会心态发展的方向不断努力。从制度的合规律性来看，科学理性的引导机制不是一成不变的，而是随着社会历史发展而发生变化。这体现了人的能动性与创造性。既然制度决定人的活动空间，那么，制度势必反映了人的社会关系与发展活动空间的实际。科学理性的引导机制，必然地伴随着社会关系发展空间的变化而变化。只有合理地建设与完善引导机制，才能不断扩展人的社会关系空间，才能丰富与完善人的社会关系的发展，实现人的自由而全面的发展。而这也是公共理性视域下引导社会心态的价值所在。

---

① 崔希福. 唯物史观的制度理论研究 [M]. 北京：北京师范大学出版社，2010：194.
② 崔希福. 唯物史观的制度理论研究 [M]. 北京：北京师范大学出版社，2010：196.

第二，科学理性的引导机制，为健康社会心态提供了人的个性发展条件。个性指"个人带有倾向性的比较稳定的心理特征的总和"①。就健康社会心态来说，人的个性外在表现为社会情绪的理性表达与社会行为的有序参与，内在地表现为有益于社会合作的素质。制度不仅决定人的个性内容，也扩展着人的个性内容。人的个性的不断成熟与完善"有赖于社会制度的塑造"②。科学理性的引导机制，决定了人的个性内容必然与科学理性相关。这也是人的个性发展在公共生活空间的基本保障。"人只有通过社会秩序来发展自己的个性，并且随着社会的发展而发展。"③ 换言之，人所具有的个性，只有当它隶属于一定制度范围内，并转化为科学理性的引导机制所认同的理性情绪表达、有序参与行为和社会合作素质时，个性的发展才成为可能。而科学理性的引导机制的内容，一方面与公共承诺相关，另一方面与健康社会心态密切相关。与此同时，"人的个性是多层面的，而在不同的制度模式中个性的不同层面会得到强化和凸显"④。科学理性的引导机制有助于社会合作素质的培育、利益诉求和情绪的理性表达、社会行为的有序参与。在这样的环境中，严格遵守科学理性的引导机制，人的个性在社会情绪、社会行为和思想道德素质方面的表现得以不断强化。在强化中，引导机制这一层面的人的个性得以发展。故而，科学理性的引导机制为健康社会心态提供了人的个性发展条件。

二、建设科学理性的引导机制

建设科学理性的引导机制是公共理性视域下引导社会心态的必要保障。基于社会心态的内部各要素，我们首先必须建立监测社会心态的联动机制，从社会表征中来随时掌握和了解社会心态的动向，并及时做出研判与回应；还必须健全合理诉求表达机制，畅通利益表达和情绪宣泄的通道；建立多元化矛盾化解机制，将之直接作用于社会心态层面，引导社会行为。

---

① 宋希仁，陈劳志，赵仁光. 伦理学大辞典 [M]. 长春：吉林人民出版社，1989：63-64.
② 崔希福. 唯物史观的制度理论研究 [M]. 北京：北京师范大学出版社，2010：202.
③ 库利. 人类本性与社会秩序 [M]. 包凡一，王源，译. 北京：华夏出版社，1999：297-298.
④ 崔希福. 唯物史观的制度理论研究 [M]. 北京：北京师范大学出版社，2010：204.

（一）建立监测社会心态的联动机制

建立公共生活空间监测社会心态的联动机制，是公共理性视域下引导社会心态的内在心理前提和基础。从社会存在与社会意识关系来看，"社会心态对社会存在的能动反作用主要表现在它对社会实践有某种预告、导向和中介作用，影响人们的社会行为，从而影响整个社会系统的运行"①。故而，社会心态表达于社会实践与社会行为中。我们可以从中了解社会心态，增强理解。从心理发生角度看，"作为一种表征体系，社会心态并不完全是不可言说和记录的，它总是透过个体、群体的行为和言语彰显和被感知"②。也就是说，我们对社会心态的理解存在于个体和群体的言行之中，可以通过对公众的言行把握来研判社会心态。

公共生活空间监测社会心态的联动机制，是指引导社会心态的引导者之间在社会心态生成和引导过程中良性互动、共同监测社会心态的一种运行机制。其中，联动是引导者之间的合作方式，监测是引导者的方法，回应则是目的。建立公共生活空间监测社会心态的联动机制，对于公共理性视域下引导社会心态具有重要的意义。

第一，公共生活空间监测社会心态的联动机制，有助于增强社会心态引导的先导性，做好预警工作。监测是监视检测。研究社会心态的意义也正在于对社会情绪与社会行为的预测与引导。引导社会心态的过程是要通过提升公民思想道德素质、协调社会关系，解决人们的社会交往合作问题，直接关系到社会交往合作中采取何种社会情绪与社会行为。舆论、谚语或流行语、社会公共事件的动机等，是社会群体之间通过自觉与非自觉的沟通而表现或表达出的公共生活空间生活的共识，真实展现了不同群体之间的处事原则或情绪表达、行为方式等，是人们社会心态的一种外在表现或表达载体。然而，当这些集体情绪与行为倾向被某一事件或连续事件激发时，社会心态作为一种社会心理资源的作用就被深刻地发挥出来。当社会心态呈现出消极意义时，非理性情绪与行为就会出现，甚至引发严重的后果。而这种爆发有时甚至是

---

① 胡红生. 社会心态论 ［M］. 北京：中国社会科学出版社，2011：274.
② 杨宜音，王俊秀，等. 当代中国社会心态研究 ［M］. 北京：社会科学文献出版社，2013：43-44.

一瞬间的力量。所以，引导社会心态意味着对人们的社会情绪、社会认知、社会价值观与社会行为的引导，具有为人们树立何为正确的社会价值观导向，何为公共认知、公共情绪、公共行为的先导性作用。因此，引导者必须连续不断地、系统地监测可能或将要发生的社会情绪和社会行为，或监测已生成的社会心态的发展变化趋势，预先把握社会心态的动向和发展规律，发挥联动机制共同引导并对社会心态进行提前干预，从而避免出现消极社会心态，造成情绪恐慌或行为冲突，为社会心态提供预警服务。

第二，公共生活空间监测社会心态的联动机制，有助于提高社会心态引导者的主导性，形成引导合力。在社会心态的引导过程中，引导者居于主导性地位，就应该充分发挥自身的主导性作用，抵抗不利于联动引导力的发生。"教育者在思想政治教育过程中处于支配地位，起着主导作用。"① 主导性表现在引导者充分认识自身具有的组织、教育和调控功能，在公共生活空间监测社会心态过程中，必须始终坚持健康社会心态的引导内容，注重预防，并竭力避免或减少消极社会心态的产生。主导性还表现在引导者设计并控制着整个监测过程，对引导过程中监测所获取的各种信息进行分析、判断，借以调控自己的引导行为；同时，引导者相互之间进行良性互动并联动引导社会心态。只有引导者充分认识自身在引导活动中的主导性地位，才能积极主动地发挥自身的作用，相互之间共同发力，形成合力之势。

第三，公共生活空间监测社会心态的联动机制，有助于强化社会心态引导的有效性，促进良性发展。公共生活空间监测社会心态的联动机制，因其具有的先导性、主导性，而决定了社会心态引导的有效性结果程度。引导活动的目的是解决个体与社会之间矛盾而产生的教育活动。从公共生活空间监测社会心态的联动机制，判断社会心态的引导结果的有效性，主要从其对个体与社会的满足需求方面予以考虑，具体体现在公民个人思想道德素质提升与社会良序、国家和谐发展的满足方面其所具有的强化作用。公共生活空间监测社会心态的联动机制的先导性与主导性，围绕公共生活空间社会心态的发展动向和规律，准确地进行研究判断，其目的突出表现在为疏导社会情绪和避免冲突行为做好预防性的引导工作，避免或减少影响社会交往合作与和

---

① 陈万柏，张耀灿. 思想政治教育学原理 [M]. 2 版. 北京：高等教育出版社，2007：150.

谐发展的社会心态的生成。因此，先导性与主导性作用的有效发挥有助于强化社会心态引导的有效性。在引导与监测社会心态的过程中，引导者必须对引导对象、引导内容做出深刻而正确的认识与把握，与监测过程中引导者彼此之间引导工作的联动相匹配。只有这样，公共生活空间监测社会心态的联动机制才能实现其有效性，社会心态才称得上良性发展。

而引导者充分参与监测社会心态中，他们之间的充分合作、联合互动发展决定了公共生活空间社会心态的引导走向。获取、研判、回应，构成了监测社会心态的三个基本步骤，它们彼此之间相互联系并相互影响，承担着不同的功能。建立公共生活空间监测社会心态的联动机制，必须充分认识社会心态，从社会心态的信息获取、研究判断与回应引导三个角度出发，提出基于监测社会心态过程的引导者主体联动策略。

第一步，收集与共享信息：公共生活空间监测社会心态联动机制的前提。信息收集与共享包含两层意思：一是引导者①通过广泛收集信息，与其他引导主体共享信息资源，做到互通有无，为全面而科学地研判社会心态打下扎实的基础；二是引导主体针对可能出现的社会心态，相互之间进行意见信息交流与共享，及时对话沟通已掌握的社会心态，促使引导主体坚持正面引导，疏导情绪，避免出现大面积的不良情绪反应与行为发生。重点则在于消极社会心态的监测。信息收集与共享对引导主体提出了联动意识要求，即引导主体必须关心群众利益，具有相互之间的合作与服务意识，进行普遍预防与重点监测。

第二步，合力研判社会心态发展趋势：公共生活空间监测社会心态联动机制的重要内容。合力研判社会心态发展趋势，是引导主体在互通信息之后，彼此之间进一步通力合作、科学而准确地研究和判断即将发生的社会心态或未来社会心态发展动向的努力。社会心态纷繁复杂，涉及不同的要素和因素，是不同要素和因素相互影响的综合体，单靠个人或一两个群体的力量不足以做出科学而全面的准确判断，必须通盘考虑，合力研判。这对引导主体的知识储备与综合运用素质等方面提出很高的要求。当不良情绪或行为开始有苗头并有所发展时，引导者能迅速做出判断，提出主动设防或引导办法，有针对性地做好预防工作。这就是监测社会心态的联动意义，也是进一步做好预

---

① 此处的引导者主要指监测机制的引导者，引导主体的范围则更为广泛。

测、实施引导工作的科学基础。

第三步，合理回应社会心态：公共生活空间监测社会心态联动机制的目标。监测社会心态的联动机制，从最初的信息收集与共享，到合力研判社会心态发展趋势，最终目的是要在监测社会心态过程中合理地回应社会心态，做到积极有效地引导社会心态。社会公共事件发生之前，社会心态总是暗流涌动，表现于人们的情绪与行为倾向之中。合理回应社会心态是引导者通过科学而准确地判断社会心态，联合其他引导主体（包括政府、教育者等），在事件发生之前，积极、及时地对人们关切的事件或利益等进行回应，优化各类信息发布的准确性与可信度，迅速化解正在汇聚的消极社会心态，防止社会公共事件的发生。

（二）健全合理诉求表达机制

"利益作为一个广泛的社会范畴，是表示人对周围现实的一种关系。"①事实证明，大量社会公共事件背后是利益诉求表达不畅导致的。公共生活空间诉求表达机制从人的利益诉求这一根本经济关系角度出发，是公共理性视域下基于心理层面的社会情绪引导策略，根本上是对社情民意的重视。因为"社会心态说到底是个社情民意问题，是人民群众利益、愿望和要求的问题。人民群众的愿望、呼声、意见、情绪、疾苦，就是人民群众的社会心态"②。因此，公共生活空间诉求表达机制是对公众利益诉求表达的引导，也包括了利益诉求未得到满足时对公众不满情绪表达的引导；提倡人们在机制范围内，理性地表达自我诉求。

健全公共生活空间诉求表达机制有利于公众合法表达自身利益诉求，协调社会关系。政府和社会要承认公众作为社会的人所具有的普遍利益诉求和利益矛盾存在的客观性，积极收集和归纳整理公众的利益诉求，为政府部门依法处理社会问题提供决策依据；同时，合法解决公众合理的利益诉求，及时化解矛盾，也为公众与政府之间打开了相互沟通交流的渠道，增强彼此之间的信任与理解，从而进一步协调彼此之间的社会关系，提升信任感和安全感。

---

① 宋希仁，陈劳志，赵仁光. 伦理学大辞典 [M]. 长春：吉林人民出版社，1989：546.
② 杨玉娟，张志宇. 培育良好社会心态的路径 [N]. 光明日报，2014-01-15 (13).

健全公共生活空间诉求表达机制有利于情绪宣泄，理顺对立情绪。公众利益诉求未及时得到反馈或解决时，往往会产生不满的情绪。而情绪具有感染作用。一旦大家对普遍关心的问题通过情绪做出反应，不满的情绪就会相互感染、聚集成团，汇聚消极社会心态，成为矛盾和冲突的土壤。如果不及时地提供通道对社会情绪进行引导，那么，对立情绪很容易聚集，矛盾也在聚集中积累并扩大，容易引发更大范围的冲突。

基于此，我们必须广开言路，畅通人民群众的利益诉求通道。利益诉求是人的发展中不可或缺的诉求存在。人的需要决定了利益诉求的内容。"人的需要作为主体人的一种存在状态，是指在人们感到缺乏和不足或者期望得到的状态下所形成的一种心理反应。也就是为了维持人的自身生存和发展，必须与外部世界进行物质、能量、信息交换而产生的一种摄取状态。"① 利益诉求的内容涉及了人的自然需要、社会需要和精神需要的发展内容。所以，人的一生是自我不断发展的一生，也是不断产生利益诉求的一生。利益诉求受阻，必然影响人的社会情绪与社会认知。人的发展需要决定了我们必须坚持人民主体的地位，广开言路，畅通人们的利益诉求通道。特别是要瞄准利益诉求中的矛盾焦点，及时做到疏导分流，满足人们合理的利益期待，并尊重客观规律来调整利益关系，将焦点和热点降温。

此外，我们必须做好心理疏导和心理危机干预，畅通情绪表达通道。社会不可能实现所有人在发展过程中所有的利益诉求。而利益诉求一旦受阻或受到冲击，势必影响人的心理，会产生不理解、不适应，甚至怨恨等心理失衡现象，反映在社会心态中便是社会情绪的不满表达。"对愤怒的觉知是人生的一部分，而且产生愤怒情绪本身也不是问题，造成问题的是以暴力方式发泄愤怒。""减少暴力的方法之一，是教导人们如何以建设性的方式来表达愤怒与批评，如何在冲突时加以协调与妥协，如何对别人的需求和欲望更加敏感。"② 因此，畅通情绪表达通道，健全公共生活空间诉求表达机制，一方面，是"让人们的意见、问题有地方发表、交流、争论，及时进行引导，使矛盾得到消化"③，促使人们的情绪得到理性表达，减少暴力冲突。另一方

---

① 曾令辉. 虚拟社会人的发展研究 [M]. 北京：人民出版社，2009：79.

② 阿伦森，威尔逊，埃克特. 社会心理学 [M]. 侯玉波，朱颖，等译. 北京：机械工业出版社，2014：314.

③ 郑永廷. 思想政治教育方法论 [M]. 北京：高等教育出版社，2010：224.

面，是辅助以心理疏导与心理危机干预，强化人们内心的自我合理化理由，增强自我说服，使人们及时地感知自我情绪，以建设性的方式来调整自我情绪，从而改变自身的认知态度和行为。同时，通过开展心理健康教育和心理咨询，培养引导对象公共生活空间情绪表达技能，促使引导对象正确认识自我情绪，自觉消除不良情绪的心理障碍，实现内心的和谐；培养引导对象自我的沟通与解决问题的能力，对消极社会心态表现出的不良社会情绪进行积极有效的引导。而这些需要长期的坚持与努力才能达到应有的效果。

（三）建立多元化矛盾化解机制

"我国处于社会转型时期，各类矛盾和冲突不断暴露，但面对不断出现的新旧矛盾和冲突，存在着解决渠道不通畅、解决措施不得力等问题，致使一些矛盾不断升级。"① 为了化解目前存在的各类社会矛盾，需要从制度层面入手，注重内部环境制度建设，基于引导社会行为视角建立公共生活空间多元化的社会矛盾化解机制。

建立多元化的组织领导机制。目前党委领导、政府主导、社会协同是化解社会矛盾的基本格局。建立多元化的组织领导机制，就是从这一基本格局出发。作为党委，必须"按照坚持党的全面领导、坚持以人民为中心、坚持优化协同高效、坚持全面依法治国的原则"②，统揽全局，协调社会不同的利益关系。从政府的职能来看，政府是社会责任主体，负有化解社会矛盾的主要责任与义务。同时，随着经济不断发展，社区、工会、公益组织、单位等社团组织发挥着越来越多的社会服务功能，与党委、政府协同，共同组成了多元化的化解社会矛盾的主体部分。建立多元化的组织领导机制，必须强化各级党委、政府依法化解矛盾的主导作用；必须转变政府职能，不断完善制度建设，创新监管方式，增强其作为规则和程序制定者的意识；不断完善政府权力清单，优化其公共服务的能力。同时，"坚持在法治轨道上统筹社会力量、平衡社会利益、调节社会关系、规范社会行为，依靠法治解决各种社会

---

① 王俊秀，杨宜音. 2011 年中国社会心态研究报告 [M]. 北京：社会科学文献出版社，2011：19.

② 中共中央关于党的百年奋斗重大成就和历史经验的决议 [M]. 北京：人民出版社，2021：40.

矛盾和问题，确保我国社会在深刻变革中既生机勃勃又井然有序"①。政府的公平正义之举，必然有利于协调公众利益关系、促进社会公平正义发展。而与此同时，各类社团组织由于在基层与广大群众广泛接触，编织了一个广阔的社会服务与支持网络，他们之间的相互接触、合作与沟通，为协调彼此之间的社会关系、化解社会矛盾提供了有效通道，最终形成多元化的良性互动局面。

建立多元化利益协调机制。社会矛盾激化的一个重要原因在于利益协调机制未发挥有效作用。利益协调机制是在利益矛盾冲突发生之前，矛盾各方自行或在政府主导下依法进行沟通协商，自行解决彼此之间的矛盾而采取的一种行动策略机制，更多地侧重自我管理与协调。"当社会群体在一定规则之下，通过协商谈判公平而又有效地自行解决彼此间的利益纠纷时，社会就初步实现了自我管理、自我调节。这时政府则无须事事介入，这样既减轻了行政负担，也降低了社会成本。"② 而政府作为化解社会矛盾的责任主体，必须及时地担负起利益协调的职责。在利益协调过程中，政府的主导作用体现在对规则与程序的制定上，体现在化解社会矛盾的积极引导作用。即政府必须充分尊重利益矛盾双方，理性分析矛盾双方合理的权利诉求，在尊重客观规律基础上，制定协调利益的规则与程序；同时，在协调中，注重信息公开、过程公开和依法解决。通过广泛地理性沟通协商，不断增强公众对于事件的参与度，增强自身的公信力，妥善协调利益关系，最终使得事件朝着理性平和、积极向上的方向发展。

建立多元化纠纷调解机制。多元化纠纷协调机制是在矛盾激化之后，为防止矛盾进一步恶化，以政府为主导，促使矛盾各方迅速有序地启动相关程序来化解矛盾的一种机制。我国目前存在的纠纷调解机制主要包括人民调解、司法调解和行政调解。人民调解，是指人民调解委员会通过说服、疏导等方法，依照调解程序，促使当事人在平等协商基础上自愿达成调解协议，解决民间纠纷的活动；主要依据的是社会公德、国家法律法规等相关规章制度；

---

① 中共中央宣传部. 习近平总书记系列重要讲话读本 [M]. 北京：学习出版社、人民出版社，2014：87.
② 清华大学课题组. 以利益表达制度化实现长治久安 [J]. 学习月刊，2010 (23)：28-29.

主要活动范围包括社区、村落、企事业单位等。① 司法调解，顾名思义是在法院之下的一种诉讼活动。习近平总书记强调，要"努力让人民群众在每一个司法案件中都能感受到公平正义，决不能让不公正的审判伤害人民群众感情、损害人民群众权益"②。公正是司法调解的价值目标，唯有此才能对社会公正发挥重要的引领作用，增强人们对社会公平正义的信心，保持社会心态平衡。行政调解是指政府作为纠纷的主要调解者，依据国家法律、法规与规章制度，平等、公正地对矛盾方进行调解。三种调解方式结合不同的社会资源，发挥着积极的调解作用。建立多元化纠纷调解机制，必须建立以人民协调、司法协调与行政协调为主的公共生活空间多元化纠纷调解机制，坚持系统观念，坚持人民至上，促进各部门之间相互协调、互相衔接配合、共同有效发挥作用的工作机制，有效缓解矛盾与冲突，积极引导公共生活空间社会心态。

---

① 参见：中华人民共和国调解法 [M]. 北京：法律出版社，2010.
② 中共中央宣传部. 习近平总书记系列重要讲话读本 [M]. 北京：学习出版社、人民出版社，2014：94.

结　语

　　"哲学家们只是用不同的方式解释世界,而问题在于改变世界。"① 公共
理性视域下社会心态及其引导研究正是基于现实问题而做出的积极回应。全
球化与中国社会转型下,不同利益矛盾冲突、不同文化迅速碰撞是一个事实。
但是,这并不意味着人们之间的利益矛盾无法调和、多元价值观无法融合。
社会性的人在相互冲突的整全性学说之间需要共同认可的价值理念,来协调
社会关系、实现社会合作。凝聚共识、维护社会长治久安是行为主体底线共
识选择。作为社会合作理念,公共理性是全体成员共享的理念,并通过理性
的情绪表达与有序参与行为在公共生活空间表达出来。同时,社会心态本身
的公共性使其具有公共理性诉求。行为主体在公共理性规约中所体现出的理
念、实践和制度层面的社会心态,是其在认知、情绪、价值和行为方面的共
识总和,引导社会心态朝着健康的方向发展。

　　综观已有的社会心态研究成果,社会心理学领域的社会心态理论成果值
得我们借鉴,思想政治教育学在社会心态引导及培育研究方面也做出了积极
探索。在学者们研究基础上,本书立足于"自尊自信、理性平和、积极向上"
的健康社会心态,将公共理性纳入社会心态及其引导中,在理论与应用方面
做了一些新的探索。理论上,提炼公共理性与社会心态的内涵与作用,关注
社会心态的公共性,概括分析公共理性与社会心态的相互关系,确立引导社
会心态的目标与方法,力图从理论层面和方法层面为公共理性视域下社会心
态及其引导研究打下良好的理论基础。进而,在应用层面,围绕社会心态的
内外系统,力图从内而外构建"素质—环境—制度"的社会心态引导路径。

　　然而,社会心态是一个无处不在却不易捕捉、易于理解却又牵涉众多的
复杂体。在内在结构要素和外部环境系统方面,社会心态有着丰富的内容,

---

① 中共中央马克思恩格斯列宁斯大林著作编译局. 马克思恩格斯全集:第 3 卷 [M]. 北
　京:人民出版社,1960:6.

影响社会心态的因素也较多，具有动态性、互动性、可控性、稳定性和复杂性等多维特征。在信息化时代，有的社会心态在网络当中又呈现出了被放大而虚夸性的特征。影响社会心态的诸要素与社会环境又处于不断发展和变化中，也使得社会心态动态性很明显。而社会心态从生成到发展往往如"随风潜入夜"悄无声息直至影响广泛才易被认识。这些事实，使得本研究在拨开社会心态这一模糊的心理状态迷雾去捕捉其内容与特征时，还显得有些力不从心；在某些问题的理解上还不够全面，还有待于进一步深入。没有敏锐的观察力和判断力，也就无法及时地了解和把握社会心态动向；没有深厚的理论知识和方法指导，就无法及时而准确地分析和判断社会心态。受自身的理论基础和写作时间限制，本书在及时把握社会心态和深入分析方面还需进一步加强。

　　社会心态是一个有一定难度的研究课题。在未来的研究中，还需主要在两方面深入着力。一是要继续深化社会心态的基础理论研究。理论研究是应用研究的基础。社会心态的社会认知、社会情绪、社会价值观和社会行为，彼此相互作用又具有独立性。既要重视核心要素的整体性研究，也要重视对其个体研究。社会认知中安全感、信任感、公平感等问题，社会情绪中的社会学与心理学情感理论、机制功能等问题，社会价值观中的核心价值观、态度、信念等问题，社会行为中的社会冲突以及认同、共识等问题，每一个核心要素都包含着不同的理论研究点，而它们共同构成了社会心态结构内容的众多研究面。党的十八大和十九大报告明确提出的"自尊自信、理性平和、积极向上"的社会心态，关乎健康社会心态的表现内容和社会心态的应然状态、关乎社会心态研究的和谐发展目标，这些是我们今后也要着力和突破的理论研究点，需要在未来的研究中继续着力，使社会心态的理论研究更为扎实。二是要在应用研究方面，不断拓宽社会心态的研究领域与群体。习近平总书记在全国高校思想政治工作会议上提出"培育理性平和的健康心态"，为我们做好高校思政工作指明了一条路径。掌握高校师生思想、情绪与行为倾向动态，有助于迅速预测并采取积极对策调控高校师生社会心态，促进高校和谐稳定发展。网络空间、特殊群体等社会心态问题都值得我们深入研究。同时，还需围绕社会心态内部运行规律、功能和相互关系，继续深化社会心态引导机制研究。一个科学理性的引导机制，在理想的状态下，当社会环境不断作用于社会心态，社会心态由此不断发生变化时，引导机制甚至可以自觉地适应这种不确定性，自动而迅速地做出反应，并积极地调整对策和路径，实现环境优化与目标优化，避免因社会心态的随时随机变化而无法及时应对显得措手不及，阻碍社会稳定发展。这是针对社会心态的动态性而做出的积极回应。

参考文献

一、中文文献

（一）著作类

［1］中共中央马克思恩格斯列宁斯大林著作编译局．马克思恩格斯全集：第 2 卷［M］．北京：人民出版社，1957.

［2］中共中央马克思恩格斯列宁斯大林著作编译局．马克思恩格斯全集：第 3 卷［M］．北京：人民出版社，1960.

［3］中共中央马克思恩格斯列宁斯大林著作编译局．马克思恩格斯全集：第 4 卷［M］．北京：人民出版社，1958.

［4］中共中央马克思恩格斯列宁斯大林著作编译局．马克思恩格斯全集：第 9 卷［M］．北京：人民出版社，1961.

［5］中共中央马克思恩格斯列宁斯大林著作编译局．马克思恩格斯全集：第 21 卷［M］．北京：人民出版社，1965.

［6］中共中央马克思恩格斯列宁斯大林著作编译局．马克思恩格斯全集：第 23 卷［M］．北京：人民出版社，1972.

［7］中共中央马克思恩格斯列宁斯大林著作编译局．马克思恩格斯全集：第 26 卷［M］．北京：人民出版社，1972.

［8］中共中央马克思恩格斯列宁斯大林著作编译局．马克思恩格斯全集：第 42 卷［M］．北京：人民出版社，1979.

［9］中共中央马克思恩格斯列宁斯大林著作编译局．马克思恩格斯全集：第 46 卷上［M］．北京：人民出版社，1979.

［10］中共中央马克思恩格斯列宁斯大林著作编译局．列宁全集：第 25 卷［M］．北京：人民出版社，1958.

［11］毛泽东选集：第一、三、四卷［M］. 北京：人民出版社，1991.

［12］邓小平文选：第二卷［M］. 北京：人民出版社，1993.

［13］邓小平文选：第三卷［M］. 北京：人民出版社，1993.

［14］中共中央关于构建社会主义和谐社会若干重大问题的决定［M］. 北京：人民出版社，2006.

［15］胡锦涛. 高举中国特色社会主义伟大旗帜　为夺取全面建设小康社会新胜利而奋斗：在中国共产党第十七次全国代表大会上的报告［M］. 北京：人民出版社，2007.

［16］中共中央关于深化文化体制改革、推动社会主义文化大发展大繁荣若干重大问题的决定［M］. 北京：人民出版社，2011.

［17］胡锦涛. 坚定不移沿着中国特色社会主义道路前进　为全面建成小康社会而奋斗：在中国共产党第十八次全国代表大会上的报告［M］. 北京：人民出版社，2012.

［18］中共中央文献研究室. 习近平关于全面深化改革论述摘编［M］. 北京：中央文献出版社，2014.

［19］习近平. 习近平谈治国理政［M］. 北京：外文出版社，2014.

［20］习近平. 习近平谈治国理政：第二卷［M］. 北京：外文出版社，2017.

［21］习近平. 决胜全面建设小康社会　夺取新时代中国特色社会主义伟大胜利：在中国共产党第十九次全国代表大会上的报告［M］. 北京：人民出版社，2017.

［22］习近平. 论坚持党对一切工作的领导［M］. 北京：中央文献出版社，2019.

［23］习近平. 习近平谈治国理政：第三卷［M］. 北京：外文出版社，2020.

［24］习近平. 论中国共产党历史［M］. 北京：中央文献出版社，2021.

［25］中共中央关于党的百年奋斗重大成就和历史经验的决议［M］. 北京：人民出版社，2021.

［26］习近平. 习近平谈治国理政：第四卷［M］. 北京：外文出版社，2022.

［27］习近平. 高举中国特色社会主义伟大旗帜　为全面建设社会主义现

代化国家而团结奋斗：在中国共产党第二十次全国代表大会上的报告［M］.北京：人民出版社，2022.

［28］刘炳瑛. 马克思主义原理辞典［M］. 杭州：浙江人民出版社，1988.

［29］中国社会科学院文献情报中心，重庆出版社. 社会科学新辞典［M］. 重庆：重庆出版社，1988.

［30］时蓉华. 社会心理学词典［M］. 成都：四川人民出版社，1988.

［31］宋希仁，陈劳志，赵仁光. 伦理学大辞典［M］. 长春：吉林人民出版社，1989.

［32］宋林飞. 社会调查研究方法［M］. 上海：上海人民出版社，1990.

［33］陈秉公. 思想政治教育学［M］. 长春：吉林大学出版社，1992.

［34］田晓文. 唯物史观与历史研究：西方心智史学述评［M］. 天津：天津社会科学出版社，1992.

［35］罗国杰. 中国伦理学百科全书：伦理学原理卷［M］. 长春：吉林人民出版社，1993.

［36］熊则坤，李林昆. 价值·价值观的冲突［M］. 北京：中国人民公安大学出版社，1994.

［37］陆震. 中国传统社会心态［M］. 杭州：浙江人民出版社，1996.

［38］吴克昌. 社会心理论：转型期中国社会心态研究［M］. 2版. 长沙：湖南人民出版社，1998.

［39］冯契，徐孝通. 外国哲学大辞典［M］. 上海：上海辞书出版社，2000.

［40］胡深. 素质论［M］. 北京：华艺出版社，2000.

［41］车文博. 当代西方心理学新词典［M］. 长春：吉林人民出版社，2001.

［42］金炳华，等. 哲学大辞典［M］. 修订本. 上海：上海辞书出版社，2001.

［43］江怡. 理性与启蒙［M］. 北京：东方出版社，2004.

［44］舒志定. 人的存在与教育：马克思教育思想的当代价值［M］. 上海：学林出版社，2004.

［45］单中惠，朱镜人. 外国教育经典解读［M］. 上海：上海教育出版

社，2004.

[46] 辛鸣. 制度论：关于制度哲学的理论建构［M］. 北京：人民出版社，2005.

[47] 金岳霖. 形式逻辑［M］. 北京：人民出版社，2006.

[48] 胡德海. 教育学原理［M］. 兰州：甘肃教育出版社，2006.

[49] 黎玉琴. 秩序与和谐的文化追求：超越个体理性和集体理性［M］. 贵阳：贵州人民出版社，2006.

[50] 苏振芳. 思想政治教育学［M］. 北京：社会科学文献出版社，2006.

[51] 张耀灿，郑永廷，吴潜涛，等. 现代思想政治教育学［M］. 北京：人民出版社，2006.

[52] 沈壮海. 思想政治教育有效性研究［M］. 2版. 武汉：武汉大学出版社，2008.

[53] 杨宜音，张曙光. 社会心理学［M］. 北京：首都经济贸易大学出版社，2008.

[54] 贾英健. 公共性视域：马克思哲学的当代阐释［M］. 北京：人民出版社，2009.

[55] 李志江. 良序社会的政治哲学［M］. 北京：人民出版社，2009.

[56] 夏征农，陈至立. 辞海［M］. 6版. 上海：上海辞书出版社，2009.

[57] 杨仁忠. 公共领域论［M］. 北京：人民出版社，2009.

[58] 曾令辉. 虚拟社会人的发展研究［M］. 北京：人民出版社，2009.

[59] 崔希福. 唯物史观的制度理论研究［M］. 北京：北京师范大学出版社，2010.

[60] 唐克军. 比较思想政治教育学［M］. 武汉：华中师范大学出版社，2010.

[61] 郑全全，赵立，谢天. 社会心理学研究方法［M］. 北京：北京师范大学出版社，2010.

[62] 郑永廷. 思想政治教育方法论［M］. 北京：高等教育出版社，2010.

[63] 陈金芳. 素质教育基本理论研究［M］. 北京：中国科学技术出版

社，2011.

　　［64］胡红生. 社会心态论［M］. 北京：中国社会科学出版社，2011.

　　［65］司汉武. 制度理性与社会秩序［M］. 北京：知识产权出版社，2011.

　　［66］谭安奎. 公共理性［M］. 杭州：浙江大学出版社，2011.

　　［67］袁贵仁. 马克思主义人学理论研究［M］. 北京：北京师范大学出版社，2012.

　　［68］钟英法. 罗尔斯公共理性思想研究［M］. 成都：巴蜀书社，2012.

　　［69］周玉. 社会主义核心价值体系大众化研究［M］. 北京：人民出版社，2012.

　　［70］杨宜音，王俊秀，等. 当代中国社会心态研究［M］. 北京：社会科学文献出版社，2013.

　　［71］周志山. 社会关系与和谐社会［M］. 北京：中国书籍出版社，2013.

　　［72］高兆明. 政治正义：中国问题意识［M］. 北京：人民出版社，2014.

　　［73］李从军. 谁能引领现代舆论场［M］. 北京：人民出版社，2014.

　　［74］王俊秀. 社会心态理论：一种宏观社会心理学范式［M］. 北京：社会科学文献出版社，2014.

　　［75］谭清华. 从人的公共性到公共性的人：论人的公共性及其发展［M］. 北京：中国社会科学出版社，2015.

　　［76］谭日辉，吴祖平. 社会心态与民生建设［M］. 北京：中国社会科学出版社，2015.

　　［77］王俊秀，杨宜音. 中国社会心态研究报告：2015［M］. 北京：社会科学文献出版社，2015.

　　［78］王永贵，等. 意识形态领域新变化与坚持马克思主义指导地位研究［M］. 北京：人民出版社，2015.

　　［79］杨宝国. 公平正义观的历史·传承·发展［M］. 北京：学习出版社，2015.

　　［80］谭安奎. 公共理性与民主理想［M］. 北京：生活·读书·新知三联书店，2016.

　　［81］王俊秀. 中国社会心态研究报告：2016［M］. 北京：社会科学文献

出版社，2016.

　　[82] 王俊秀. 中国社会心态研究报告：2017 [M]. 北京：社会科学文献出版社，2017.

　　[83] 王俊秀，杨宜音，等. 社会心态理论前沿 [M]. 北京：社会科学文献出版社，2018.

　　[84] 王俊秀. 中国社会心态研究报告：2018 [M]. 北京：社会科学文献出版社，2018.

　　[85] 北京市生活心理服务促进中心. 北京社会心态分析报告：2017—2018 [M]. 北京：社会科学文献出版社，2018.

　　[86] 王俊秀. 中国社会心态研究报告：2019 [M]. 北京：社会科学文献出版社，2019.

　　[87] 李培林，陈光金，王春光. 2020 年中国社会形势分析与预测 [M]. 北京：社会科学文献出版社，2020.

　　[88] 沈壮海. 新编思想政治教育学原理 [M]. 北京：中国人民大学出版社，2022.

　　[89] 霍布斯. 利维坦 [M]. 黎思复，黎廷弼，译. 北京：商务印书馆，1985.

　　[90] 本尼迪克. 文化模式 [M]. 何锡章，译. 北京：华夏出版社，1987.

　　[91] 库利. 人类本性与社会秩序 [M]. 包凡一，王源，译. 北京：华夏出版社，1999.

　　[92] 杜威. 民主主义与教育 [M]. 王承绪，译. 北京：人民教育出版社，2001.

　　[93] 勒庞. 乌合之众 [M]. 冯克利，译. 北京：中央编译出版社，2005.

　　[94] 冯特. 民族宗教心理学纲要 [M]. 陆丽青，刘瑶，译. 北京：宗教文化出版社，2008.

　　[95] 罗尔斯. 正义论 [M]. 修订版. 何怀宏，何包钢，廖申白，译. 北京：中国社会科学出版社，2009.

　　[96] 桑斯坦. 极端的人群：群体行为的心理学 [M]. 尹宏毅，郭彬彬，译. 北京：新华出版社，2010.

　　[97] 涂尔干. 宗教生活的基本形式 [M]. 渠东，汲喆，译. 商务印书

馆，2011.

　　[98] SHAFFER D R，KIPP K. 发展心理学 [M]. 邹泓，等译. 北京：中国轻工业出版社，2011.

　　[99] 杜瓦斯. 社会心理学的解释水平 [M]. 赵蜜，刘保中，译. 北京：中国人民大学出版社，2011.

　　[100] 罗尔斯. 作为公平的正义 [M]. 姚大志，译. 北京：中国社会科学出版社，2011.

　　[101] 罗尔斯. 政治自由主义 [M]. 万俊人，译. 南京：译林出版社，2011.

　　[102] 罗素. 幸福之路 [M]. 吴默朗，金剑，译. 北京：中央编译出版社，2012.

　　[103] 奥勒留. 沉思录 [M]. 何怀宏，译. 北京：中央编译出版社，2012.

　　[104] 加塞特. 大众的反叛 [M]. 刘训练，佟德志，译. 广州：广东人民出版社，2012.

　　[105] 马西，塞恩伯格. 情感依附：为何家会影响我的一生 [M]. 武怡堃，陈昉，韩丹，译. 北京：世界图书出版公司，2013.

　　[106] 孔达. 社会认知：洞悉人心的科学 [M]. 周治金，朱新秤，等译. 北京：人民邮电出版社，2013.

　　[107] 罗尔斯. 万民法 [M]. 陈肖生，译. 长春：吉林出版集团有限责任公司，2013.

　　[108] 诺尔-诺依曼. 沉默的螺旋：舆论——我们的社会皮肤 [M]. 董璐，译. 北京：北京大学出版社，2013.

　　[109] 阿伦森，威尔逊，埃克特. 社会心理学 [M]. 侯玉波，朱颖，等译. 北京：机械工业出版社，2014.

　　[110] 阿德勒. 自卑与超越 [M]. 李章勇，译. 北京：中国华侨出版社，2015.

　　[111] 卢梭. 爱弥儿：上卷 [M]. 李平沤，译. 北京：商务印书馆，2015.

　　[112] 福山. 大断裂：人类本性与社会秩序的重建 [M]. 唐磊，译. 桂林：广西师范大学出版社，2015.

　　[113] 弗洛伊德. 自我与本我 [M]. 徐胤，译. 天津：天津人民出版社，

2020.

（二）期刊论文类

[1] 陈颐. 简论以制度为学科对象的社会学 [J]. 社会科学研究，1988（6）.

[2] 程家明. 关于社会心态的研究及其意义 [J]. 教学与研究，1993（2）.

[3] 丁水木. 社会心态研究的理论意义及其启示 [J]. 上海社会科学院学术季刊，1996（1）.

[4] 张二芳. 社会心态的研究及其意义 [J]. 理论探索，1996（1）.

[5] 邵道生. 近 20 年来国民心态发展轨迹研究 [J]. 浙江学刊，1999（4）.

[6] 陈志尚，陈金芳. 关于人的素质的两个理论问题 [J]. 北京大学学报（哲学社会科学版），2000（4）.

[7] 周远清. 素质 素质教育 文化素质教育：关于高等教育思想观念改革的再思考 [J]. 中国高等教育，2000（8）.

[8] 高兆明. 公器：加入 WTO 后的政府角色：来自公共理性维度的经济伦理思考 [J]. 学术探索，2002（5）.

[9] 张俊芳. 社会文化心态的意蕴指向 [J]. 东北师大学报，2002（3）.

[10] 李静，何云峰，冯显城. 论社会心态的本质、表现形式及其作用 [J]. 华东理工大学学报（社会科学版），2003（4）.

[11] 郑杭生. 社会转型论及其在中国的表现：中国特色社会学理论探索的梳理和回顾之二 [J]. 广西民族学院学报（哲学社会科学版），2003（5）.

[12] 刘东超. 当代中国文化变迁和社会心态演变 [J]. 学术探索，2004（3）.

[13] 桑玉成. 论和谐社会的政治基础 [J]. 复旦学报（社会科学版），2005（4）.

[14] 刘力. 社会形态与社会心态：评杨宜音的"个体与宏观社会建构的心理联系：社会心态概念的界定" [J]. 社会心理研究，2006（1）.

[15] 袁祖社. 实践的"公共理性"观及其"公共性"的文化—价值追

求：马克思新哲学观的精神实质及其人文意蕴［J］. 学习与探索, 2006 (2).

　　［16］杨宜音. 个体与宏观社会的心理关系：社会心态概念的界定［J］. 社会学研究, 2006 (4).

　　［17］史云贵. 从政府理性到公共理性：构建社会主义和谐社会的理性路径分析［J］. 社会科学研究, 2007 (6).

　　［18］夏学銮. 转型期国民心态趋向调查［J］. 人民论坛, 2007 (5).

　　［19］赵祥禄. 论哈贝马斯与罗尔斯对公共理性的争论［J］. 山西师大学报 (社会科学版), 2007 (5).

　　［20］陈嘉明. 个体理性与公共理性［J］. 哲学研究, 2008 (6).

　　［21］胡敏中. 论公共价值［J］. 北京师范大学学报 (社会科学版), 2008 (1).

　　［22］马广海. 论社会心态：概念辨析及其操作化［J］. 社会科学, 2008 (10).

　　［23］施雪华, 黄建洪. 公共理性：不是什么和是什么［J］. 学习与探索, 2008 (2).

　　［24］田新文. 民生政治：理解政治生活变化的新视角［J］. 社会主义研究, 2008 (8).

　　［25］王洪树. 公共理性与公共协商的辩证关系探索［J］. 学习与探索, 2008 (2).

　　［26］汪辉勇. 公共价值含义［J］. 广东社会科学, 2008 (5).

　　［27］陈毅. 底线伦理·公共理性·责任政府：基于平等公民的责任政府思考［J］. 湖北社会科学, 2009 (9).

　　［28］冯建军. 价值多元共生时代道德教育的新使命［J］. 教育科学研究, 2009 (5).

　　［29］马向真, 张雷. 道德价值建构与社会心态塑造的同向性探析［J］. 东南大学学报 (哲学社会科学版), 2009, 11 (4).

　　［30］欧阳康, 陈仕平. 马克思民主思想及对当前中国民主建设的启示［J］. 马克思主义与现实, 2009 (4).

　　［31］苏礼和. 公共理性：现代多元社会的价值诉求［J］. 理论研究, 2009 (21).

［32］陈晔.公共理性与科学社会主义的基本原则［J］.人民论坛,2010（17）.

［33］何怀宏.底线伦理的概念、含义与方法［J］.道德与文明,2010（1）.

［34］李有发.中国社会心态演变的趋向［J］.思想政治工作研究,2010（7）.

［35］龙书芹.转型期中国人的社会心态及其阶层差异性:基于2006CGSS的实证分析［J］.南京师大学报（社会科学版）,2010（6）.

［36］姚大志.公共理性与合法性:评罗尔斯的《政治自由主义》［J］.江苏行政学院学报,2010（2）.

［37］李霓.从执政党执政视角直面社会心态建设［J］.毛泽东思想研究,2011,28（5）.

［38］闻学良.谈培育理性平和的社会心态［J］.党建研究,2011（5）.

［39］顾金喜.公共文化建设的路径探析:一种从个体理性到公共理性的演进逻辑［J］.浙江社会科学,2012（11）.

［40］和磊.公共理性视野中的当代中国大众文化批判［J］.文艺评论,2012（5）.

［41］刘艳萍.从社会心态变化看民众对社会共同理想的认同［J］.长春理工大学学报（社会科学版）,2012,25（9）.

［42］寇东亮.公共理性及其道德意义:康德与罗尔斯的诠释［J］.伦理学研究,2012（5）.

［43］孙彩平.知识·道德·生活:道德教育的知识论基础［J］.教育研究与实验,2012（3）.

［44］闫旭蕾.“说理”教育:建构公民文化之维［J］.华东师范大学学报（教育科学版）,2012,30（1）.

［45］赵静.思想政治教育视野中的社会心态培育［J］.河南师范大学学报（哲学社会科学版）,2012,39（1）.

［46］张平.科学发展理性:中国转型社会的公共理性［J］.湖南科技大学学报（社会科学版）,2012,15（4）.

［47］李洪卫.良知与公共理性的道德基础［J］.华东师范大学学报（哲学社会科学版）,2013,45（6）.

[48] 孙伟平. 论影响社会心态的诸因素 [J]. 吉首大学学报（社会科学版），2013，34（1）.

[49] 王俊秀. 关注社会情绪，促进社会认同，凝聚社会共识：2012~2013 年中国社会心态研究 [J]. 民主与科学，2013（1）.

[50] 郑建军. 政治信任、社会公正与政治参与的关系 [J]. 政治学研究，2013（6）.

[51] 彭剑. 社会化媒体舆论：从个体理性到公共理性 [J]. 当代文坛，2014（6）.

[52] 沈建波. 社会心态视域中的主流意识形态认同 [J]. 湖北大学学报（哲学社会科学版），2014，41（1）.

[53] 冯国芳. 思想政治教育视阈下的社会心态培育 [J]. 甘肃社会科学，2015（1）.

[54] 龚克. 素质教育知与行 [J]. 中国高教研究，2015（5）.

[55] 欧阳爱权. 公共理性视域下当代道德建构之维：理念、制度与文化 [J]. 浙江社会科学，2015（4）.

[56] 王泽应. 核心价值与民族魂魄：从中国传统价值观到中国特色社会主义核心价值观 [J]. 湖南师范大学社会科学学报，2015，44（6）.

[57] 朱新卓. 知识与生存：教育认识论新论 [J]. 高等教育研究，2015，36（9）.

[58] 柳礼泉，汤素娥. 社会主义核心价值观生命力的内构特征与外部呈现 [J]. 伦理学研究，2016（6）.

[59] 金太军，鹿斌. 制度建构：走出集体行动困境的反思 [J]. 南京师大学报（社会科学版），2016（2）.

[60] 张凤阳. 公共性的理念与现实：以古典共和治国纲领为中心的政治文化分析 [J]. 武汉大学学报（哲学社会科学版），2016，69（2）.

[61] 周晓虹. 社会心态、情感治理与媒介变革 [J]. 探索与争鸣，2016（11）.

[62] 冯刚，孙贝. 青年理性平和社会心态培育的逻辑与实践进路 [J]. 西北工业大学学报（社会科学版），2022（3）.

[63] 郑雯，乐音，桂勇. 网络新生代与网络社会心态：代际更替、心态

变迁与引导路径 [J]. 青年探索, 2022 (2).

[64] 福科. 什么是启蒙 [J]. 汪晖, 译. 天涯, 1996 (4).

[65] 黄勇. 当代政治自由主义的公共理性概念: 批判的考察 [J]. 思想与文化, 2005.

[66] 年勇. 公共理性视域中的公民意识 [D]. 上海: 复旦大学, 2013.

(三) 报纸类

[1] 中宣部思想政治工作研究所综合研究部. 构建社会主义和谐社会的文化基础 [N]. 光明日报, 2006-06-05 (6).

[2] 何精华. 现代政府公共理性的回归 [N]. 文汇报, 2008-06-02 (10).

[3] 徐显明. 论中国特色社会主义法律体系的形成和完善 [N]. 人民日报, 2009-03-12 (11).

[4] 刘武俊. 良好的社会心态来自民主法治 [N]. 法制日报, 2011-05-06 (7).

[5] 黄相怀. 培育健康社会心态 营造良好社会氛围 [N]. 光明日报 2013-01-22 (11).

[6] 杨玉娟, 张志宇. 培育良好社会心态的路径 [N]. 光明日报, 2014-01-15 (13).

[7] 徐平. 公共文明当以公共理性为内核 [N]. 辽宁日报, 2015-03-27 (16).

[8] 何民捷. 保证和支持人民当家作主: 关于社会主义民主政治建设的对话 [N]. 人民日报, 2016-08-30 (7).

[9] 周桂钿. 君子和而不同 [N]. 光明日报, 2016-01-21 (3).

[10] 高培勇. 深入理解和把握经济高质量发展 [N]. 人民日报, 2020-05-07 (9).

二、英文文献

(一) 著作类

[1] D'AGOSTINO F. Free Public Reason: Making it up as We Go [M].

New York：Oxford University Press，1996.

［2］VAIL J，WHEELOCK J，HILL M. Insecure Times：Living with Insecurity in Contemporary Society［M］. London：Routledge，1999.

（二）期刊类

［1］RAWLS J. The Idea of an Overlapping Consensus［J］. Oxford Journal of Legal Studies，1987，7（1）.

［2］ELIZABETH H. Wolgast. The Demands of Public Reason［J］. Columbia Law Review，1994（6）.

［3］RAWLS J. Reply to Habermas［J］. Journal of Philosophy，1995，92（3）.

［4］HÖYNCK T. Public Reason：Making Law Reasonable to the Public［J］. International Journal for the Semiotics of Law，1996（9）.

［5］BRITO J D S E. The Ways of Public Reason Comparative Constitutional Law and Pragmatics［J］. International Journal for the Semiotics of Law，1996，9（26）.

［6］GAETE R. Pubulic Reason as a *Tertium Comparationis*［J］. International Journal for the Semiotics of Law，1996，9（26）.

［7］HALLER S E，GERRIE J. The Role of Science in Public Policy：Higher Reason，or Reason for Hire［J］. Journal of Agricultural and Environmental Ethics，2007（20）.

［8］BAEHR A R. Perfectionism，Feminism and Public Reason［J］. Law and Philosophy，2008（27）.

［9］FOX C. Public Reason，Objectivity，and Journalism in Liberal Democratic Societies.［J］. Res Publica，2013（19）.

［10］WILLIAMS J. Public Reason and Prenatal Moral Status［J］. The Journal of Ethics，2015（19）.

后　记

本书是我在博士学位论文的基础上修改完成的最终成果。在专家、老师和朋友的襄助中，这部书稿终于成型。一切从遇见开始，感谢一切的遇见。

感谢我的导师柳礼泉教授。当我每每顶不住工作和学术的压力欲自我放逐时，总能及时地收到柳老师的鼓励与叮咛。柳老师一次次的谆谆教诲和殷切期望，给了我继续前行的动力。柳老师"不抛弃不放弃"的执着态度和对学术的热爱都深深地感染着我，指引着我未来的学术旅途。在此，向柳老师表达我真诚的谢意。

感谢不断启迪我思索并给予我教诲与帮助的湖南师范大学王泽应教授，中南大学曾长秋教授，湖南大学龙佳解教授、唐亚阳教授、刘晓玲教授、陈宇翔教授、罗仲尤教授等所有传道授业解惑的老师们。老师们严谨的学术作风和认真的治学态度印刻于我的心田，让我感受到更多的美好。向我的老师们致敬！

感谢学界众多学者付出的辛勤劳动。写作过程中，我参阅了很多学者的著作和论文资料，他们的研究成果指引着我继续向前，给予我深深的启迪，也给了本书学理支撑。在此，向他们表示衷心的感谢。

感谢一路走来，无私地给予我帮助的"柳树林"的众多同门。他们无私的精神和求学热情使我受益匪浅。在我遭遇瓶颈之时，黄艳、庞申伟和戴晓慧百忙之中仍不辞辛劳、不遗余力地为我提出了很多宝贵的意见，真诚地谢谢你们。

感谢西南民族大学诸多专家老师对我的指点和帮助。

感谢家人一路陪伴助我成长。

本书被列入"光明社科文库"，我深感荣幸。感谢光明日报出版社编辑老师和出版社所有为本书的出版付出辛勤劳动的老师。正因为有你们的大力支持和帮助，本书才得以顺利出版。

　　我深知由于学术研究能力和写作水平有限，本书还存在着不足的地方，恳请专家学者、读者批评指正。

史亚丽

2023 年 5 月 23 日